For Professor Guido Weigend, with appreciation for the interest and support essential to the bringing of this project to fruition.

Mary Vásquez
April 1987

Homenaje a
Ramón J. Sender

Juan de la Cuesta
Hispanic Monographs

Series: *Homenajes* Nº 4

EDITOR

Thomas A. Lathrop
University of Delaware

EDITORIAL BOARD

Samuel G. Armistead
University of California, Davis

William C. Bryant
Oakland Uniersity

Westfield College of the University of London

Manuel Durán
Yale University

Daniel Eisenberg
Florida State University

John E. Keller
University of Kentucky

Robert Lott
University of Illinois

José A. Madrigal
Auburn University

James A. Parr
University of Southern California

Julio Rodríguez-Puértolas
Universidad Autónoma de Madrid

Ángel Valbuena Briones
University of Delaware

ASSOCIATE EDITOR

James K. Saddler

Homenaje a Ramón J. Sender

Edited by

Mary S. Vásquez

Arizona State University

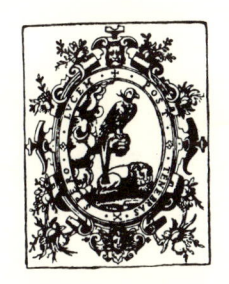

Juan de la Cuesta
Newark, Delaware

Copyright © 1987 by Juan de la Cuesta—Hispanic Monographs
270 Indian Road
Newark, Delware 19711

Manufactured in the United States of America

The pH of this book's text paper is 7.00.

ISBN: 0-936388-35-8

Contents

PREFACE ix

ACKNOWLEDGEMENTS xiii

CONTRIBUTORS xv

ARTICLES:

El realismo social en la novela
de Ramón J. Sender
RAFAEL BOSCH 1

Las mocedades de Ramón J. Sender en el periodismo altoaragonés:
Índole e hitos de su actuación en *La Tierra*
ROGER DUVIVIER 25

La visión del anarquismo español en
Siete domingos rojos
MICHIKO NONOYAMA 47

Siete domingos rojos (1932):
Anotaciones a la crítica y visión de Star
MANUEL BÉJAR 63

Evocación mágica y terror fantástico
en dos obras de Sender
RODOLFO CARDONA 77

Réquiem por un campesino español and the
Problematics of Exile
MALCOLM ALAN COMPITELLO 89

Sender's Poetic Theology
CHARLES L. KING 101

En torno a las *Novelas ejemplares de Cíbola*
PATRICK COLLARD 111

Fauna in Selected Novels of Sender (1962-1978)
KESSEL SCHWARTZ 131

El raro impacto de Sender
en la crítica literaria española
FRANCISCO CARRASQUER LAUNED 149

La crítica suscitada en los Estados Unidos
por la obra senderiana
L. Teresa Valdivieso 183

Sender o la polémica
Marcelino C. Peñuelas 195

Bibliographies:

Sender's Column:
"Los libros y los días," 1975-1982:
An Annotated Bibliography
Charles L. King 201

La visión crítica de la obra
de Ramón J. Sender:
Ensayo Bibliográfico
Elizabeth Espadas 227

Don Ramón and Florence Hall Sender in New Mexico in 1943 at a reception to celebrate their marriage. Pictured with the Senders in the photograph above are Esther Vernon Rebolledo and Gloria Rebolledo, wife and infant daughter of Antonio Rebolledo, whom Sender met in Spain in 1933 and who was instrumental in arranging Sender's move to the United States following his period of residence in Mexico. The two men were close friends through Sender's exile years.

The photographs, which are previously unpublished, are courtesy of Dr. Tey Diana Rebolledo of Albuquerque, New Mexico.

Preface

From its inception in the late spring of 1982, the project culminating in the present volume has been two-fold in purpose: to honor the memory of a major Peninsular writer and to provide a sound scholarly base for the vital reevaluation of Sender's work and for the necessary extension of critical attention to areas of it still little touched. The reasons behind these purposes are multiple: the vastness of Sender's literary production in virtually every genre[1], the range of his inspiration and imagination, the quality of a great portion of his *oeuvre* and the dearth of critical studies in a number of areas of it, the polemical response Sender often engendered as man and writer.

To the ends suggested, a volume was envisioned which would contain original, previously unpublished scholarly essays and at least one Senderian bibliography. Essays would include a considerable spectrum of Senderian topics viewed from a variety of critical perspectives. Letters of invitation were sent to major Sender scholars working outside of Spain, as did Sender for more than four decades. The response of these scholars was enthusiastic and most heartening. In addition, a call for papers was widely distributed in the hope of eliciting submissions for the volume from scholars newer to Senderian studies.

Of the twelve essays appearing here, ten were written expressly for the volume, and all are hitherto unpublished. Sender's very early (1919-1923) literary involvement is treated in Roger Duvivier's "Las mocedades de Ramón J. Sender en el periodismo altoaragonés: Índole e hitos de su actuación en *La Tierra*." Professor Duvivier's essay offers a look at an almost unknown aspect of Sender's work. It is the fruit of research with archived issues of the weekly, and later daily, newspaper of the Asociación de Labradores y Ganaderos del Alto Aragón. Many of these issues are in private collection to which access had not previously been gained.

The social concerns evident in Sender from the immediate post-*La Tierra* period form the basis of several essays in the volume. Rafael Bosch's substantive, well-argued "El realismo social en la novela de

---

[1] Senderian bibliographer Charles King counts 102 book titles: 64 novels; 23 compilations of essays, journalistic endeavors and personal narratives; five books of theater; two volumes of poetry; seven collections of short stories; and the posthumous *Toque de queda*, which Professor King classifies as poetic prose. Sender left us a multitude of individual short pieces and over one thousand journalistic articles, as noted by King and fellow Senderian bibliographer Elizabeth Espadas.

Ramón Sender" offers a clarification and reformulation of the terms *realismo social* and *realismo crítico* and situates what he defines as Sender's social realism within a broader European context. Works by Sender included in his analysis are *Imán, O. P., El verbo se hizo sexo, Siete domingos rojos, Viaje a la aldea del crimen: Documental de Casas Viejas, Noche de las cien cabezas, Mister Witt en el cantón, Contraataque, El lugar de un hombre, Epitalamio del Prieto Trinidad, Crónica del alba, El verdugo afable, Réquiem por un campesino español,* and *Túpac Amaru.*

Michiko Nonoyama's "La visión del anarquismo español en *Siete domingos rojos*" draws upon her extensive research into anarchist thought and writings, viewing Sender's novel as a reflection of his ambivalence regarding the anarchist movement with which he was affiliated: support for its affirmation of the plight of Spain's working classes together with doubts as to the movement's terrorist emphasis and lack of a program.

Analyzing Sender's novel of anarchism from a wholly different perspective is Manuel Béjar in his *"Siete domingos rojos* (1932): Anotaciones a la crítica y visión de Star." After a careful look at early criticism of the novel by Sender's contemporary Rafael Cansinos Asséns and at later critical perspectives of Francisco Carrasquer, Professor Béjar studies the novel's female protagonist Star García as a figure central to the work's meaning who offers additional interest as a first exemplar of the strong Senderian female character.

Malcolm A. Compitello also treats a novel linked with Sender's social awareness. In his *"Réquiem por un campesino español* and the Problematics of Exile," Professor Compitello applies a Genettian model to his study of this lyrical allegory, examining the novel within the context of the exile experience.

Like Compitello, Patrick Collard focuses upon a work belonging to Sender's long period of exile. His essay "En torno a las *Novelas ejemplares de Cíbola,*" is a contribution to an area of Sender's literary production—the short story and novella—which has merited far greater critical attention than that accorded to it. Professor Collard studies the stories of this collection set in the United States Southwest as examples of frontier tales inspired in indigenous myth and cultural conflict, looking also at the question, important in Senderian studies, of intertextuality between Sender's works.

The fascination with patterns of myth and belief demonstrated in numerous Sender works has inspired essays by Rodolfo Cardona and Charles King. In his "Evocación mágica y terror fantástico en dos obras de Sender: Materiales para un posible capítulo de una historia de la novela española," Professor Cardona examines *El lugar de un hombre* as an example of *tremendismo* and *Epitalamio del Prieto Trinidad* as an expression of *realismo mágico*, arguing for an application of new critical perspectives to these novels. Charles L. King's "Sender's Poetic Theology" studies Sender's posture with regard to the enduring Spanish themes of faith, doctrine, and the Catholic Church as institution, demonstrating Sender's deep religious interest, his Spinozan philosophical bent, and his anticlericalism.

In "Fauna in Selected Novels of Sender (1962-1978)" Kessel Schwartz provides a thorough and valuable update of his much-consulted 1963 journal article "Animal Symbolism in the Fiction of Ramón Sender." Professor Schwartz here explores the theme of animal imagery in Sender's narrative of the Sixties and Seventies: *La tesis de Nancy; La luna de los perros; El bandido adolescente; En la vida de Ignacio Morel; Nocturno de los 14; El superviviente; La antesala; Tánit; Zu, el ángel anfibio; Una virgen llama a tu puerta; Las tres sorores; La mesa de las tres moiras; Nancy, doctora en gitanería; Cronus y la señora con rabo; Arlene y la gaya ciencia; El fugitivo; La efemérides; El Mechudo y la Llorona; El alarido de yaurí; Adela y yo.*

Two complementary essays focus upon Sender's critics. In his polemical "El raro impacto de Sender en la crítica literaria española," Francisco Carrasquer offers an extensive history of Senderian criticism in Spain, evaluating its quality and weighing such possible influences upon criticism as political and literary allegiances. The topic is a highly important—and highly charged—one given the length of Sender's absence from Spain, the vicissitudes of publication, and censorship during the Franco era, and the controversy which has nearly always surrounded Sender, in addition to the polarizations inherent in the complex post-Civil War context. L. Teresa Valdivieso in "La crítica suscitada en los Estados Unidos por la obra senderiana" looks at the range, content, and emphases of Senderian criticism in the country in which Sender lived, taught, and wrote for more than forty years.

"Sender o la polémica" is a note from a principal scholar in Senderian studies, Marcelino C. Peñuelas. Professor Peñuelas reflects here upon Sender's character and personality and upon the creative process during don Ramón's later years.

Two highly useful bibliographies close the volume. Elizabeth Espadas' "La visión crítica de la obra de Ramón J. Sender: Ensayo bibliográfico" is an updated, somewhat expanded, and partially restructured version of her Senderian bibliography appearing in *La verdad de Sender* (1982), whose author, Francisco Carrasquer, has kindly consented to its incorporation in its present form here. In his "Sender's Column 'Los libros y los días,' 1975-1980: An Annotated Bibliography," Charles L. King continues the compilation and annotation of Sender's journalistic-literary column initiated by King and Rafael Pérez Sandoval and published in King's *Ramón J. Sender: An Annotated Bibliography, 1928-1974* (1976). An additional 140 articles are annotated in the present bibliography, which covers the period from January 1, 1975 to January 19, 1982. Both bibliographies will be of invaluable aid to Sender scholars and to all interested in Sender's work.

In February of 1983, José-Carlos Mainer published in Zaragoza his excellent *Ramón J. Sender. In Memoriam*. This anthology of thirty selections from among the finest existing Senderian scholarship, as supplemented by Professor Mainer's own substantive and helpful essay, "Resituación de Ramón Sender," and three other pieces[2] is an important and symbolic book. The thirty anthologized essays range over a variety of Senderian texts in pieces initially published between 1928 and the Eighties, thus covering a full span of both critical and social periods. The inclusion of early pieces unknown to many and of difficult access enhances the book's usefulness. It and the present volume differ in that the latter is, as noted above, a collection of hitherto unpublished pieces by scholars who, though a number of them are Spaniards, live and work outside of Spain,[3] as did Sender himself for nearly forty-four years, while Professor Mainer offers a compilation of previously published critical texts by writers both within and outside of Spain. It is our hope that the two volumes will be useful complementary texts.

With a look, then, both back at the multiple and abundant literary legacy left to us by Ramón J. Sender, and forward to the fomenting of further study of it, this volume is dedicated, with respect and gratitude, to his memory.

M.S.V.
Tempe, Arizona, Fall, 1986

---

[2] The material not previously available in print, in addition to Professor Mainer's introductory essay, consists of two lectures—one on Sender's poetry, the other a look at don Ramón in the context of Spanish literature—delivered in Zaragoza in March 1982, and a dissertation chapter on *Los cinco libros de Ariadna*.

[3] Contributor Francisco Carrasquer returned to Spain at the end of 1984 after a long period of residence in The Netherlands.

Acknowledgements

MANY PERSONS HAVE PLAYED an important role in the completion of this project. Appreciation is due first to the volume's contributors, whose response to the invitation to participate and to the call for papers was immediate and enthusiastic and whose fine, original scholarship over an ample spectrum of Senderian topics and critical foci is reflected in the pages which follow.

I wish to express thanks also to former Dean Guido Weigend, former Acting Dean Paul Hubbard, Dean Samuel Kirkpatrick and Associate Dean Gary Krahenbuhl, all of the College of Liberal Arts at Arizona State University, for invaluable help in the realization of the project.

Dr. Tey Diana Rebolledo of the University of New Mexico spent many hours searching through materials and viewing family films to isolate pictures of Sender. This labor of love in memory of her father's long friendship with don Ramón is deeply appreciated.

Foremost and finally, my gratitude goes to Angel M. Vásquez and Suzanna Teresa Vásquez, whose interest and encouragement have been central to every stage of the volume's progress.

M. V.

Contributors

MANUEL BÉJAR, born in Palenciana (Córdoba), Spain, is Associate Professor of Spanish at Virginia Commonwealth University. His consistent involvement in Senderian scholarship is reflected in numerous published essays and in papers read at professional meetings. They include studies of Sender's novels *La noche de las cien cabezas* and *Los cinco libros de Ariadna* and on the evolution of *Proverbio de la muerte* into *La esfera*, as well as an examination of threads of unity and diversity in Senderian narrative. Professor Béjar has just completed an edition of Ignacio Luzán's *Retórica de las conversaciones*, which will be published in Spain.

RAFAEL BOSCH is Professor of Spanish at the State University of New York at Albany. Founder and editor of the magazine *Vanguardia*, he has authored numerous studies of twentieth-century Peninsular narrative. His widely-used *Novela española del siglo XX* (New York, 1970) includes analyses of Sender's *Imán*, *Viaje a la aldea del crimen*, *El lugar del hombre*, and *El verdugo afable*. Professor Bosch's 1963 essay "La 'Species Poética' en 'Imán' de Sender" was one of the first studies to focus upon the stylistic rather than purely social aspects of Sender's novel of war.

RODOLFO CARDONA is Professor of Modern Foreign Languages and director of the University Professors Program at Boston University. Long active in Galdosian scholarship, Professor Cardona is founding editor of *Anales Galdosianos*, which he has continued to edit since the publication of the journal's first issue in 1966. He has also researched in the area of the twentieth-century Spanish novel. His contributions include *Novelistas españoles de posguerra* (1976) and the co-authored *Visión del esperpento: teoría y práctica en los esperpentos de Valle-Inclán* (1970).

FRANCISCO CARRASQUER, now living in Tárrega (Lérida), Spain, was long associated with the University of Leiden, The Netherlands, as professor and researcher in the Hispanic Studies section of the Faculty of Letters. He edited the journal *Norte* (Amsterdam, 1961-1976), which published a substantial corpus of work on Sender, including a special issue on his writings (March-April, 1973). In addition to numerous journal articles, Professor Carrasquer has authored *'Imán' y la novela histórica de Sender* (London, 1970) and *La verdad de Sender* (Leiden, 1982).

PATRICK COLLARD is senior lecturer in Spanish language and literature at the University of Ghent, Belgium. He has published studies on García Márquez, Alejo Carpentier and Segundo Serrano Poncela, as well as articles on Sender's *Carolus Rex*, Senderian realism, the theme of literature as salvation in Sender, and Sender's involvement in Spain's Second Republic. His *Ramón J. Sender en los años 1930-1936: sus ideas sobre la relación entre literatura y sociedad* appeared in 1980.

MALCOLM A. COMPITELLO is Associate Professor of Spanish at Michigan State University. His extensive critical work on the narrative of Juan Benet is reflected in numerous journal articles, in his *Ordering the Evidence: Volverás a Región and Post-Civil War Fiction* (Barcelona, 1983) and in the co-edited *Critical Approaches to the Writings of Juan Benet* (1984). Professor Compitello is an editor of the "Bibliography of Post-Civil War Spanish Fiction" published annually in *Anales de la Literatura Española Contemporánea*.

ROGER DUVIVIER is professor of Spanish language and literature at the Université de Liège, Belgium. He has written several studies of San Juan de la Cruz, on the *Quijote*, and the theater of Buero Vallejo. His most recent research has focused upon the autobiographical factor in Sender's early writings and upon Sender's hitherto little-known work with the newspaper *La Tierra*, organ of the Asociación de Labradores y Ganaderos del Alto Aragón.

ELIZABETH ESPADAS is Professor of Spanish at Wesley College, Delaware. Her research has centered around contemporary Spanish narrative, Hispanic women writers and Hispanic bibliography. She has authored studies on Azorín, Ignacio Aldecoa, Carmen Martín Gaite and Sender's story "La terraza." One of the two principal Senderian bibliographers, Professor Espadas supplemented her three-part bibliography published in *Papeles de Son Armadans* in 1974-75 with the expanded version which appears in Francisco Carrasquer's *La verdad de Sender* prior to the preparation of the present version. A current bibliographical project is an annotated guide to studies of women characters in Hispanic literature.

CHARLES L. KING is Professor of Spanish and former chair of the Department of Spanish and Portuguese at the University of Colorado, Boulder. His doctoral thesis, "An Exposition of the Synthetic Philosophy of Ramón J. Sender" (University of Southern California, 1953), was the first to be written on the Aragonese author's work. Professor King's long commitment to Senderian scholarship has yielded many studies, among them essays on the novel *La esfera* (1954) and on Sender's surrealism (1968), and *Ramón J. Sender* in the Twayne series (1974). Professor King is a major Senderian bibliographer whose work includes "Una bibliografía senderiana española (1928-1967)," "A Senderian Bibliography in English, 1950-68, with an Addendum," and the 1976 *An Annotated Bibliography of Ramón J. Sender, 1928-1974,*" with a 1983 addendum.

MICHIKO NONOYAMA is Associate Professor of Spanish at the University of Tsukuba, Japan, where she teaches courses in the Spanish language, Latin American society and culture, and contemporary Spanish literature. She has conducted extensive research on pre-Civil War politics and literature and on Sender's relationship to the anarchist movement, publishing in 1979 her *El anarquismo en las obras de R. J. Sender*. Professor Nonoyama has also published studies on Lorca and on La Pasionaria and is translator into Japanese of Sender's *Réquiem por un campesino español*.

MARCELINO C. PEÑUELAS is Professor Emeritus of the University of Washington in Seattle and has been Professor of Spanish and chair of the Department of Romance Languages there. A foremost Sender scholar, he has contributed numerous articles and the books *Conversaciones con R. J. Sender* (1970) and *La obra narrativa de Ramón J. Sender* (1971). He has also authored studies on myth, on the Hispanic heritage in the United States and on other Peninsular writers.

KESSEL SCHWARTZ is Professor of Modern Languages and former chair of the Department of Foreign Languages and Literatures at the University of Miami, Coral Gables. His research has ranged over a variety of Peninsular and Latin American literary topics.Author of *Juan Goytisolo* (1970) and *Vicente Aleixandre* (1970) in the Twayne series and of *A New History of Spanish American Fiction*, he co-authored the much-consulted *A New History of Spanish Literature*. Professor Schwartz's 1963 essay on animal symbolism in Sender's narrative has been a fundamental study.

L. TERESA VALDIVIESO is Professor of Spanish at Arizona State University, where she has made innovative contributions to the teaching of bibliographical and research methods, the Spanish language for the professions, and business Spanish. Catalan literature, contemporary Hispanic theater, Hispanic women writers, and semiotics have been major research interests. A member of the editorial board of the journal *Dieciocho*, she is also active in the Asociación de Letras Femeninas. Among Professor Valdivieso's recent publications are *España: Bibliografiá de un teatro silenciado* (1979), and the co-authored textbook *Aproximaciones al estudio de la literatura española (1983).*

MARY S. VÁSQUEZ is Associate Professor of Spanish at Arizona State University, where her teaching includes courses in Peninsular literature of the eighteenth, nineteenth, and twentieth centuries and in the post-Civil War Spanish novel. Her scholarly activity centers around contemporary Hispanic narrative. She has published studies on Sender, Luis Martín-Santos, Juan Benet, Esther Tusquets, Alfonso Grosso, Juan Marsé, Carlos Fuentes, and Vicente Leñero and is active in literary translation.

Homenaje a
Ramón J. Sender

El realismo social en la novela de Ramón J. Sender

Rafael Bosch

Ante todo, definiremos el realismo social del siglo XX como la tendencia principal de los escritores realistas mundiales que desarrollaron su obra ordinariamente hasta la segunda guerra mundial[1] mostrando su conciencia de la cuestión social desde posiciones varias pero coincidentes en su tendencia democrática (tales posiciones abarcaban desde el democratismo pequeñoburgués hasta el radicalismo revolucionario de la izquierda). Lo característico de estos escritores es que el problema social ocupa un lugar central en su obra, directa o indirectamente. Las concepciones y métodos del realismo social se aplicaron a varios géneros—teatro, poesía, sin hablar de artes no básicamente literarias, como la pintura o el cine—pero predominaron en la narración y sobre todo en la novela, género que fue él mismo creado por el realismo moderno (desde el siglo XVI).

Al hablar del realismo moderno en nuestros días, tenemos que tener en cuenta el estado de la crítica, y para el realismo social debemos partir de la concepción social de las cuestiones de la novela. El

---

[1] Hay casos excepcionales por lo tardíos. Así, por ejemplo, los escritores españoles que han reaccionado contra el franquismo han desarrollado una labor de realismo social a fines de la década del 50 y principios de la del 60. Obras excepcionales de este carácter pueden surgir en otras partes del mundo, siempre en reacción contra problemas sociales tales como la falta relativa de desarrollo y de libertad de expresión, o causas semejantes.

gran crítico y estético György Lukács ha planteado en sus obras el problema de la concepción y estructuración realistas de la novela moderna (de los siglos XIX y XX) desde el punto de vista del realismo crítico originado en el siglo XIX, y considera el desarrollo de la novela realista del siglo XX en cuanto, si vale, cumple esencialmente con las exigencias de objetividad y estructuración objetivadora del realismo crítico (la tradición que va desde Balzac hasta Thomas Mann). Lukács considera la posibilidad de que ese realismo del siglo XX incorpore a veces rasgos nuevos, como por ejemplo la técnica del reportaje, que al crítico húngaro, sin duda con razón, le parece una innovación válida e interesante si respeta las leyes de la realidad y de la creación desarrolladas por el realismo crítico: estructuración objetiva e imaginación.[2]

Nosotros reconocemos los aspectos fundamentalmente valiosos y aclaradores de estas posiciones, que hemos alabado en otras partes,[3] pero les encontramos el defecto primario, que nunca antes ha sido señalado,[4] de que el realismo crítico, como su nombre indica, se limita a configurar una visión crítica de la sociedad burguesa, pero no presta

[2] Véase a este respecto el libro de Lukács *Sociología de la literatura*, (Madrid: Península, 1966), cap. VII: "¿Reportaje o configuración? Observaciones críticas con ocasión de la novela de Ottwalt." Este artículo, escrito en 1932, es de una enorme importancia. Lukács acepta la forma de reportaje, con gran penetración, sólo en cuanto incluye la configuración totalizadora de la realidad y no se diluye en los meros detalles expresivos pero no típicos: "La verdad parcial desprendida de la totalidad, la verdad parcial que se presenta como verdad completa, se transforma necesariamente en una desfiguración de la verdad" (p. 129). Preocupado por la técnica de reportaje como una mera forma, Lukács le pone la condición de que muestre la realidad individual y típica. He aquí una exigencia profunda y bien dirigida. Sin embargo, Lukács no ha advertido que la novela del siglo XX tiende a la perspectiva del reportaje, como veremos luego. Sin duda, hay reportajes exteriores, notas episódicas—como por ejemplo en Dos Passos—y reportajes esenciales, que buscan un núcleo fundamental de realidad.

[3] Así, en nuestro artículo "Galdós y la teoría de la novela de Lukács," *Anales galdosianos*, 2 (1967), 169-184; y en el primer volumen de *La novela española del siglo* XX, (New York: Las Américas, 1970), pp. 53-61.

[4] Algunos han reprochado a Lukács que su concepto de la novela del siglo XX está limitado a las tendencias del siglo XIX. Esa acusación nos parece falsa. Lo que Lukács ha hecho ha sido ahondar en los aspectos esenciales del realismo crítico del siglo XIX que se mantienen en el siglo XX, por mucho que cambie el tipo de novela. Así, por ejemplo, él encuentra en Thomas Mann modos indirectos de referencia a la realidad que son nuevos y que aprueba. En lo que Lukács ha fallado, en nuestra opinión, es en no reconocer los rasgos esencialmente nuevos de la novela del realismo social (y del realismo socialista).

una atención básica preferente al problema social, que funciona sólo parcialmente en las obras representativas de esa tendencia. En cambio, el realismo social presta una atención preferente a ese problema. Es justo y necesario señalar que el realismo social depende, para ser válido—y no una mera teorización subjetiva—, de las conquistas esenciales del realismo crítico del siglo XIX, y todos debemos gran agradecimiento a Lukács por sus aclaraciones pertinentes y profundas en este sentido. Pero hay que hacer también hincapié en el hecho de que el realismo social del siglo XX (que tiene antecedentes desde fines del XIX) constituye una visión y un estilo fundamentalmente nuevos a causa de su objeto o materia, es decir, la cuestión social.

Como lo han mostrado los grandes fundadores y dirigentes del socialismo científico,[5] lo que determina el valor de objetividad del escritor realista crítico en su retrato de la sociedad no es su actitud ideológica correcta sino el hecho de que, incluso a pesar de las tendencias ideológicas en algunos casos, el sentido crítico de los autores les ha hecho acentuar las contradicciones efectivas de la realidad, o la marcha efectiva de los procesos sociales en un determinado grupo y en un tiempo determinado. Los resultados de la visión del realismo crítico son así (evidentemente porque ciertos aspectos democráticos—que pueden estar en pugna con otras creencias del autor—figuran en la visión del escritor). Esos aspectos democráticos son una conclusión necesaria incluso cuando los puntos de partida ideológicos no tuvieran ese carácter político-social. Hay así un democratismo crítico inherente al discurso del autor, que no siempre propone reformas porque pueden parecerle o imposibles o ineficaces, pero que señala implacablemente muchos males sociales aunque no llegue a adherirse a nuevas transformaciones profundas de la sociedad que tengan implicaciones más o menos revolucionarias (y el realismo crítico puede llegar a incluír aspectos democráticos revolucionarios ya precisos o ya vagos). Por el contrario, el escritor que produce una obra de realismo social reconoce siempre aspectos o ya primarios o ya secundarios del problema de la lucha de clases, aspectos que constituyen el centro de su obra. Esto es especialmente evidente en el caso de los escritores de la izquierda revolucionaria en sus varias tendencias; pero también aparece en la mezcla de revolucionarismo y reformismo de los demócratas pequeño-burgueses que reconocen como enemigo inconciliable a la

---

[5] Es decir, Marx y Engels (especialmente este último) en sus notas sobre Balzac, y Lenin en su ensayo "León Tolstói como espejo de la Revolución rusa."

burguesía, incluso cuando ésta elige para el triunfo de su opresión alternativas flexibles o hasta liberales; y hasta vemos conciencia fundamental del problema social en algunas obras de los demócratas reformistas, que desarrollan una visión no sólo crítica sino antagónica con alguna facción de la burguesía dominante cuando sus formas de dominio son predominantemente coacciones violentas, pero que se integran fácilmente con la burguesía cuando o donde ésta oculta su represión declarada y hace o finge hacer reformas liberales, en cuyo caso esa literatura (es decir, del tercer grupo de autores que aquí clasificamos dentro del realismo social) se aparta del problema social y de la realidad, y hace una literatura o antisocial o falsamente social, basada en la apología de las dictaduras limitadas o del liberalismo moribundo e imperialista. En cualquier caso, mientras hay una literatura de realismo social, los escritores que se inscriben en ella o tratan el problema social directa y explícitamente o se fundan en su conciencia de él para pintarnos a la burguesía o la pequeña burguesía desde el punto de vista de la contradicción inevitable de los intereses de las clases opresoras y las oprimidas, así como la posición al menos implícta de los grupos sociales y los individuos con respecto a esa cuestión.

Desde el punto de vista del estilo, o de la conformación artística de la realidad retratada, lo propio del realismo social consiste en el aspecto que hemos caracterizado en otra parte como "realismo inmediato, directo o urgente."[6] Es decir, se trata de dar una impresión fenoménica, abreviada o rápida de la realidad no sólo reciente, sino vista como reciente o casi coetánea de la obra escrita, y con un paso también inmediato o rápido a la revelación del fondo esencial de los procesos, que a menudo está en contradicción con la mera apariencia del fenómeno a primera vista. Si el fenómeno no engaña, por lo menos cubre de una atmósfera de cotidianeidad y carácter ordinario de los acontecimientos y circunstancias lo que quizás inmediatamente tenemos que comprender en un nivel más hondo. De aquí la importancia del lenguaje coloquial y cotidiano que encontramos sobre todo en los diálogos, y a veces también en las expresiones del escritor. Esta presentación contribuye a que el lector sienta de modo casi inmediato la dimensión honda que late en el fondo. El carácter social de los acontecimientos tiende a dejar formas abiertas, pues aunque el destino de los personajes individuales se cumpla, la perspectiva social los desborda. La forma rápida y abreviada de la presentación de personas y hechos,

---

[6] Véase nuestro libro, citado en la nota 3, *La novela española del siglo* xx, Vol. II, 1972, en diversos lugares y sobre todo en pp. 31-32 y 32-41.

el fondo social y las circunstancias públicas, es consecuencia natural del gran desarrollo de la novela realista en el siglo XIX: por medio de aquélla, el lector ha aprendido tanto sobre la realidad que ahora basta con datos más escuetos para informar de las realidades nuevas (claro que hay que evitar el esquematismo, empresa en que no siempre se triunfó). Finalmente, la actualidad inmediata o de forma inmediata de los hechos narrados, el lenguaje coloquial, lo escueto de las descripciones y referencias, apuntan claramente a la relación entre literatura y reportaje periodístico, aunque es claro que el reportaje sólo usa la imaginación creadora en pequeñas partes mientras que la literatura como bella arte, y por lo tanto la novela y la narración novelística (la novela corta, el cuento moderno) se basan siempre en el papel profundizador y amplificativo de tal imaginación creadora, que permite seguir el destino de los seres humanos con una interioridad psicológica y un detalle en la reconstrucción y explicación de la conducta que sólo es posible alcanzar mediante los medios propios de la literatura.

La literatura del realismo social, y particularmente la novela y narrativa de esa tendencia, se inician hacia 1870 con la izquierda naturalista—a pesar de los defectos antirrealistas señalados con justeza por Paul Lafargue y György Lukács, sobre todo a propósito de Zola,[7] pues los elementos realistas en Flaubert son mucho menores[8]— y produce las obras típicas de la nueva visión y estilo hacia el giro del siglo XIX al XX.[9] Incluso desde 1860 tenemos ejemplos tempranos, como *Los campesinos de Podlípnoie* de Fiódor Reshétnikov en Rusia, y algunos autores representativos de los inicios de la corriente, como Giovanni Verga en Italia, son posteriores a Zola pero pertencen enteramente al siglo XIX. Como Verga, la mayoría de los representantes de la corriente en el siglo pasado vienen después de la introducción del naturalismo realista y político (así ocurre también con la obra de George Eeckhoud en Bélgica, por ejemplo). Algunas figuras especialmente valiosas están

---

[7] Lafargue en uno de los ensayos de sus *Críticas literarias*, y Lukács en varias partes de sus libros fundamentales, como *La novela histórica*, etc. Es verdad, sin embargo, que Lukács ha hecho muchos esfuerzos para ser objetivo y, junto con las críticas, destacar muchos valores en Zola, como en su capítulo dedicado a él en *Estudios sobre el realismo europeo*.

[8] Véase también *La novela histórica* de Lukács. El caso de Flaubert, en quien pesan enormemente las limitaciones naturalistas y en quien el realismo tiene poco peso, a despecho de algunas concepciones que en principio son muy importantes pero que no supo desarrollar, merece estudios más detallados de parte de la crítica social.

[9] Véase el ensayo antes mencionado de la *Sociología de la literatura*, donde Lukács señala que el estilo de reportaje se inicia con Zola (ed. cit., p. 119).

a caballo entre los dos siglos, como en Francia el decisivo Emile Zola,[10] que contribuye al nacimiento de la tendencia con una parte considerable de su obra y especialmente novelas de su período semifinal (como *Germinal*, 1885, y *La tierra*, 1888). Entre los escritores de esta época hay que destacar a Máximo Gorki en Rusia, Wladislaw Reymont en Polonia, Blasco Ibáñez en España. Luego, desde comienzos de siglo, surge un gran número de autores típicos del realismo social: una legión que va de Heinrich Mann en Alemania a Henri Barbusse en Francia, pasando por Upton Sinclair, Theodore Dreiser y Frank Norris en los Estados Unidos, y por Frans Eemil Sillanpää en Finlandia. Entre los logros españoles de principios de siglo se cuenta la obra de juventud de Pío Baroja entre 1904 y 1911. Pero este estilo había de desarrollarse con especial auge en las décadas de 1920 y 1930, cuando las contradicciones fundamentales de la época del imperialismo llegaron a su culminación y se hizo especialmente patente la lucha entre las tendencias contrarias.

Después de la segunda guerra mundial, y especialmente en las décadas del 70 y del 80, la evolución contradictoria de la burguesía decadente en momentos de reforzamiento del imperialismo influye sobre la proliferación de las tendencias antirrealistas, que son a la vez deshumanizadas y antiliterarias. En cuanto a la tendencia realista en la literatura, que es expresión de la corriente democrática, si examinamos tal tendencia desde principios de siglo, veremos que florece ya en pocas figuras como realismo crítico, aunque los realistas críticos de nuestro siglo—como Thomas Mann o Romain Rolland—han dado obras de estilo renovado y gran originalidad. El caso más señalado es sin duda el de Thomas Mann, a quien no por casualidad Lukács ha dedicado especial atención.[11] Thomas Mann no es sólo un continuador de la tradición del realismo crítico del siglo XIX, sino que se distingue por su invención de nuevos recursos de expresión, de carácter indirecto o con implicaciones metafóricas. El realismo social tiene en común con el crítico el tener también una visión crítica, pero se distingue de él en que incluye la perspectiva, por lo menos implícita, de una transformación amplia—a veces concebida como profunda—de la so-

---

[10] La posición de Zola, de ataque crítico al Segundo Imperio desde el punto de vista de la democracia revolucionaria, se manifiesta desde su primera novela, *La fortuna de los Rougon*. Ahora bien, en el conjunto de la serie de "Los Rougon-Macquart" se mezclan aspectos de realismo crítico y de realismo social.

[11] Sobre todo en sus *Ensayos sobre Thomas Mann* (pero también en su comparación con Kafka en *Sobre el realismo mal entendido*).

ciedad, lo que en los escritores de la izquierda revolucionaria comprende el planteamiento del socialismo. El realismo social tiene mucho en común con el realismo socialista, que se cultivó en países socialistas en un largo período entre 1917 y la caída de los regímenes en el oportunismo, que ha alcanzado a todos los Estados uno tras otro de 1954 a 1981. Tanto el realismo social de los países capitalistas como el realismo socialista que existió en los países que fueron socialistas entre las fechas señaladas tuvieron en común el centrarse sobre la cuestión social, mientras se revelaba conciencia sobre el hecho de que se vive en la época del imperialismo. Ese fundamento creó muchos rasgos comunes entre los dos tipos de realismo (y aquí no podemos entrar en ello). Lo principal que todos estos rasgos tenían en común—frente al realismo crítico—era el acento sobre el presente y el futuro (en vez del pasado) y sobre las dimensiones sociales directas. La diferencia esencial estaba en que el realismo socialista pintaba la sociedad tras el triunfo de la revolución; pero predominaban los rasgos comunes entre los dos tipos de realismo. Así que no es accidental que el auge de la novela realista se produjera en todo el mundo de 1920 al fin de la segunda guerra mundial, época en que se publicaron varios miles de obras importantes de estas corrientes, desde Norteamérica a China, y desde Finlandia al norte hasta Sudamérica al sur.

Aunque sigue habiendo obras características hasta hoy, las circunstancias han cambiado en modo esencial. Desde el fin de la segunda guerra mundial, fue creciendo la agresividad del imperialsimo y su tendencia al control y la dominación totales, y así se fue destruyendo la capacidad de la expresión democrática y de sus formas artísticas en Europa occidental, las Américas, y otras partes del mundo dependientes. A la vez, los problemas y errores de las sociedades socialistas crecían y han llevado al estado actual. Eso no significa que no hayan continuado escribiéndose algunas obras de realismo social en ciertas partes del mundo excepcionalmente y durante períodos limitados (como España en 1958-62, debido al crecimiento de la resistencia contra un régimen de autocracia absoluta, que estaba en crisis política y económica). En todo caso, lo cierto es que la gran época internacional del realismo social contemporáneo se dio en las dos décadas de 1920 y 1930. Es el período en que se destacan en Alemania Hermann Kesten, Anna Seghers, Joseph Roth, Ludwig Renn, Erich Maria Remarque, Ernst Gläser, Ernst Johanssen, Theodor Plievier, Arnold Zweig y otros; en Estados Unidos Erskine Caldwell, John Dos Passos, John Steinbeck, James T. Farrell; en Francia André Malraux y Louis Aragon; en Italia Ignazio Silone; una gran cantidad de narradores en

Europa oriental, de Hungría a Rumania (donde se destacó Panait Istrati); Lu Xun (o Hsün) y otros en China; en América Latina el peruano César Vallejo, el nicaragüense Hernán Robleto, y muchos otros como Jorge Icaza, Ciro Alegría, Gregorio López y Fuentes, Carlos Luis Fallas, etc.; un movimiento muy importante y nutrido en Portugal (en los años 30 y 40) y unos pocos autores característicos en el Brasil.

En España, los orígenes de esta forma de realismo se encuentran principalmente en la obra de algunos noventayochistas: la obra de juventud de Blasco Ibáñez y de Baroja y la obra de vejez de Valle-Inclán. Otros antecedentes pueden encontrarse en un par de miembros de la generación del 14, M. Ciges Aparicio y J. López Pinillos (*Parmeno*). Los primeros habían demostrado interés por posiciones socialistas y anarquistas, y los últimos por actitudes democráticas radicales. Pero estaban por venir los narradores que se enfrentaran con la lucha de clases en un escenario totalmente actual, correspondiente al crecimiento de las contradicciones sociales de la España del siglo XX a partir del período que siguió a la primera guerra mundial. Esos nuevos escritores empezaron a publicar sus obras a fines de la década del 20. Primero se destacaron precursores como Joaquín Arderíus y José Díaz Fernández. Entonces apareció, en 1930, la figura de Ramón J. Sender, que con su primera novela, *Imán*, causó gran sensación por la madurez y hondura de su obra, y se constituyó inmediatamente en jefe del grupo. La novela fue casi en seguida traducida a una decena de lenguas. Aunque todos los jóvenes del grupo fueron muy traducidos, Sender tuvo desde el principio una repercusión española e internacional mucho mayor que los otros novelistas de esa promoción o generación del 30. Esa promoción incluiría después a: Manuel D. Benavides, César M. Arconada, Andrés Carranque de Ríos y José Herrera Petere. Incluso en los años 40 el estilo de la juventud de Sender influiría en una especie de treintista tardío, Arturo Barea. Así que Ramón Sender fue el novelista más destacado de su generación, y uno de los principales cultivadores de la temática y estilo del realismo social en el mundo. No es extraño que se le tradujera tanto desde el principio ni que el famoso novelista Henri Barbusse se sintiera atraído por la lectura de *Imán* e hiciera comentarios tan favorables.

Ramón Sender ha escrito gran cantidad de libros, demostrando así una gran capacidad de trabajo y una imaginación inspirada (si dejamos aparte algunas incursiones en géneros ligeros que es mejor olvidar). Lo que nos compete aquí es juzgar su obra de realista social, que produjo unos once libros novelísticos, diez de ellos entre 1930 y 1939.

Además, existen elementos de realismo social en unos pocos libros posteriores, e incluso unas pocas obras todavía características.

Debemos comenzar, como hemos visto, por *Imán* (Madrid, 1930). Este libro pertenece a la categoría de la "novela de guerra," género inventado por Henri Barbusse en 1916 con su novela *El fuego* y una de cuyas muestras más sobresalientes fue *Sin novedad en el frente* (1930) de Remarque. El género, o subgénero, de la novela de guerra no nació a la manera en que se desarrolla hoy—sobre todo en Norteamérica— como una narración que cuenta acontecimientos ocurridos a uno o varios protagonistas en el curso de una guerra. Este último tipo de narración es un instrumento de diseminación de ideas belicistas, que presentan las guerras interimperialistas de nuestro tiempo como algo natural, inevitable y justo. Por el contrario, la novela de guerra surgió de la lucha contra la guerra interimperialista y expresó la protesta humanitaria y democrática contra el imperialismo y el belicismo. Se distinguía de la novela pacifista del siglo XIX[12] en que era por primera vez un testimonio de campaña,[13] y esto era justamente lo que la acercaba al estilo de un reportaje. No era una superficialización de la novela mediante el recurso a un periodismo meramente descriptivo: contenía los elementos de la descripción testimonial más seria y les añadía los propios de la imaginación como base de la literatura creativa y la novela. Esta imaginación penetra en la vida interior y psicológica de los personajes y configura destinos enteros de seres humanos, individual y socialmente.

Existen, sin duda, otras posibilidades de la novela-reportaje: por ejemplo, los hechos y situaciones de carácter político que Sender y Benavides han tratado en otros libros. Otro ejemplo sería la crónica de viajes, inaugurada en España por algunos miembros de la generación del 14, como Bayo o Noel, y que los miembros de la promoción del 60 han integrado dentro del realismo social (J. Goytisolo, Ferres, López Salinas, etc.). Y sin duda varias otras posibilidades se han desarrollado

---

[12] La obra iniciadora y principal del pacifismo del siglo XIX fue la novela *Abajo las armas* (1889) de Berta von Suttner, y la acción se desarrollaba, con base autobiográfica, lejos de los frentes.

[13] Erckman-Chartrian escribieron en el siglo pasado novelas histórico-políticas que trataban de guerras y cuya acción sí se situaba en los frentes, pero diferían de lo que en nuestro siglo sería la novela de guerra por varias razones. En primer lugar, se referían a las guerras nacionales de la época revolucionaria burguesa, mientras que la actitud de los novelistas democráticos del siglo XX ya tiene que ser antinacionalista. Además, no se trata de testimonios de reportaje, sino de memorias de carácter histórico.

en la novela internacional de los años 20 y 30. Pero la novela de guerra fue la primera en surgir dentro del tipo definitivo de novela-reportaje, y tuvo un peso especial en su tiempo. En *Imán*, Sender creó una de las principales novelas de guerra que se han escrito internacionalmente.[14]

El libro contiene una historia individual, especialmente típica, sobre un fondo colectivo. Ese fondo general es la situación del soldado español en las guerras de Marruecos en los años 20. Viance, el protagonista, es una muestra de la situación del pueblo que a veces funciona con carácter simbólico, como emblema de la desgracia o mala suerte, que no es sino el lado aparente o fenoménico de la opresión sufrida. El punto de vista es plural: en general toma la forma de una primera persona significativa que es tercera persona gramatical, pero a menudo esta perspectiva personal cambia a una posición más objetiva, de aspecto impersonal pero fundada en la colectividad de los soldados (Incluso aparece a veces un narrador semi-personaje). El estilo del lenguaje de palabras es una mezcla muy afortunada de expresiones de tono poético,[15] cargado de sugerencias, y de frases de gran naturalidad coloquial o de lenguaje cotidiano, con especial peso sobre los diálogos.

La novela tiene una acción muy sencilla, en torno a la huída del ejército derrotado tras el desastre de Annual en 1921. Pero el amonto-

---

[14] En conversaciones privadas con el autor de este artículo, Sender reconoció siempre que *Imán* era una novela de guerra, aparecida al año siguiente de *Sin novedad en el frente*, y con influencias internacionales (probablemente Barbusse, aunque el argumento de Sender tiene gran originalidad). Esto parece tan evidente que resulta extraordinariamente ridículo que un crítico haya querido presentar a *Imán* como novela histórica. Esta es la posición de Francisco Carrasquer en su libro *'Imán' y la novela histórica de Ramón J. Sender* (tesis doctoral de la Universidad de Amsterdam, 1968). Para fundamentar su concepción, a Carrasquer no se le ocurre otra cosa que crear su propia teoría de la novela histórica, sin mencionar a Lukács ni a ningún otro crítico que haya dedicado a ese tema un estudio fundamental. La teoría "original" de Carrasquer (véase pp. 65-80) es tan pedestre que apenas merece mención: la novela histórica está enmarcada en una época y un espacio estrictamente históricos y su misión consiste en revivir la historia, dando vida nueva al material inerte que llamamos historia. Luego sigue una serie de barbaridades sobre Scott, Flaubert, Tolstói y Enrique Larreta. Scott, por ejemplo, es considerado meramente como un romántico que da nueva forma a leyendas tradicionales. Todo esto no necesita comentario. Toda novela realista moderna tiene relación con la novela histórica, que se encuentra en la génesis de la novelística de los siglos XIX y XX; pero, fuera de esto, *Imán* no es una novela histórica sino una novela-reportaje.

[15] Sobre esto, véase nuestro artículo "La *species poetica* en *Imán* de Sender," *Hispanófila*, 14 (1961), después recogido en *La novela española del siglo XX*, II, 1972.

namiento de detalles de aspecto caótico es impresionante. El autor hace una acusación de gran fuerza contra la patriotería imperialista impuesta a los españoles por las clases dirigentes. El tono de protesta social y la combinación del estilo de dicción poética sugerente con expresiones coloquiales, combinación inspirada por una finalidad fuertemente realista, tuvieron gran influencia sobre los escritores siguientes de esta promoción.

La segunda novela de Sender, *O.P. (Orden público)*—Madrid, 1931— es un libro breve en comparación con la enorme densidad de *Imán*. El escritor da aquí un testimonio, siempre en la línea del reportaje, de su encarcelamiento bajo la dictadura de Primo de Rivera (en 1927). En la generación anterior, Ciges Aparicio había dedicado un libro (*Del cautiverio*) a la experiencia de las prisiones, pero era un reportaje en forma de memorias; este libro de Sender es en parte más imaginativo y tiene una forma notablemente moderna por el carácter escueto de su concepción y de su prosa. El lenguaje tiene las mismas características esenciales que en *Imán*, pero se ha simplificado mucho. Entre sus recursos poéticos y simbólicos, el autor se atreve a personificar al viento, convirtiéndolo en emblema de libertad. Aparece aquí la cárcel como prueba de la libertad humana que luego había de asomar en la poesía de guerra de Miguel Hernández. La posición originalmente democrática del autor se radicaliza aquí, presentándose con claros tintes políticos y ya no sólo por implicación derivada de la injusticia social (como en su primera novela). Aunque todavía en términos de rebeldía general, el Periodista que protagoniza *O.P.* (en una perspectiva única y consistente de tercera persona gramatical que es primera significativa) no es ya una mera víctima como el soldado de Marruecos, sino un hombre que reacciona a la opresión social y política con una lucha empeñada y hondamente motivada en contra. *O.P.*—que tuvo mucho peso sobre otra novela de la cárcel, *Uno* (1934) de Carranque de Ríos— es sin duda una de las mejores creaciones del Sender joven. Todo el libro tiene, en su tono generalmente contenido, una gran emoción, como en los documentos de protesta por la tortura del anarquista catalán (el Chino), o en la protesta colectiva que adquiere enormes dimensiones simbólicas.

Después de un libro ensayístico, lleno de optimismo juvenil, personal y político-social, *Proclamación de la sonrisa*, el escritor publicó otra novela, esta vez de carácter histórico, *El Verbo se hizo sexo (Novela biográfica)*—Madrid, 1931. Se trataba de una interpretación de la figura de Teresa de Cepeda, la célebre representante del misticismo del siglo XVI. En esta obra extremadamente interesante, aunque un poco esquemática, el autor coincide en parte con un ensayista coetáneo, Teófilo Ortega (a quien debemos el estudio *Teresa de Jesús, más allá del misticismo y de la histeria*, Valencia, 1931) en señalar el erotismo del personaje como elemento humanizador de sus concepciones espirituales. Sender añade elementos valiosos del método freudiano (por ejemplo, en su advertencia de que cuando los místicos dicen corazón quieren decir sexo),elementos que el escritor hace valer de manera positiva y optimista, lejos de la visión peyorativa y deshumanizada de Freud. Por otra parte, Sender insinúa frecuentemente lo que esas actitudes tienen de protesta contra la sociedad aristocrática y opresiva de la Castilla (y España) del siglo XVI. Ese ambiente de opresión (incluso la persecución de las minorías judías y moriscas) es presentado con sensibilidad y viveza, aunque sea la parte más tenue de este imperfecto pero interesante libro. La pintura de la situación popular, por desgracia, se queda en intención, pero es bueno que se insinúen los cauces que pueden producir una novela histórica más completa dentro de este estilo y esta perspectiva ideológica, que tiende a iluminar el pasado de manera nueva, aportando la visión crítica y revolucionaria que el realismo social requiere. Así pues, aunque el fondo social de los personajes es demasiado rudimentario, está bien concebido en conjunto, y sin duda marca un camino digno de seguirse y llevarse a perfección. En una época tardía, Sender republicó este libro en una edición algo deformada que se llamaba *Tres novelas teresianas* (Barcelona, 1967), donde el escritor se interesa más por la herejía, lo cual es indudablemente interesante, aunque manifiesta menos el fondo social popular, así como el espíritu de rebeldía social.

Después del libro periodístico *El problema religioso en México*, Sender publicó *Siete domingos rojos* (Barcelona, 1932). También aquí ha habido una reedición posterior, de los años 70, que se llamó, aunque parezca mentira, *Las tres sorores*: no hay necesidad de comentar sobre los extraños materiales—las monjas de un monasterio de la época imperial— introducidos por el autor en su texto original con el débil pretexto de que un semipersonaje estudiaba legajos antiguos. Ese texto original, cuya acción tiene lugar durante la Segunda República, sigue siendo hoy muy valioso, y merece una republicación literal y sin deformaciones posteriores. Es el primer esfuerzo de Sender por componer una novela artística, más elaborada y compleja en su acción y caracteres que la técnica de la novela-reportaje, aunque todavía con voluntarias y claras huellas de ese estilo. En la situación de dudas en que se encuentra el protagonista, el periodista Samar, sobre la causa revolucionaria que ha abrazado, y en el lenguaje poético de esta novela, hay influencia de la problemática y la expresión en palabras de la obra del famoso escritor soviético Konstantín Fedin, *Las ciudades y los años* (1924).[16] En esta nueva novela de Sender, la rebeldía del escritor ha tomado la forma de ideología anarquista, y el libro trata de explicar y de justificar un alzamiento anarquista contra la república del 31. La explicación y justificación, claro está, se basan en las limitaciones de ese período de la Segunda República, que constituía evidentemente un régimen mezclado de influencias democráticas pequeño-burguesas y del llamado centro, que era el sector flexible de la burguesía, todo lo cual derivaba lógicamente hacia posiciones cada vez más reaccionarias. Impaciente el autor con esas limitaciones de la democracia vacilante de tal etapa, se inclina decididamente hacia una actitud revolucionaria, si bien de un aventurerismo revolucionario que él mismo pinta condenado al fracaso. Lo valioso del material es que refleja el hecho incontrastable de que los males del oportunismo engendran reacciones aventureristas irresponsables. El problema del libro es, pues, muy verdadero, y aunque le falte objetividad a la visión, las contradicciones esenciales son señaladas con claridad. Los personajes consiguen representar posiciones típicas de la época, si bien sus actitudes están muy ideologizadas y no siempre consiguen veracidad en lo individual. El punto de vista personal es alternado. Algunos capítulos están contados con técnica objetiva, y muchos son relatados en primera persona o gramatical o a veces sólo significativa, con personajes que se identifican desde el principio o que dejan deducir quiénes son. Así, uno de esos personajes es la luna, que desempeña un papel simbólico. Los méritos del libro consiguen vencer sus limitaciones. *Siete domingos rojos* es un importante y original esfuerzo de dictaminar los dilemas de la España de la época por medio de un esfuerzo valioso de construcción imaginativa. La temática y la problemática de este libro se reconsiderarán después en otra novela de Sender, *Míster Witt en el Cantón*, donde algunos de los elementos esenciales que vemos aquí se vuelven a presentar, entonces de una manera más indirecta, pero también en forma más profunda y perfecta. Pero ciertos valores de *Siete domingos rojos* quedan sin posible reconsideración o repetición y conservan hoy su frescura y lo que podríamos llamar su actualidad de vida moderna, de nuestro siglo.

Dos años después, Sender vuelve a la novela-reportaje con su libro *Viaje a la aldea del crimen (Documental de Casas Viejas)*—Madrid, 1934. En

[16] En conversación con Sender, en 1961, el escritor reconoció la influencia estilística en *Siete domingos rojos* de Fiódor Gladkov y sobre todo de Konstantín Fedin.

este caso—a diferencia de *Imán* y *O.P.*—no se trata de una historia contada en forma autobiográfica, sino de un testimonio de origen periodístico sobre importantes acontecimientos de la actualidad de la época. El libro denunciaba la represión gubernamental contra campesinos pobres invasores de tierras, en este caso en respuesta a una propaganda anarquista que el autor señala como desorientadora, pero en todo caso como reacción a los problemas económicos del campo. Se acentúa la sencillez, fundamentalidad humana y valor de esos campesinos pobres, cruelmente reprimidos por la guardia civil y la guardia de asalto bajo órdenes violentas del gobierno (el escritor llama la atención sobre la responsabilidad de Manuel Azaña). Como vemos, Sender llama a este libro "documental" (al mismo tiempo, Benavides llamaría "reportaje" a su biografía crítica de Juan March, *El último pirata del Mediterráneo*). Y Sender había afirmado en la nota preliminar de su primera novela que ésta consistía en apuntes sin forma literaria y apenas ordenados, con los que la imaginación no había tenido nada que hacer, y que podían haber sido firmados por cualquier soldado. Todo esto, naturalmente, son exageraciones que nunca deben ser aceptadas literalmente, y cuyo fin único es acentuar el carácter y el estilo testimonial de los libros, con los que la imaginación y la forma literaria sí que han tenido mucho que ver, pero que son obras mixtas, que combinan la fantasía y estructura literarias con la información y discusión de temas actuales o recientes de importancia social. Sender consigue dar una imagen muy viva de los acontecimientos que reseña e interpreta, así como una presentación emocionante de los personajes protagonistas, especialmente la familia del "Seisdedos."

Esta combinación de elementos testimoniales y literarios se manifiesta de un modo peculiar en *La noche de las cien cabezas (Novela del tiempo en delirio)*—Madrid, 1934—, que parece dar constancia del carácter moribundo de la sociedad de hoy, pero lo hace por medios extraordinarios como un espectáculo alegórico de sátira y fantasía desbordada. Un personaje picaresco (Evaristo el Rano) es relegado a un nicho en el cementerio, donde ve caer una serie de cabezas que simbolizan la situación de extrema decadencia de las fuerzas representativas de la sociedad burguesa tardía. Evidentemente no se trata—a pesar del subtítulo, que subraya el carácter imaginativo del libro—de una novela en sentido propio, sino de una narración de episodios unidos sobre todo por la unidad de la visión ideológica y por el énfasis sarcástico de la crítica. Sus antecedentes parecen encontrarse en la literatura clásica española, y especialmente en *Los sueños* de Quevedo (que además se estaban republicando en aquellos días). Goya, que es mencionado, también parece haber tenido una influencia en este libro con el ejemplo de sus pinturas negras y de sus *Caprichos* y *Disparates*. El rechazo de su sociedad por parte del autor tiene aquí sobre todo un aspecto negativo y destructivo propio del anarquismo, aunque la mayoría de los objetivos de su crítica son claramente vulnerables para toda actitud crítica.

En 1935 publicó ante todo Sender una breve pieza dramática en un acto, *El secreto*, que presenta la resistencia de un obrero encarcelado por fuerzas dominantes fascistas, obrero que se niega a declarar sobre un secreto que termina manifestándose por sí mismo al estallar por fin una rebelión popular. Fácil es ver la relación entre esta temática teatral y las novelas. Con la novela histórica *Míster Witt en el Cantón* (Madrid, 1936),[17] Sender alcanza de nuevo la altura de su primera novela. Es una obra extraordinariamente compleja y con amplias repercusiones políticas e históricas. El libro recibió el Premio Nacional de Literatura en 1935, adjudicado por un tribunal compuesto por tres intelectuales, uno de los cuales era Antonio Machado.[18] Aquí Sender pinta la sublevación cantonal de Cartagena en 1873 contra el gobierno central de la Primera República. Es evidente la razón por la que al novelista le interesa este tema. Sender ve en la sublevación anarquista de 1873 un paralelo y antecedente de las contradicciones entre las masas revolucionarias y las fuerzas burguesas del gobierno de la Segunda República. Ante todo, Sender simpatiza con las fuerzas insurgentes de fines del siglo pasado, como lo hizo Galdós en uno de sus "Episodios nacionales," *De Cartago a Sagunto*, escrito y publicado en 1911 (era el penúltimo episodio). El libro de Galdós, o más bien la parte primera dedicada al levantamiento cantonal de Cartagena, es muy esquemático, a pesar de lo cual ejerció influencia sobre la novela más densa y construída de Sender. Se menciona varias veces a varios de los dirigentes de la sublevación, que luego aparecerán en *Míster Witt*: Gálvez, Carvajal, Cárceles, y sobre todo el marino Colau, que toma en Galdós cierta fisonomía de personaje. Y también debió de influir la referencia al incendio de la fragata Tetuán, que algunos rumoreaban que había sido víctima de un sabotaje (es decir, el sabotaje que Sender atribuirá a su Míster Witt al final de su novela). La novela de Sender es un esfuerzo más fundado y desarrollado, de mayor éxito, que el

---

[17] La segunda edición de la novela abrevió el título del personaje, que ahora se llamaba Mr. Witt. Esa manera de escribir nos parece impropia porque la palabra "míster" aparece a menudo sin apellido en la obra, y es evidente que por lo menos entonces no debe abreviarse.

episodio de Galdós. A pesar de todo, Galdós supo presentar a los dirigentes de la rebelión como aventureros;[18] Sender, llevado por sus tendencias anarquistas del momento, los presenta como héroes revolucionarios, dentro de una concepción últimamente gratuita y desesperanzada de la revolución que ya había asomado en *Siete domingos rojos*, y que aquí equivale a la teoría de que cuanto más auténtica es la revolución más condenada está al fracaso por una especie de fatalidad humana inexplicable e ineluctable. Y los dirigentes del republicanismo federal pequeño-burgués y popular, como anarquistas que son, cuanto más fracasan en sus empresas político-militares más se compensan con la admiración que despiertan sus personas y sobre todo con los éxitos (principalmente eróticos) de su vida privada. Pero sería un error muy grande y muy negativo considerar esta novela de extraordinaria calidad desde el punto de vista primario de sus limitaciones de concepción de la realidad. Lo que importa sobre todo son sus méritos, conceptuales y estilísticos o formales, que son muy grandes. En la pintura de las contradicciones sociales, *Míster Witt en el Cantón* está por encima de *Siete domingos rojos*, y también hay más riqueza y hondura en el trazado de los personajes, aunque la mayoría de las personas del libro son figuras del pueblo o individuos que vemos lejanos a una luz indirecta. Pues, en efecto, uno de los logros de esta madura novela es la capacidad desarrollada aquí por el autor para presentar la realidad indirectamente. Todos los personajes que cobran un perfil individual, desde la Sra. de Witt (Milagritos), y el mismo Míster Witt, hasta don Eladio Binefar, el médico (entre los personajes secundarios), son ajenos a la rebelión y en general meros testigos de ella. Solamente Milagritos tiene una relación estrecha con los dirigentes del levantamiento, y así puede convertirse en protagonista. Es por esto por lo que hay que corregir la falsa impresión de que el protagonista es Míster Witt, como creen muchos. Es un mero observador, que interviene en los acontecimientos una sola vez, y por razones puramente personales, que no sirven a ninguna causa.

Míster Witt en el Cantón es una extraordinaria novela histórica por una serie de razones. En primer lugar, cumple detalladamente con la necesidad de enlazar a los personajes decisivos con su fondo social (como preconiza Lukács). Es cierto que esos individuos dirigentes apenas son personajes individuales, puesto que quedan lejanos y observados indirectamente. Pero quizás eso mismo se debe agradecer, porque

---

[18] Otro de los miembros del tribunal era un escritor menor aunque de buena intención, Pedro de Répide.

ha impedido al autor magnificar totalmente a sus héroes, y así el gran prestigio que los rodea se queda en una impresión, que puede ser muy verdadera. Como hemos sugerido, la novela revela con justicia la contradicción que históricamente existió entre el gobierno central burgués y los dirigentes desorganizados de las masas rebeldes. La misma desorientación que predomina en las filas revolucionarias explica el fracaso del levantamiento (como también la confianza total en los dirigentes, de cuyos méritos personales y autoridad se espera el triunfo). Además, esta situación objetiva es confirmada por medio de personajes de perfil individual muy bien trazado: Milagritos, Míster Witt, sobre todo, y después una galería de personas secundarias, algunas de las cuales (sobre todo el primo Froilán) expresan la naturaleza de la rebelión. Finalmente, la novela está estructurada de un modo muy interesante y con gran dominio de los recursos. Se acentúa el aspecto fenoménico de todos los personajes. Incluso en el caso de los dos personajes principalmente enfocados por la visión, Míster Witt y su esposa, las exploraciones de su mente nos sirven para conocer no tanto lo que piensan de sí mismos sino sobre todo lo que piensan el uno del otro. Así tenemos una especie de soliloquios en tercera persona gramatical que tienen sentido de revelación íntima pero ocultan una gran parte de la información. Las escenas populares y de fondo, contadas en tono objetivo, contribuyen mucho a la frescura y vivacidad de la novela. La relación entre multitudes e individuos tiene, como hemos dicho, mucho éxito. El lenguaje de la novela es más sobrio y menos lírico que en las obras anteriores.

Viene entonces la guerra civil, y, después de un librillo de reflexiones políticas de sentido democrático sobre la historia de España, *Crónica del pueblo en armas* (1936), Sender escribe su importante libro sobre la guerra, *Contraataque* (Barcelona, 1938), cuya edición internacional en inglés y francés se había publicado en 1937. *Contraataque* es de nuevo una novela-reportaje, una crónica de muchas experiencias del escritor durante la lucha. En la época en que se escribió *Contraataque*, la posición del novelista ha cambiado, o ha evolucionado en sentido formativo. El pesimismo revolucionario, típicamente anarquista, que hemos advertido en las dos novelas de 1932 y de 1935, ha cedido a una visión más confiada, en un nuevo período en que el escritor ha sido atraído a las tareas del Frente Popular y finalmente al partido Comunista, con el que se identifica explícitamente en varios pasajes de esta nueva novela autobiográfica. Sender historia los orígenes del conflicto y describe la imprevisión del gobierno de la República, cuenta cómo se incorporó a filas, se detiene en consideraciones y episodios de la guerra, y finalmente entra en las batallas de 1937. El estilo de lenguaje es de una sencillez ensayística o autobiográfica, y mantiene un tono reprimido, aunque apasionado bajo la superficie. Sin duda, éste es uno de los libros fundamentales del autor.

A partir de 1938, el exilio va a colocar de nuevo al novelista en una posición diferente. Fallos de la conducta del autor en el frente hicieron que tuviera que ser disciplinado, aunque tratado siempre de manera suave y con especial consideración. Esto le impulsó a exiliarse en 1938, primeramente a Francia y en seguida a los Estados Unidos, en 1939. Desde allí se dirige a México y en él permanece hasta 1942, año en que se establece definitivamente en los Estados Unidos. Las experiencias de la última parte de la guerra, que personalmente le afectaron tanto como acabamos de decir, moderaron en gran manera el radicalismo del escritor, que sin embargo adoptó posiciones democráticas muy críticas y combativas en parte de sus libros alrededor de 1940 (y hay obras excepcionales más tardías). A la larga, adoptará actitudes cada vez más a la derecha, pero en esta época de principios de su exilio algunos de sus libros continuaron constituyendo ejemplos meritorios del realismo social.

El primer libro de esta serie fue *Proverbio de la muerte* (México, 1939), que después se republicaría en forma más extensa y algo modificada como *La esfera* (Buenos Aires, 1947). Es una visión un poco subjetiva y fantástica, con énfasis filosófico, del viaje de un exiliado europeo a América, recordando la violencia de la lucha que ha dejado atrás, encontrándose en el barco con personas que reproducen los conflictos del mundo entre democracia y fascismo, y meditando sobre el sentido de la vida que parece algo abstracto y falto de dirección. Como vemos, éste es más un relato simbólico que una novela.

Viene entonces una de las obras maestras del novelista, *El lugar de un hombre* (México, 1939), que, desde la segunda edición (México, 1958) se llama así, si bien el primer título era *"El lugar del hombre."* Sender ha tomado el tema del famoso crimen de Cuenca de principios de siglo (que ya habían tratado antes Julián Zugazagoitia y Alicio Garcitoral) y lo ha desarrollado de un modo que no sólo destaca lo absurdo del proceso y condena de acusados inocentes de un delito que nunca existió, sino además ciertas consecuencias filosófico-sociales de la miseria y la opresión del pueblo, que hicieron posibles tales falsas acusaciones y castigos. La supuesta víctima del crimen de Cuenca fue dada por muerta y asesinada tras haber desaparecido por haber emigrado a América. Aquí Sender combina el tema original con el caso del retiro de un campesino mísero a la montaña, y el encuentro que al principio de la novela tiene con los cazadores tiene muchas reminiscencias del episodio de Cardenio en el Quijote. La pintura de la vida popular aldeana en el Alto Aragón, adonde Sender ha trasladado el escenario de su acción, está trazada de mano maestra, con gran conocimiento de las estructuras sociales, las costumbres y la psicología de los personajes. En el acento que Sender pone sobre la ausencia del personaje supuestamente asesinado (además del énfasis puesto sobre las consecuencias que esa ausencia tiene para los inocentes culpados) tiene cierto peso el precedente de *El difunto Matías Pascal* (1905) de Pirandello, novela cuyo protagonista desaparece también voluntariamente, encontrándose entonces con que su inexistencia es fuente de graves problemas personales. Pero en Sender los problemas resultantes no son meramente personales sino sociales, y se destaca además aquí la conclusión filosófico-social de que el puesto de un ser humano en la sociedad es siempre especialmente valioso, por mucho que los individuos de las clases populares sean desgraciados, oprimidos y reducidos a una existencia apenas desarrollada. En efecto, la contradicción esencial que el libro muestra es la oposición entre las clases burguesas y acomodadas, con sus medios estatales de persecución, que incluyen tribunales y policía (la guardia civil en este caso) y, por otra parte, los miembros del pueblo trabajador, pobres campesinos y artesanos. Hay también conflictos entre facciones de las clases posesoras (conservadores y liberales de principios de siglo), pero el autor muestra estos conflictos como secundarios y últimamente ridículos. El lenguaje de la novela es de particular sencillez, e incluso da la impresión de un estilo espontáneo y fácil, aunque debemos suponer—a causa de la perfección de la sencillez—que ese lenguaje de tono contenido y redacción directa es producto de un esfuerzo muy cuidado. Los protagonistas son plurales: hay que incluír al desaparecido Sabino y a los dos compañeros acusados de haberlo asesinado. Esto contribuye a una presentación de la acción en matices menores de expresión, y hasta la forma de la acción queda así un poco diluída y de difícil centralización, sin duda porque el novelista ha querido quitar importancia a los hechos y acentuar sus implicaciones filosóficas y sociales. Debido a la fuerza imaginativa y la veracidad con que se ha presentado el ambiente y se ha desarrollado a los personajes, ésta es una de las novelas más logradas de Sender.

Después de este libro, quedan rastros de realismo social en varias obras de Sender hasta que una obra plena de ese estilo reaparece con gran fuerza en 1953. En 1940 publicará el escritor dos libros de tema mexicano, una colección de cuentos de antiguo ambiente azteca, *Mexicayotl*, y un drama sobre Hernán Cortés. El volumen de cuentos, en un estilo muy poético, acentúa aspectos vitales primitivos (particularmente sugerencias sexuales) sobre el fondo de violencia de la vida de una antigua sociedad guerrera. El drama retrata al conquistador desde un punto de vista algo exclusivamente español, acentuando su energía y rebeldía contra los constreñimientos tiránicos de las autoridades reales en el Caribe. Más tarde, Sender reharía este libro incluyendo más sobre la vida de los pueblos conquistados, pero con el predominio de un pesimismo necrófilo que quita valor a la ampliación, al insistir de modo poco objetivo sobre los aspectos de muerte violenta en las actitudes y actividades de aztecas y conquistadores.[19]

El siguiente libro apareció dos años después: la novela *Epitalamio del prieto Trinidad* (México, 1942). Es ésta una obra de un carácter muy particular. Por una parte se inscribe dentro de la concepción de realismo oblícuo iniciada por Valle Inclán; y de hecho continúa la línea comenzada por Valle en su *Tirano Banderas* de 1926, libro en que el gran noventayochista incorpora ya elementos del realismo social de su tiempo. Por otra parte, Sender aporta elementos del realismo social pleno de su juventud. El tirano de Sender es más simbólico que el de Valle, pues a primera vista es sólo el director de una cárcel en un país innombrado que tiene las características de México. Pero esa cárcel nos parece la alegoría de una sociedad latinoamericana oprimida, con una población deshumanizada que una pareja de jóvenes enamorados trata de salvar. Se comprende que pocos años más tarde, Miguel Ángel Asturias haya devuelto el tema directamente a la sociedad política en *El señor Presidente* (1946) bajo la influencia de Sender, que se nota en diversos respectos: la caricatura expresionista, el lenguaje surrealista, la contradicción entre un mundo degradado (que incluye al tirano y su corte, así como el pueblo de mendigos deshumanizados) y los enamorados perseguidos.[20] En suma, el sentido indirecto de la acción está mucho más pronunciado en Sender que en su modelo, pero el ambiente cerrado y vulgar y el tono de las escenas y conversaciones tienen persistentes ecos del realismo social creado sobre todo a partir de los años 30. El realismo social no es, sin embargo, la base de esta obra. Se trata más bien de una visión que contiene elementos críticos pero que está cerrada en sí misma, como un juego de la mente, y esta situación de mundo pensado más que vivido hace exclamar al final a la protagonista: "Quizá la vida es así." No se trata, pues, tanto

---

[19] La segunda versión, muy posterior, se llamó *Jubileo en el Zócalo*.
[20] Claro es que, en cuanto a la pareja de enamorados perseguidos por el tirano, también pudo influir sobre Asturias la novela *Éxito* (1930) de Lion Feuchtwanger.

de problemas concretamente experimentados como de "la vida en general" y por definición.

En el mismo año publica el escritor otra novela de un subgénero especial. *Crónica del alba* (México, 1942) es una narración a medias ingenua y a medias filosófica en la tradición del *Tom Sawyer* de Mark Twain, obra que se ha tenido muy en cuenta aquí, y la mayor originalidad de Sender consiste en que el libro inicia una serie autobiográfica, y además esto permite al autor una reflexión consecuente sobre su época de niñez en la vida española de los principios de siglo, como también un regreso a la exploración de su Alto Aragón natal. Hay ciertos elementos secundarios de realismo social, que persistirán parcialmente en la serie autobiográfica iniciada con esta obra, y al mismo tiempo el escritor ha tomado rumbos diferentes, de narración especial, o de un realismo indirecto fundado en la reminiscencia y en la reflexión sobre los acontecimientos narrados y sobre el carácter de la vida en la España moderna. A partir de este libro, la obra de Sender discurre por sendas muy alejadas de su obra de juventud. Pero hay todavía tres casos excepcionales: dos novelas donde encontramos elementos de realismo social (*El verdugo afable* y *Túpac Amaru*) y una que constituye su última realización de tal tipo de realismo (*Mosén Millán*).

El verdugo afable (Santiago de Chile, 1952) es una obra obscura que sería poco digna de mencionarse si no fuera por dos circunstancias. En primer lugar, recapitula muchas escenas de *O.P.*, aunque en forma distorsionada (y hay también en otras partes referencias a la filosofía vitalista e irracionalista de *La esfera*); y en segundo lugar hay un primer capítulo de gran belleza y hondura que presenta la triple ejecución en una cárcel de unos prisioneros políticos. A pesar de ciertas limitaciones espiritualizadoras, constituye un fuerte y emocionante alegato contra la pena de muerte.

Un año después, Sender publicó una obra extraordinaria del realismo de protesta social, y uno de sus mejores logros: *Mosén Millán* (México, 1953), que en ediciones posteriores se llamaría *Réquiem por un campesino español*. A pesar de ciertas pequeñas limitaciones—que señalaremos—es ésta una obra capital del autor, tanto por su contenido como por su estilo. Esta, que es una de las novelas más cortas del escritor, tiene de nuevo un gran éxito en la pintura de la vida campesina de Huesca y de la niñez y adolescencia del protagonista, que el autor ha construido en parte con sus propios recuerdos y en parte con observaciones y reflexiones sobre los conflictos esenciales de la época y sus personalidades. Al principio la acción transcurre a fines de la década del 20, y en las últimas páginas del rápido argumento en los años de la Primera República y poco después de la victoria del Frente Popular y el consiguiente estallido de la guerra. Las pequeñas limitaciones a que nos hemos referido consisten en que el autor atribuye una buena intención, que en un momento especialmente difícil falla, al cura que delata al protagonista escondido a sus asesinos falangistas; y en el hecho claramente imposible de que durante la guerra se celebre una misa por el alma del joven campesino asesinado, misa que además se dice que han pagado algunos de sus enemigos más poderosos entre los terratenientes. Naturalmente, podía haberse tratado del caso excepcional de un cura de tendencias democráticas, pero además de que eso no hubiera sido nada típico, no se trata de ello en absoluto. El Mosén Millán de la novela es un inmovilista que defiende a los terratenientes y se opone a los campesinos. Por ello parece fuera de lugar el presentarlo humanitariamente arrepentido de su colaboración con los asesinos. Pero estos defectos de la concepción son perdonables ante la viveza y objetividad del ambiente y la mayoría de las personas sucintamente presentadas, el crecimiento y formación del muchacho protagonista (Paco) y el desarrollo temporal de la acción. Este último sigue dos pautas: la marcha cronológica de los acontecimientos (a menudo contada desde un punto de vista objetivo) y el recuerdo que Mosén Millán tiene de Paco y de su destino (generalmente presentado en tercera persona pero en la perspectiva subjetiva de la memoria personal). El lenguaje tiene la sencillez y la grandeza que tuvo en *El lugar de un hombre*. El protagonista evoluciona desde ser un chico revoltoso en quien nacen preocupaciones de ética social en contacto con las circunstancias hasta ser un joven enamorado y finalmente concejal del ayuntamiento de su pueblo y dirigente de la lucha por la reforma agraria, enfrentado a la posición opresiva de los latifundistas. La relación entre Mosén Millán y Paco, que evoluciona desde la amistad hasta la hostilidad del primero contra el último, está muy bien vista. Mosén Millán, aparte de su relación con los aristócratas y terratenientes y con el pueblo, carece sin embargo de vida personal: no ha tenido origen, familia, educación, desarrollo. Esto resulta irreal, y lo convierte en un mero punto de vista para informar sobre Paco, salvo por su intervención en la catástrofe final de Paco (en esto Mosén Millán se parece a Míster Witt, aunque quizás sabemos un poco más de este último). El hecho de que conozcamos la muerte de Paco desde las primeras páginas da a su destino un carácter trágico que se confirma cuando la evolución del protagonista lo muestra necesariamente enfrentado a una fuerza adversaria fundamental, es decir, cuando el choque de las fuerzas sociales alineadas a un lado y al lado contrario se revela como un curso fatal. En conjunto, el *Réquiem por un campesino español* es una novela que tiene mucho que enseñar a las generaciones futuras cuando algún día se vuelvan a escribir novelas en la sociedad contemporánea.

Aquí parece terminar el desarrollo del realismo social en la obra narrativa o novelística de Sender, pero todavía queda un último vestigio tardío que sorprende e interesa. Se trata de la novela *Túpac Amaru* (Madrid, 1973) sobre la rebelión de los indios del Perú en el siglo XVIII (mineros y trabajadores de los telares). Es conocida la importancia de este movimiento revolucionario dirigido por el cacique José Gabriel Condorcanque, que se presentó como el segundo Túpac Amaru. Un aspecto fundamental de la novela consiste en su carácter de novela histórica. Como la novela sobre Teresa de Cepeda, ésta pone gran énfasis sobre la lucha de clases, y a veces sobre un estilo narrativo que parece actual, a pesar de constantes citas de crónicas antiguas. Por ello mismo, desde el capítulo VIII hasta el final (capítulo XVIII), se advierte un elemento capital de realismo social, lleno de originalidad y vida, en una época en que ese estilo narrativo ya apenas es cultivado en los países de Occidente, y cuando en general ha desaparecido de América Latina, que es el escenario de la revolución que aquí se historia. Existen aquí algunas pequeñas deficiencias de la concepción histórico-social: así, los reformadores de diversas tendencias, incluyendo al rey Carlos III de España, son presentados como movidos por la defensa de los intereses populares. Pero estos errores de perspectiva son fáciles de perdonar, si consideramos sobre todo la fuerte manera en que el autor presenta la opresión de los indios y exalta la rebeldía revolucionaria que se alza contra el sistema tiránico que se impone a los trabajadores indígenas y contra algunos de los representantes más característicos de ese sistema. A pesar de la brevedad de la novela, se imponen su sobriedad y su hondura.

Con esto terminamos nuestras observaciones básicas sobre el realismo social en la obra literaria de Ramón Sender. Nuestro novelista ha producido dentro de ese estilo un número de obras considerable, y esas novelas son altamente apreciables por su calidad e inspiración. La narrativa de realismo social de Sender ha ejercido una influencia poderosa desde su juventud, y ha estado llena de inspiraciones procedentes de la observación de la realidad contemporánea y de la meditación sobre esa realidad y sobre las tradiciones literarias vinculadas a la temática del autor. Esas novelas constituyen un modelo significativo para el futuro tanto en lo que respecta a su dirección general como en la variedad de sus temas, enfoques y concepciones.

La riqueza, originalidad y hondura de esta obra merecen, por eso, un estudio largo y detenido de sus logros que ayude a comprender mejor la labor literaria del Sender joven e impulse a estimarla en su justo valor. Si miramos a sus temas, enfoques y estilos, notaremos que es una obra muy característica de los intereses y formas que son propios del realismo social de nuestro siglo, y que en el conjunto del esfuerzo predominan realizaciones que son adquisiciones significativas y de primer orden para el progreso de la literatura que se escribe con conciencia social.

STATE UNIVERSITY OF NEW YORK AT ALBANY

Las mocedades de Ramón J. Sender en el periodismo altoaragonés: Índole e hitos de su actuación en *La Tierra*

Roger Duvivier

DESPUÉS DE LOS principios literarios azarosos que correspondieron a la fuga de 1918-19, no menos de diez años transcurrieron hasta que la publicación de *Imán* y el acercamiento al sector de la izquierda avanzada confirmaran estrepitosamente a Sender en la condición de escritor rebelde que iba a asumir a lo largo casi de los 30. Ese tiempo de aprendizaje y de aparente latencia se divide en dos épocas dedicadas ambas al periodismo, la primera en Huesca, la segunda en Madrid, con la interrupción del episodio bélico de la campaña del Rif en medio.

Es fácil que por ser el resultado de una coacción, la estancia en Huesca se considere más bien como un paréntesis en el desenvolvimiento del escritor. En la primera de sus *Conversaciones* con M. Peñuelas, él mismo se refirió a aquel tiempo con algo de desenvoltura: "Bueno... Mi padre vino a buscarme al Ateneo y me obligó a volver. Entonces, en Huesca, hice un periódico diario. Lo hacía yo entero. Era el diario parte de una empresa, la Asociación de Labradores y Ganaderos del Alto-Aragón, de la que mi padre era director gerente."[1] "Lo hacía yo entero": el énfasis puesto en la autonomía compensa con una nota de fanfarronería el recuerdo de la tutela sufrida. Sender agrega, insistiendo: "Había dos empleados más, y yo figuraba como redactor jefe porque no tenía edad para ser legalmente director. Teníamos como director a un abogado de la ciudad para cumplir con la ley. Se titulaba el periódico "La Tierra..." (*Conversaciones*, p. 77). La narración da la vuelta a la situación haciendo al personaje dueño de su circunstancia hasta que tope con otra francamente halagüeña: "Y de *La Tierra* pasé al *Sol*, que es un salto considerable..." (*Conversaciones*, pp. 77-78), bromea Sender, saltando la etapa del servicio militar que precedió a su contratación en el gran diario madrileño. Ahora bien: lo que por cierto se escamotea en esa evocación humorísticamente narcisista es la inevitabilidad de alguna clase de identificación del supuesto director con el ideario de un órgano de prensa que, según indicó en un texto posterior el propio Sender, fue un portavoz significado de la corriente conservadora de la opinión local.[2] Veremos en efecto que la asociación de agricultores en que trabajaba don José Sender era, más bien que "empresa," movimiento. La autoridad un poco exorbitante concedida al joven hallaría sus límites—o su base— en las consignas políticas emanadas del ambiente paterno. Esa situación no carece de un lado paradójico en un autor cuya obra se ha empeñado en prolongar (en la etapa militante) o en reflejar (en la etapa autobiográfica) el reto inicial a un padre rígido y tradicionalista.[3] Por lo tanto, la colaboración senderiana en "La Tierra" reviste un interés especial para quien ambicione elucidar con esmero el proceso formativo del futuro autor de *Crónica del alba*. Naturalmente, la caracterización del período oscense supone como condición previa el acceso a una colección de *La Tierra* bastante extensa para que se documente en ella la totalidad de la actuación identificable de Sender. Se necesitará complementariamente un mínimo de información concreta sobre el ámbito del que procedía el periódico.

[1] Madrid: 1970, p. 77. El depósito legal data de 1969. Se trata del primer testimonio explícito que se publicó sobre esa época. Con la salvedad de una observación de la nota 4 no se tomarán en cuenta las alusiones más o menos fantaseadas que se encuentran en obras de Sender publicadas en el curso de los años 60, ya que dan lugar a otro tipo de estudio.
[2] "Aclaración cómico-patética." *Heraldo de Aragón*, 13 de marzo, 1977.
[3] La más específica manifestación de ese enfoque acerca de la producción literaria de Sender ha sido expresada en 1963 por J. Lluis y Navas en el *Boletín Informativo de Medicina Psicológica* de Barcelona en 1963.

Ambos requisitos han sido cumplidos gracias a la hospitalidad y a la efectiva colaboración de los parientes de Francisco Laguna (Pomar, 1876-Monzón, 1936), que fue uno de los fundadores de la asociación editora de La Tierra y costeó personalmente en gran parte su publicación. Los ejemplares que le devolvían con el sello de Gobernación después del control de censura llegaron a formar una colección completa que ha sido conservada por los suyos en la biblioteca familiar.[4] Esas personas distinguidas y algunos conocidos de su círculo han completado la documentación material con sus testimonios y recuerdos. Lo que aquí se pretende es sólo una primera aproximación al conjunto de datos recogidos en ese ambiente. Al mismo paso se convalidarán y, dado el caso, se aclararán los extremos de la confidencia expeditiva de las Conversaciones. Además, se aprovecharán accesoriamente los datos traídos por unos recuerdos senderianos de publicación reciente.

Conviene asentar primero que antes de ser el "periódico diario" aludido por Sender en fórmula simplificadora, La Tierra existió como semanario desde el último trimestre de 1919 hasta el final del primer semestre de 1921 (le faltaba un poco más de medio año a Ramón para ser mayor de edad cuando el diario empezó a publicarse).[5] Aquel semanario monopolizará prácticamente nuestra atención, puesto que ha quedado sumido en completo olvido hasta hoy y resulta sumamente interesante en varios aspectos. Acompañó al proceso de gestación de la Asociación hasta que el 22 de febrero de 1920 ésta se fundó con la denominación indicada en las Conversaciones. Luego pasó a ser órgano oficial y hierro de lanza de la entidad recién creada. Esta se proponía basar un consenso social "en el lazo de estrecha unión y de consorcio fraternal entre el capital y el trabajo."[6] Su reglamento asentó sus principios "en los cuatro amores santos" que son "religión, familia, patria y

---

[4] El diario La Tierra se publicó hasta la guerra civil de 1936. Fue archivado por los servicios competentes a partir de 1929, según indicación del erudito conservador don Federico Balaguer, a quien agradecemos sus atenciones, así como a don Juan Lacasa, de Jaca.

[5] Además, según leemos en el historial publicado en el nº 2312 del diario (1º de enero de 1929), tres números salieron a luz en el curso del mes de julio de 1919. No se han conservado. En una carta abierta dirigida a V. Cruz Solano, director de La Tierra, el académico R. del Arco comenta que no pasaron de ser "hojas de propaganda" (La Tierra semanal, 8 nov. 1919, 59). En adelante, La Tierra semanal se citará T.s. y el diario La Tierra, T.d.

[6] En palabras de un llamamiento lanzado "a los agricultores de esta provincia" a principios de octubre de 1919 (T.s., 1, 3 oct. 1919, p. 3). Firman Vicente Palacio y José Sender como presidente y secretario general, respectivamente, de la Cámara oficial agrícola, de la que han decidido separarse.

propiedad" y clasificó a los socios según su poder económico en fundadores, de número y braceros, con notables diferencias de las facultades concedidas a sendas categorías.[7] El conservadurismo discrepante de la Asociación se oponía a los políticos de los partidos turnantes estribados en la institución caciquil. Sus planteamientos agrarios incluían "una mezcla de conceptos costistas y social-católicos."[8]

Los celadores principales eran unos propietarios pudientes de espíritu emprendedor preocupados por el turbado panorama nacional. Querían prevenir a la amenaza revolucionaria con una modernización del campo efectuada sin menoscabo del orden social. Francisco Laguna fue por cierto una de las figuras señeras del grupo como vicepresidente fundador de la Asociación y partidario entusiasta de los grandes Riegos.[9] Era "segundón" de una familia de labradores acomodados de Pomar que en otros tiempos habían tenido ideas liberales. Heredó de su esposa un patrimonio considerable extendido en ambas riberas del Cinca. Lo amplió comprando más tierras en el monte de Lax, donde llegó a tener unas mil hectáreas, y luego adquirió una fracción importante del monte de Odina cuando a principios de los 20 los condes de Sobradiel pusieron en venta esa antigua tierra de señorío. En un artículo tardío publicado en *Heraldo de Aragón* (9 oct., 1977) y prolongado en la redacción del libro titulado *Monte Odina*,[10] Sender ha recordado con particular emoción la personalidad de don Francisco, que no tenía hijos y apoyó al chico Ramón en la afición literaria contra el criterio de su amigo don José. El fin trágico del señor Laguna, que fue fusilado por un grupo de incontrolados durante la guerra civil, sería otro motivo para que Sender se extendiera en la evocación de su antiguo protector.

No obstante, es probable que por aquellos años Ramón tuvo contactos aun más seguidos con otro propietario de la misma zona,

---

[7] *T.s.*, 24, 20 mar. 1920, 193-94. Se admiten como socios fundadores los contribuyentes que paguen más de 500 pesetas anuales y como socios de número los que paguen de 50 à 500 pesetas anuales. No se exigen condiciones económicas para el acceso a la calidad de electores, pero los socios fundadores son los únicos elegibles en el Consejo (*T.s.*, 26, 13 abr. 1920).

[8] En palabras de E. Fernández Clemente y C. Forcadell, in "Huesca: la edad de oro del conservadurismo" (Zaragoza: *Historia de la prensa aragonesa*, 1979, p. 178).

[9] Fue ese tema el que le llamó especialmente la atención en el ideario de Costa. Un busto del "León de Graus" presidía su despacho. Fue síndico de la Confederación Hidrográfica del Ebro. Se había recibido como abogado en la universidad de Zaragoza en 1898.

[10] Zaragoza: 1980, pp. 17-18 y *passim*.

Vicente Palacio, dueño del monte de Terreu (Berbegal, circa 1880-El Tormillo, 1946). Hombre adusto e incluso taciturno en la descripción que se hace de él en *Monte Odina* (pp. 44-45, 79, 355), éste esgrimía la pluma o la arenga con vigor en defensa de los intereses agrarios, como se ve en los artículos y discursos suyos publicados en *La Tierra* semanal. Don Vicente, presidente fundador de la Asociación, había estado en la carrera diplomática. Su preparación excepcional[11] y su temperamento enérgico[12] lo capacitaban para ser el teórico y el impulsor del agrarismo oscense. Acabada ya la prosperidad que coincidió con la guerra mundial, se oponía sin demasiadas ilusiones a una política nacional proteccionista de cuyo beneficio se excluía sólo al sector agrícola, productor de artículos de primera necesidad. Preconizaba que el campo buscase "en la transformación de los productos agrícolas mayor margen de beneficios de los que proporciona la producción."[13] Pretendía dar el primer paso fomentando la creación de cooperativas harineras para contrarrestar el monopolio de los harineros del litoral catalán mediante una organización corporativista de los agricultores cerealistas altoaragoneses. Muy enemigo del "disco de moda" del "reparto" o la "socialización" de la tierra, escribía: "Sobra tierra. Falta difusión de enseñanza práctica, de cultura agraria."[14] Sus padres habían comprado el monte de Terreu al marqués de Lierta y Ayerbe en los últimos años del pasado siglo. Consta, pues, que el hijo del gerente Sender entró a la palestra a la sombra de una oligarquía rural naciente, o aspirante a nacer, cuyos prestigios seguirían ejerciendo algún embeleso en el espíritu del escritor a la hora de la senectud.

Del 3 de octubre de 1919 al 25 de junio de 1920, *La Tierra* semanal contó 88 números, dos de ellos extraordinarios de 12 páginas, y 12 suplementos.[15] Su tamaño era de 35x25cm. Normalmente constaba de 8 páginas. Su misión consistía en asegurar la educación del agricultor

---

[11] Estudió abogacía en Zaragoza e ingresó más tarde en el cuerpo diplomático. Después de desempeñar el cargo de cónsul en Cuba, Francia, Inglaterra y Oriente Próximo, se hizo cargo de la administración del patrimonio familiar. Fue vocal del Consejo de Administración de la Asociación de Agricultores de España (*T.s.*, 34, 29 mayo, 1920, p. 286).

[12] En una asamblea de protesta habló de la posible necesidad "de echarse a la calle," manifestando que "en cuanto se agoten los procedimientos de súplica se debe acudir a los procedimientos apremiantes" (*T.s.*, 16, 17 enero 1920, p. 123).

[13] *T.s.*, 20, 14 febr., 1920, p. 154.

[14] *T.s.*, 20, 14 febr., 1920, p. 153.

[15] En total 724 páginas numeradas. Los suplementos quedan fuera de la numeración de páginas, con salvedad para los supl. al nº 79.

altoaragonés. Repartía sus materias casi por igual entre la propaganda política agraria, la divulgación de técnica agrícola y algunas secciones en las que se plasmaba la información de interés para el mundo rural. En la parte técnica intervenían peritos distinguidos. El resto corría a cargo de la redacción, respaldada con contribuciones ocasionales de militantes agrarios locales[16] o corresponsales.[17] A veces se incluían extractos de periódicos importantes como *El Imparcial, la Epoca* o *El Sol*.[18]

La Tierra semanal, cuando salió a luz, tenía un director llamado Vicente Cruz Solano y Burrel, que firmó varios artículos y se responsabilizó en ciertas ocasiones. Algunos indicios dan a pensar que el joven Sender intervino temprano en la redacción,[19] pero la primera

---

[16] Especialmente el presidente y uno que otro miembro del Consejo de la Asociación. En los primeros meses, hubo bastantes artículos firmados con "X", práctica que pasó a ser excepcional luego. Entre los colaboradores intermitentes el más asiduo fue una personalidad del clero oscense que firmaba Teodomiro del Valle y recordaba mucho a sus padres labradores. El académico del Arco consintió una sola contribución por agradar al primer director (*Elogio de la Vida rural*, T.s., 13, 27 dic., 1919).

[17] El más asiduo de éstos fue el marqués de Casa-Pacheco, hacendado manchego, y el más significado quizá el catedrático José López Tomás, líder de un movimiento hermano en Castilla la Vieja.

[18] Rafael Gasset, antiguo ministro de Agricultura y líder de la minoría agraria en el Parlamento, era la autoridad más citada, a través de sus artículos de *El Imparcial* o de otros documentos.

[19] En el trabajo que se citará en la nota 46, J. Vived afirma que Sender ingresó en la redacción en julio de 1919. Tendrá ese dato de algún testimonio particular del que desgraciadamente no da cuenta. Como hipótesis el alegato de Vived no pugna con el "terminus a quo" que facilita P. Collard al localizar en *La Tribuna* de Madrid del 6 de julio de 1919 el cuento "Las brujas del compromiso" (citado por Sender a Peñuelas, *Conv.*, pp. 76-77), con tal de que se precise que si ese escrito fue efectivamente "la primera cosa" que Sender cobró en Madrid, también sería la última, o poco faltaría (véase P. Collard. *Ramón J. Sender en los años 1930-1936*.... Gante: 1980, 38). Si contemplamos que los primeros pasos de *La Tierra* se dieron en la coyuntura angustiante del verano "caliente" de 1919, mientras Barcelona era presa de los pistoleros y el campo de Andalucía estaba en plena ebullición, parece lógico pensar que fue entonces cuando se le ocurrió a José Sender acudir al talento del hijo pródigo incorporándole a la movilización que se recordaría en el ya citado nº 2312 de *T.d.*: "... y durante aquel mes [julio] salieron tres números alentando la marcha de aquella cruzada valiente que, en días de turbulencias sociales, se disponía a la defensa del campo amenazado de invasión por el imperio de la STAR que estaba causando estragos en los grandes centros de población." El que Ramón fuera alistado ya desde entonces no pasa de ser conjetura plausible, desde luego, difuntos ya la mayoría de los

sospecha que tiene fundamento casi irrebatible se nos ofrece en el nº 9 del 29 de noviembre de 1919 con la lectura de una "carta abierta" muy desafiante que dirigió nada menos que al ilustre diputado, periodista y presidente de la Papelera Española D. Miguel Moya un turbulento "aprendiz de agricultor y periodista" (65).[20] En el nº 21 del 26 de febrero de 1920 apareció un "Resumen político de la semana" firmado Ramón José (170-71). En el nº 24 del 20 de marzo, primero en que La Tierra se presenta explícitamente como órgano de la Asociación, luce a toda plana en primera página bajo el paradójico título" ¿... Anarquía azul...?" un artículo de fondo firmado Ramón José Sender (189).[21] Esta se cambiará por la famosa Ramón J. Sender en el nº 29 del 24 de abril.[22] En total el nombre de Sender o sus iniciales no se manifiestan más de 19 veces en el semanario, pero acompañan casi siempre contribuciones de amplia extensión y notable pretensión didáctica. Ese "corpus" senderiano nuclear ya considerable se dilata casi ilimitadamente si se acepta que lo normal es atribuir a Ramón la totalidad o por lo menos la mayor parte del material de redacción (por lo general anónimo)[23] desde el momento de la evicción del director Cruz Solano.

En efecto, Cruz Solano[24] cesó en sus funciones algún tiempo antes de que se dio a entender en una "aclaración" publicada en el nº 33 del 15 de mayo de 1920 que había sido despedido de la redacción y excluido de la Asociación (260). Había puesto su firma por última vez en el ejemplar de Gobernación el 6 de marzo.[25] Firmaría luego con el título de director del semanario ante la autoridad, no un abogado, sino

informantes de Vived. La identificación de las contribuciones precoces de Sender en *La Tierra* semanal es la única parte delicada de la investigación de autoría del material anónimo de *La Tierra*, cuestión a la que este trabajo se limita a aportar un primer acercamiento, por comprensibles motivos de espacio.

[20] Véase el Anejo. El autor ve una contradicción entre la campaña del señor Moya en pro de la unión de los periodistas y su hostilidad hacia la unión de los agricultores.

[21] Véase extracto en el Anejo.

[22] "Insistiendo. Union, 1". *T.s.*, 1920, pp. 230-31. Continuación en *T.s.*, 30, 1º mayo, 1920, pp. 236-37.

[23] Capítulo aparte merecería la cuestión del uso de seudónimos en *La Tierra* semanal. Es forzoso reservar para otra ocasión la dilucidación del uso de seudónimos por parte de la redacción a partir de la primavera de 1920, pero esa práctica no hace sino ampliar el campo de la extrapolación que aquí se esboza.

[24] Al parecer no ha dejado memoria en el ámbito oscense.

[25] Se le menciona por última vez en calidad de director en el nº 20 del 14 de febr., p. 153.

el propio don José Sender. Su hijo haría de director de hecho y ante el público.[26] No deja lugar a dudas la declaración con que Ramón dio por terminada, el 15 de mayo también, una polémica con el político regionalista José María España: "Mientras el consejo de Administración no decida otra cosa, seré yo el que, dirigiendo La Tierra, tenga a mi cargo la defensa de los intereses materiales y morales, etc." (253).[27] El ascenso del "aprendiz" se explica por una compenetración incondicional con la actuación a veces controvertida de D. Vicente Palacio. En su primera réplica a J. María España, el nuevo director había defendido al presidente con verdadera reverencia: "con ayuda del portavoz más potente que pudo hallar el delegado de la Lliga dirige algunos dicterios a nuestro digno Presidente... Ha tenido que alzarse sobre la punta de los pies, levantar la cabeza inverosímilmente y gritar con toda la fuerza de sus pulmones, de su odio y de su despecho. Aun con todo no habrá llegado la voz."[28]

Parece que don Vicente, que había pagado con su persona en el lanzamiento del movimiento a través de una serie de textos programáticos[29] o movilizadores,[30] depositó luego su confianza en la fogosidad laboriosa del chico superdotado. Este demostró bien pronto un dominio perfecto de los temas que eran caballo de batalla del presidente: escribe el artículo de fondo del nº 27 del 10 de abril sobre el problema cerealista;[31] el del nº 37 del 19 de junio llegará a tratar la cuestión global del arancel.[32] Arreciando luego el conflicto triguero, a mediados de julio un editorial del director muy crítico hacia el Gobierno abre una campaña que sabrá asociar a la agitación en torno al precio del trigo una propaganda por la creación de cooperativas harineras.[33] En

[26] En las reseñas de actos se citan por separado en esos tiempos "el señor Sender, gerente de la Asociación" y "el director de La Tierra."
[27] Véase otro extracto en el Anejo. Hay alusiones a la actuación de J. Mª. España como político regionalista en Nacionalismo y regionalismo en Aragón de A. Peiró y B. Pinilla (s.l.: 1981, pp. 149 y 174).
[28] T.s., 31, 8 mayo, 1920, p. 249.
[29] T.s., 5, 1 nov. 1919, [33]; 7, 15 nov. 1919, [49]; 20, 14 febr., 1920 p. [153]. El segundo de estos artículos propone las cooperativas harineras como solución definitiva del conflicto triguero. El tercero generaliza la argumentación en favor de la creación de cooperativas.
[30] T.s., 14, 3 en., 1920, 108-9; 15, 10 en. 1920, pp.[113]-15.
[31] "Temores infundados: la exportación de trigo." T.s., 1920, p. [213]. Firmado Ramón José. Véase el Anejo.
[32] "Graves peligros: ¿La reforma arancelaria?" T.s., 1920, pp. [293]-94. Firmado R.J.S.
[33] "El gobierno, la tasa del trigo y el tráfico mercantil triguero. ¿El parto de los montes?" T.s., 46, 17 jul., 1920, [325]. Firmado Ramón J. Sender. Véase el Anejo.

el editorial del número siguiente se trae ya a colación el tema de las cooperativas harineras,[34] que seguirá muy presente en el momento de máxima tensión que corresponde a la publicación de los suplementos al n° 45[35] y al n° 46 de fines de agosto de 1921. En el filo lógico de estas premisas, en el n° 47 extraordinario del 4 de septiembre de 1920, la junta directiva en completo firma un documento que indica las bases para la implantación de industrias cooperativas dedicadas a la molturación de trigo (381-82). En el mismo número, Ramón dedica la crónica "Acotaciones" a una síntesis del problema general de abastecimientos, en el que encaja por supuesto el caso del trigo. Es ésa la ocasión única en que publicó firmado un escrito relativo al conflicto cerealista una vez iniciada la campaña. Será además una de las dos veces en que firmó una crónica de la serie "Acotaciones," en la que prevalece en general un tono de graciosa ironía (algo de ese talante burlón se reconoce en el estrafalario alarde de erudición polaca),[36] mien tras el tono general de la propaganda sobre la cuestión del trigo daba en la agresividad más directa. Dato, "el agerásico ferroviario" era la cabeza de turco titular.[37] Total, desde el 17 de julio de 1920 hasta que el presidente vuelva a tomar la pluma diez meses después para dar una consigna de tregua,[38] el texto introductorio se prolonga en una serie de editoriales, suplementos, comentarios de reglamentos o de mercados que convergen en un solo discurso casi exclusivamente anónimo distribuido en géneros que son tantas combinaciones diversas de una temática y una fraseología fundamentales. Si el alegato de que Ramón "lo hacía todo" se debe aceptar, se verá en el movido folletín de la "cruzada" del trigo un exponente magistral del arte gastado por el "director" en multiplicarse en la defensa e ilustración del ideario agrario coherente definido por V. Palacio como portavoz de su clase.[39]

[34] Véase el Anejo.
[35] Véase el Anejo.
[36] Véase el Anejo.
[37] Véase en el Anejo el extracto del n° 52 de 9 de octubre de 1921.
[38] "Del momento. Para el bien general." *T.s.*, 79, 25 abr., 1921, p. [649]. Entre tanto, V.P. había colaborado en *La T.* sólo el 30 de oct. de 1920 (para introducir el tema de la amenaza que representaba el aumento de los derechos de importación de los vinos extranjeros en Francia) y los 22 y 29 de enero de 1921 con un estudio teórico en dos entregas sobre la justificación del derecho de propiedad.
[39] El conflicto triguero, en el que ha sido insistido en vista de la atención preponderante del que ha sido objeto en la propaganda de la *T.s.* en la mayor parte de su existencia, representa sólo un aspecto del problema de abastecimientos y de la cuestión del arancel. Los demás temas principales fueron el alza de las tarifas ferroviarias, el abastecimiento en abonos, el seguro de

La gracia que tiene *La Tierra* semanal a partir de la primavera del 21 es precisamente que da la impresión de ser el soporte de un esforzado "one man show" en alabanza de un supuesto espíritu colectivo del agro. En los textos firmados, el estilo de Ramón oscila entre la hinchazón didáctica regeneracionista y una ingeniosidad picante, conforme la ocasión inclina al aprendiz por el lado de Costa o por el lado de Cavia. En la parte esmerada del material de redacción se verifica semejante distribución de ambos tonos, con ventaja para el segundo en los párrafos satíricos, muy rebuscados a veces,[40] de las páginas interiores.

La Tierra se publicó como diario a partir del 1º de julio de 1921. Constaba de cuatro páginas de gran tamaño, de seis columnas cada una. El primer director del diario—director verdadero, no postizo—fue el abogado Manuel Banzo Echenique (Maya de Baztán, 1889-Santander, 1965), prestigioso orador y católico celoso que había de tener una carrera brillante de político y alto funcionario.[41] Como lo tiene asentado el periodista J. Vived, Sender estuvo de redactor jefe a su lado hasta que le tocó salir para Marruecos en febrero de 1923.[42] Aunque

vejez y demás problemas sociales o laborales, etc., con tal de que la plaga de la langosta no robase toda la actualidad. Ramón intervino en todo fomentando con el ejemplo la "instrucción politécnica" que recomienda a los agricultores (*T.s.*, 29, 24 abr., 1920, p. 230). Le tocaban también al "director de *La Tierra*," cuya presencia se menciona siempre en el elenco de personalidades, las reseñas de actos, asambleas, giras de propaganda, etc.

[40] Veta poco documentada ésta a través de la campaña sobre el trigo, como se ha advertido Además, esta especie está representada predominantemente en las contribuciones firmadas con seudónimos por evidente emulación de los periodistas famosos que abrigaban su notoriedad detrás de un antifaz transparente.

[41] Firmaba preferentemente con el seudónimo Amayur la parte de sus contribuciones de coloración tendiente a literaria (publicó en *T.d.* varios cuentos y muchas entregas de la crónica "Desde el alféizar"). Empezó por ser letrado asesor de la Asociación. En una reunión del 4 de febrero de 1921 abogó con elocuencia por la creación de un periódico diario (meta inicial que había sido postergada por motivos económicos): "El arma única, infalible, es el periódico diario, escudo y espada, facultad de ataque y de defensa. El periódico diario renueva el milagro de la multiplicación de panes y peces, hace una prolífica siembra de ideas... desde el rincón de la Redacción..." (*T.s.*, 72, 26 febr., 1921, p. 579). Tuvo su apogeo político en la época de la Dictadura de Primo de Rivera, cuyo ideario se compaginaba bastante bien con el de la Asociación.

[42] Vived, Jesús. "Aquel chico de Huesca...." *Aragón-Exprés*, 7 de julio de 1973. J. Vived atribuye con fundamento a Sender los seudónimos Lord Wais y El diablo Hariman. Sobre los testimonios tardíos de Sender acerca de ese período: Duvivier, Roger. "Les prémisses de l'oeuvre autobiographique," in

disfrutó de colaboraciones nada despreciables (J. Vived menciona la del conocido periodista oscense José María Lacasa),[43] lo probable es que la mayor parte de su atención se consumió en las tareas ingratas de la información diaria provinciana. Sin embargo, sus tanteos literarios de la época se reflejan en cuatro poemas de ostentatorio influjo modernista y seis cuentos deliberadamente insustanciales.[44] Lo sorprendente es que las muestras de un espíritu lúdico se documenten igualmente en la mayoría de las 86 contribuciones que firmó como periodista hasta el 18 de enero de 1923.[45] Por desenfadarse quizá del ejercicio masivo de la expresión denotativa, Ramón conseguirá extenderse en nimiedades y subjetivismos, hasta escribiendo "reportajes" sobre temas tan graves como las obras de riego o el patrimonio monumen-

---

Actes du 2e colloque international de la Baume-lès-Aix (Aix-en-Provence: 1982), 205-07. El sorteo de quintos en que salió Sender se celebró el 27 de enero de 1923 (*T.d.*, 28 en., 1923). Véase la noticia de su salida en el Anejo. J. Vived ha indicado además que en el tiempo de *T.d.*, Sender colaboró también en el semanario oscense *La Prensa*, dirigido por Manuel Casanova, futuro director del *H. de Aragón*.

[43] J. M. Lacasa, contemporáneo y amigo personal de Sender, falleció a fines de los 70. Fue el principal informante de J. Vived acerca de la colaboración de Sender en *La Tierra*. Sin lugar a dudas fue uno de los "dos empleados más" aludidos en las *Conv.* (77). Colaboraría con Sender en tiempos del diario *La Tierra*. Firmó la reseña de un acto de la Asociación en *T.d.* del 16 de mayo de 1922.

[44] *T.d.*, 10 dic. 1921; 17 jun. 1922; 13 dic. 1922; 3 en. 1923 y 19 en. 1922; 24 en. 1922; 14 febr. 1922; 25 febr. 1922; 9 mar. 1922; 17 mar. 1922; 6 mayo 1922; 20 mayo 1922; 3 jun. 1922; 17 jun. 1922; 14 jul. 1922. En cuanto a la poesía no se garantiza la completa exhaustividad de lo censado; de todos modos lo publicado será una mínima parte de la producción real, pues en *Nocturno de los catorce*, el autor dice que por entonces era un "gato nocturno y lunático que escribía poemas" (2ª ed., p. 81).

[45] En el nº 1 del 1º julio empezó una crónica titulada "Pinceladas," eligiendo por tema, con intención quizá algo provocativa a pesar de la virtuosa indignación expresada, la pornografía. Por su alto alcance ilustrativo del cambio de postura de Ramón, ha sido preferido para el Anejo la tercera entrega de la misma crónica, dedicada a un contraste entre las figuras de Lanuza y Cavia. La ultima contribución senderiana firmada que se publicó figura también en el Anejo: valga de muestra de la rutina al mismo tiempo que de la ilusión militarista que refleja la coyuntura de la campaña del Rif, cuya resonancia invadió las columnas de *T.d.* en sus primeros años. Por supuesto, se mantuvo en *T.d.* una sección agropecuaria y no se perdieron de vista los temas vitales para el agro (controversias en torno al arancel, lucha contra la plaga de la langosta), pero la parte dedicada a la agricultura y al agrarismo ya no lleva impronta reconocible ni exhibe una sola vez la firma de Sender.

tal.[46] Desprendida ya del afán suasorio, la obsesiva pujanza retórica del "chico de Huesca" se invierte provocativamente en la extenuación del objeto referencial. Respecto a la circunstancia, de instrumento de superación, la expresión pasa a ser medio de distanciamiento. Parece que el gesto un tanto forzado del aprendiz de escritor delata un momento de desorientación bien comprensible en un joven semiautodidacta que llegó a gastarse en malabarismos mientras se harían apremiantes en su conciencia—así, por lo menos, queremos suponerlo—el anhelo de la creación y la espera de una fe.

En los últimos tiempos, según nos refirió doña Concha,[47] su dignísima hermana mayor, "Pepe" se quejaba de que iba a hacerse "un señorito de provincia." Saldría contento para África, y allí cambió, volviendo a las opiniones que lo atraían en el momento revoltoso de la fuga adolescente.[48] Con el ejercicio paciente del oficio en un diario madrileño de alto vuelo, depuraría su sintaxis un poco dislocada hasta forjarse el utensilio cuyo manejo superaría, ya afianzados los cauces de una rebeldía todavía impenitente, el dilema que en la etapa oscense se le había planteado entre la relevancia del mensaje y la voluntad de estilo.

Université de Liège

[46] Véase en el Anejo el extracto del nº 273 del 18 de mayo de 1923. Se notará un momento de vacilación de la fantasía entre dos vetas, la argentina y la "congoleña" o africana. Explotada la primera en relación con el paisaje, la facundia se vuelve hacia la segunda, estirándola hasta la conclusión del artículo. Un manejo de efectos de pintoresquismo de lengua oral (hablar "gauchesco," hablar negroide al estilo de *Tintín en el Congo*) es adyuvante para sacudir el yugo temático sin que se rompa por lo tanto un esmero escrituarístico que linda en la pedantería deliberada. El texto finaliza con uno de los "argumentos" puestos en boca de los periodistas: "—Aunque sólo fuera por el tesón con que trabajaba cuando llegamos, y la fe con que sudaba, no podemos dudar de lo obscuro de origen." Contrastando con las muestras anteriores de "hablas" supuestamente ingenuas, la transferencia al habla de un estilo periodístico "ingenioso" remata la parodia de la función del reportero y la evicción del objeto informativo (los Riegos) en favor de lo anecdótico intranscendente (el pobre diablo del negrito, negrito bien llamado "de pega").

[47] Lo afirmó en varias conversaciones larguísimas sostenidas en particular con ocasión de las visitas que le hicimos hacia finales de la primavera posterior al fallecimiento de Ramón. Residía por entonces la memoriosa y aguda señora en la casa madrileña de su hija y nietos.

[48] Para una evaluación de las peripecias literarias y personales anteriores y posteriores a la estancia en Huesca, véanse las obras citadas de P. Collard y R. Duvivier.

Anejo

I. Extractos de *La Tierra* semanal

1. De *"aprendiz" a director*.

Carta abierta. [Dirigida al] *Sr. D. Miguel Moya. Periodista y Diputado a Cortes por Huesca* (cfr n. 23)

Soy aprendiz de periodista y agricultor. Desde este doble punto de vista quiero que usted conozca mis pensamientos por si entre ellos encuentra alguno que merezca ser recogido y atendido....

No hace mucho tiempo ¡usted bien lo sabe! los agricultores oscences nos lanzamos en defensa de nuestra clase, en un movimiento salvador que fue duramente combatido por todos los políticos altoaragoneses ¡entre ellos... usted! ...

Estoy en un mar de confusiones y por más vueltas que doy a mi cabeza, no acierto a encontrar explicación a tantas contradicciones ...

Un aprendiz de periodista
y agricultor (9, 29 nov. 1919, 65)

Del ambiente.... ¿Anarquía azul...? (crf n. 24)

Sí. Cuando el desbarajuste es tal que no permite una clara definición de la idiosincrasia popular, cuando reina el desequilibrio en todas las esferas sociales, cuando los hombres todos van contra la razón, se sublevan a sí mismos, no saben definirse, se asombran de su psicografía, colaboran inconscientemente al desmoronamiento de conciencias y van entronizando la anarquía.

. . . . .

Nuestros políticos limitan su labor a la lucha de escaño o banco azul....

Procedimientos son que acabarán por entronizar en nuestra nación la anarquía, la anarquía que va conquistando poco a poco el terreno contrario porque la desmoralización en sus filas es absoluta.

Labor económica es precisa. Menos lamentaciones, menos lirismos... menos redentorismo...

"Ramón José Sender" (24, 20 mar., 1920, [189]).

Contestando a los insultos del señor España (cfr n. 34)

. . . . .

"Pluma asalariada"

Sí, señor. Estoy asalariado no a empresas ruines, desaprensivas y ventajistas, no a intereses bastardos. Esto pugna con mis sentimientos

y me subleva. No creo por otra parte que sea deshonor la justa remuneración al trabajo honrado que enaltece, máxime desenvolviendo mis escasas aptitudes al servicio de una causa que inspira todos mis entusiasmos y cuya grandeza a falta de otros testimonios, sería brillantemente certificada por los odios de quienes no son capaces de concebirla... Me he identificado con un ideal y a él consagro y consagraré mis energías. No necesitaba para "honrarle" con mi enemistad ni para vapulearle en mi artículo anterior la instigación de nadie, ni se enteró el Consejo hasta que el Correo llevó el semanario a cada uno de los señores que lo integran...
Ramón J. Sender (31, 8 mayo, 1920: 248).

Para el delegado de la Lliga en Huesca (cfr n. 30)

...

Nos hacen mucha gracia sus insultos a los que no contesto como usted quisiera, primero por no darle ese gustazo, y después por no exponer mi modesta personalidad a calificativos denigrantes, descendiendo al terreno en que usted desenvuelve su defensa.

Por respeto a la opinión, al lector, al periódico que me honro en dirigir y a mí mismo
Ramón J. Sender (23, 15 mayo, 1920 [253]).

2. El conflicto triguero.
Temores infundados. La exportación de trigo

Todos sabemos las precauciones que el ministro de Abastecimientos ha tomado en previsión de que en el actual invierno pudiera acosarnos la escasez que en otros se dejó sentir...

Las deficiencias de las estadísticas actuales reflejan todas sus consecuencias en el desenvolvimiento comercial del propietario, cada vez más dificultado por la gestión oficial....

Harto dificultoso sabemos que es conseguir de los Ayuntamientos un estado verdadero de existencias, pero todo sacrificio está compensado con las consecuencias que la obra ha de reportar a todos. Puede pues conseguirse una información exacta... solicitando la colaboración de las entidades agrícolas con declaraciones suplementarias.

Hoy, todos sabemos que la zozobra dirige la actuación de la Junta de Subsistencias. Como veis, ello puede evitarse.
Ramón José (27, 10 abr., 1920, 213)

El Gobierno, la tasa del trigo y el tráfico mercantil triguero. ¿El parto de los montes? Tanto misterio, tanta conspiración son malos barruntos. (cfr n. 36)

Nada quieren decir Dato y cofradres de la solución que han dado a los problemas de la producción triguera y del agiotage bárbaro de los harineros. Anunciaron a los periodistas el Consejo de ministros del día 13, como los romanos anunciaban sus saturnales. ¡Oh! Algo sorprendente, nunca visto, que iba a dejarnos estupefactos. Nuestras quejas, peticiones, protestas, etcétera, etc. iban a ser atendidas ¿qué digo atendidas? satisfechas cumplidísimamente, hasta con propina. Y el día 13 llegó; precisamente cayó en martes. ¡MARTES Y TRECE! Hay para ser supersticiosos, porque a esto hemos de añadir el misterio de conspiradores de opereta en que envolvieron los acuerdos...

Veamos la nota oficiosa, cómico eco del famoso Consejo:

"Se acordó todo lo referente al régimen a que ha de someterse el abastecimiento nacional de trigos y harinas, que se irá dando a conocer en sucesivas reales órdenes, de cuya redacción estarán encargados el señor Dato y el ministro de Fomento y no se dan a conocer los acuerdos porque éstos afectan a muchos intereses, y para evitar la resistencia no se hace público."

Está destilando recelo, duda; se ve entre líneas la inquietud del Gobierno que cree punible una acción recientemente realizada...

De todos modos, no aventuremos juicios y esperemos, pero sin olvidar que el poder nuestro es más grande que el Poder de ellos.

Ramón J. Sender (41, 17 jul., 1920, [325])

Lo que nos temíamos. Los barruntos se hacen realidades.

Al cerrar la edición, compuesto y ajustado el periódico, nos trae la Prensa de Madrid una síntesis de los acuerdos tomados en Consejo de ministros el día 13 relativos al régimen de producción y tráfico triguero.

[Sigue la cita anunciada, de la que se desprende que se deja subsistente la tasa y no habrá libertad de comercio]

Aquí tenéis, labradores, el resultado de la conspiración ignominiosa de eso que hemos dado en llamar GOBIERNO POR Y PARA LA NACION.

Eso es reírse indecorosamente de nuestras súplicas, eso es ponerse por montera a la agricultura, eso es tener una fe absoluta en nuestra desorganización, confiar en la insignificancia que nos refleja nuestro individualismo....

s.f. (41, 17 jul., 1920, 332).

Ante el dilema. Amplio camino de salvacion (cfr n. 37)

...

En los acuerdos de Gobierno glosados en nuestro número anterior se ve bien claramente una tendencia instintiva, no a perjudicarnos por

sistema sino a aniquilarnos por deducción. Sabemos bien todos que la protección del Gobierno a determinadas industrias lleva en síntesis una gravísima amenaza de muerte para la producción cerealista.... Observemos los horizontes y los caminos viables y sólo hallaremos uno, eso sí, sólido, amplio, expédito: anexionar a la labor de producción la de transformación de productos, establecer industrias cooperativas agrícolas y antes que ninguna otra, vertiginosamente, con la urgencia que el remedio de nuestra desgracia impone,
las fábricas cooperativas harineras.

Es preciso, urgente, ineludible. Allí está nuestra salvación, que es la de la provincia, del pueblo agrícola. Opongamos a la saña del Gobierno nuestra serenidad de juicio y nuestra actividad....

Podemos redimirnos de los ataques rudos y alevosos de la *Gaceta* con el procedimiento de la industria cooperativa, mancomunando nuestros idearios en esa idea tan reluciente como el sol y tan positiva como una mina de oro....

La solución está clara y más asequible no puede ser. En lugar de vender y exportar trigo, vendamos y exportemos harina.

Edit. s.f. (42, 24 jul., 1920, [333]-34)

Postales
Para los entusiastas comunicantes (cfr n. 38)

Algunos lectores nos han escrito recalcando las frases violentas que inspirados por la desvergüenza nacional del régimen triguero, hemos escrito en estos suplementos.

Uno de nuestros lectores dice textualmente: "Adelante, que detrás vamos todos con nuestro dinero y con el mango del jadón."

Donde hay buena voluntad, entusiasmo y patriotismo, *el mango del azadón* sobra. Ante los continuos atracos del Gobierno, claro está que lo primero que se le ocurre a uno es defenderse en la misma forma que atacan, con un buen..., pero es preferible un poco de cordura, de enérgica pasividad, pensar en una solución duradera que sea armadura de acero, contra la cual se aplasten los muchos balazos de las muchas descargas cerradas que aún hemos de soportar.

Pensad en las Fábricas cooperativas harineras.

s.f. (Supl. 3 al nº 45, 21 ag., 1920, 2)

Acotaciones....Contra desorden, anarquía (cfr n. 39)

...Todos confiábamos en que no llegaría a darse un *casus belli* entre el productor y el Gobierno porque el concepto que a éste mereceríamos sería el que todos nos conceden. Continuarían los agricultores habiéndoselas con sus dificultades, pero nunca malas intenciones o bastardos anhelos de los Gobiernos nos harían víctimas....

Pero el neorama fue cambiando. Eran los tiempos, las gentes, la fiebre del negocio y la moda del chantage lo que hizo ponerse en guardia al Gobierno y decidirse por fin a atacar, buscando al culpable por error entre las clases menos significadas. Andrés de Instalinski, el erudito de la vieja Polonia, no hubiera hecho polacade mayor a pesar de sus excentricidades. Los Gobiernos declararon culpable a la Agricultura....

Coaccionado el Gobierno por el obrero industrial primero y después por las federaciones patronales y Sindicatos harineros, forzosamente tenía que caer sobre nosotros....

Ramón Sender (47, nº extr., 4 sept., 1920), 377-78

Insistiendo (cfr n. 40)

Hemos leído las declaraciones de Dato y sus azules promesas han llegado a nuestro ánimo como sonsonete ineficaz, viejo y funesto. De un político como el señor Dato, *viejo, ineficaz* y *funesto* para la agricultura, había que esperar declaraciones rutinarias ineficaces por lo gastadas. Había que esperar... lo que ha llegado....

Busquemos en nuestras fuerzas el remedio a todos los males. Vergonzoso sería que no tuviéramos por lo menos una fuerza de defensa tan sólida como la de quienes nos reflejan u originan todos los problemas. Resolvámoslos, anulando la insignificancia de las personas con la máxima potencialidad de las colectividades....

Edit. s.f. (52, 9 oct., 1920), 421

De momento. Por el bien general (cfr n. 41)

Sin que la resolución recaída en el asunto del trigo la consideremos enteramente favorable a los productores, creemos nuestro deber advertir a todos los labradores que el interés de la nación en general y particularmente el de los propios agricultores, exigen que nadie inspire sus resoluciones en un criterio egoísta y que pongan francamente sus cosechas en venta, a los precios que actualmente rigen en nuestra provincia.

Si nuestra voz puede llegar hasta los fabricantes harineros de Huesca, Lérida, Reus y Tarragona, les rogamos igualmente que no vean en la buena disposición de los agricultores al ofrecer sus trigos pretextos para intentar rebajar esos precios....

Tenemos los labradores una deuda de gratitud con el actual Ministro de Fomento señor Cierva, quien con una visión exacta del pavoroso porvenir que se ofrecía a la agricultura y con una diligencia que no es corriente en nuestros gobernantes, ha puesto remedios que si no son del todo eficaces, han salvado la situación de momento...

Tengan presente todos los labradores que la verdadera crisis agraria empieza ahora. Hasta hoy, con tasas y entorpecimientos, marchábamos relativamente bien, porque los precios iban en alza. Hoy, por el contrario, estamos camino del descenso....

Adelantemos todo lo posible nuestra organización de clase inspirada en los altos ideales que sirven de bondad a nuestra Asociación porque el triunfo final será de los que antes y mejor sepan organizarse.

V. Palacio (79, 25 abr., 1921), 649

II. Extractos del *Diario La Tierra*

Pinceladas (cfr n. 48)

Hoy, a las once de la mañana se verificará en Zaragoza el acto de descubrir el monumento a Cavia. Se ha eregido en la plaza de Aragón, templo florido del Justicia mayor que recorta su efigie de bronce entre los altos macizos eternamente verdes y pone en la amplia confluencia de tres boulevares coquetones y frívolos una nota de tradición y de gloria.

El busto del maestro del ágil ingenio, bella donosura y numen fertilísimo que como los Argensola fue a Castilla a enseñar a hablar el buen castellano turbará un poco la soledad de don Juan Lanuza.

El monumento al justicia tiene caracteres de trono y de atalaya. Lanuza, arrelañado en un sillón frailuno, escruta el horizonte brumoso del Estado, fruncido el entrecejo, saliente el mentón, inconmovible ante la voluntad rígida de Felipe II; gesto de adalid inflexible cuyas decisiones son de antemano suscritas por un pueblo consagrado en todos los nobles esfuerzos...

Cavia, el campeón del bello decir y del pensar laberíntico, desde su pedestal pensará, ante el gesto bizarro y terne de Lanuza, que la vida es cuestión de interpretaciones, que nada valen los gestos definitivos ni las gallardías, tan aragonesas, del Justicia. Que él, Cavia, también tuvo su voluntad férrea y su personalidad inflexible, pero que como en la vida real no hay valores absolutos es una bonita tontería erigirse en paladín de cualquier causa.

... Sin embargo, así como las dos efigies se han vaciado en el mismo metal por distintos artistas, las armas de don Juan de Lanuza fueron el arrojo, la temeridad, el patriotismo acendrado, más instinto que convicción, y las de Cavia la cultura sublimada en ironía, que le hizo pasar por la vida sin concederle demasiada importancia, viendo lo cómico y lo trágico y creyendo que la única finalidad que vale la pena es la sabiduría, que brinda una intensa vida interior refractaria a todas las pasiones.

Por eso, cuando mañana salga el sol e ilumine los jardincillos de la plaza de Aragón, fulgirán los rostros de los dos aragoneses insignes: el uno con su ceño adusto, el otro con su sonrisa aristocrática de preferido de las Bellas Letras.

R. S., (domingo 3 de julio de 1921)

Los riegos y la prensa. Viendo los grandes riegos, VI

Regreso. ¿Un negrito "de pega"? (cfr n. 49)

El domingo por la mañana iniciamos el regreso, haciéndolo de manera que pudiéramos ver la acequia de la Violada, magnífica obra de irrigación y el campamento de "La Sarda."

Al apearnos en este último lugar, bajo un sol de canícula nos sorprendió el espectáculo de un desolado paisaje de escenografía sudamericana. Cuatro casitas que recuerdan al viajero los bohíos improvisados en medio de las pampas incultas bajo la impiedad de un sol de fuego. Un cielo que se extiende libremente, sin horizontes, perdiéndose en la lejanía sin árboles ni montañas que dibujen sobre la planicie la más pequeña sombra, y por añadidura—¡oh, descubrimiento!—un negro, un negrito como los del Congo, afanándose en limpiar de hierbas con una azada, un yermo próximo. Realmente no sabemos si estamos en Aragón o en un rancho de la Argentina. Hay un momento en que creemos oír en el interior de una de las viviendas una voz femenina, dulcemente pastosa.

—Se recogió el ganado, *che*? Dijo el gaucho que perdióse una punta no *má*? Linda *hasaña*, mi amigo.

Nos acercamos al negro para convencernos de su autenticidad, con el vago temor de salir defraudados, dando cabida a la suposición de que estos señores lo han embadurnado para ponerlo a tono con el paisaje. Además, si realmente el negro es sin falsificación, deseamos verle los dientes porque dicen que es *buena sombra*. No somos supersticiosos, pero con este calor la buena sombra tiene un valor inapreciable.

Nuestros compañeros lo fríen a preguntas: —¿Cómo es que estás aquí, en los Riegos?

[En extensa y pintoresca conversación el negro, oriundo de Fernando Poó, explica que trabajaba en un circo y que al cesar éste, ha sido reclutado de peón en las obras]

... Cuando le preguntan si está satisfecho de su vida en las obras, contesta riendo su misma gracia:

Ya digo, sudar y trabajar como negro. No hacer *cadongo* porque listero paga y despide.

Hubiéramos continuado oyendo su charla pintoresca, pero nos llaman a los autos. Además ya le habíamos visto los dientes, que era lo esencial.

Antes de reanudar la marcha visitamos los albergues y la expendeduría cooperativa rápidamente, al pasar. Después nos instalamos en los coches que se banzan vertiginosamente al encuentro de la carretara de Huesca.

Todavía palpita en las conversaciones el tema del negro. Hay quien no se aviene a creer en su autenticidad y dice que es un negrito de "pega."

Nos detenemos un momento frente a las obras de derivación de la acequia de la Violada y admiramos, sin desmontar, la escrupulosa fábrica del fondo y de los muros impermeabilizados que la convierten en un verdadero y magnífico canal.

Languidece la creencia de la falsificación del negro, pero alquien no las tiene todas consigo. Para convencerle se apuran todos los argumentos...

[Ramón J. Sender], jueves 18 de mayo de 1922

Los nuevos oficiales de Infantería. Una fiesta simpática (cfr n. 48)

Catorce oficiales de la gloriosa Arma de Infantería celebraron ayer en cordial banquete su ingreso en el Regimiento de Valladolid. Fue un acto sencillo, familiar, en el que los nuevos caballeros del honor patrio hicieron sinceramente ratificación del solemne juramento de fidelidad y heroísmo prestado en la Academia ante la gloriosa enseña nacional.

Dejaron desbordarse los sentimientos en espontáneas frases, llenas de esa moceril unción que la juventud sabe poner en todos sus actos, de esa gallarda explosión de fe y de entusiasmos con que sabe avalorar todas sus convicciones.

.....

Un "asalto."

Por la tarde se improvisó un "asalto" que tuvo lugar en los salones del Nuevo Casino.

Las bellísimas damas de nuestra buena sociedad acogieron la idea con entusiasmo e hicieron acto de presencia en la fiesta, realzándola con el prestigio donoso y señoril de sus encantos. Fué ello una manifestación más de simpatía hacia la oficialidad de nuestra guarnición, de la que los nuevos alfereces pueden mostrarse justamente orgullosos.

SENDER (jueves 18 de enero de 1923)

...

De sociedad (cfr n. 45)

...

Ayer salió para Melilla con objeto de incorporarse al regimiento de Ceriñola, en donde cumplirá el servicio militar en calidad de voluntario de un año, nuestro querido amigo don Ramón J. Sender, que hasta hace poco ha pertenecido a la Redacción de *La Tierra*.

Excusamos decir que deseamos a nuestro entrañable amigo y compañero todo género de venturas en aquella plaza africana.

s.f., domingo 25 de febrero de 1923.

Bibliography

Arco, Ricardo del. "Carta abierta" [a D. Vicente Cruz Solano, director de *La Tierra*]. *La Tierra* (Huesca, 8, 5 nov., 1919), p. 59.

───────. "Elogio de la vida rural." *La Tierra* (Huesca, 13, 27 dic., 1919), 97-98.

───────. "La prensa periódica en la provincia de Huesca 1826-1952." (Huesca: Argensola, 1952), pp. 197-236.

Collard, Patrick. *Ramón J. Sender en los años 1930-1936. Sus ideas sobre la relación entre literatura y sociedad* (Gent: Rijksuniversiteit, 1980).

Duvivier, Roger. "Les prémisses de l'oeuvre autobiographique dans la première époque de l'écrivain Ramón J. Sender." In *Actes du 2ᵉ Colloque international de la Baume-lès-Aix sur l'autobiographie dans le monde hispanique.* (Aix-en-Provence: Université de Provence, 1982), pp. 203-26. Versión española in *Ramón J. Sender. In memoriam. Antología crítica. Edición al cuidado de José Carlos Mainer.* (Zaragoza: Instituto Fernando el Católico, 1983), pp. 137-53.

Fernández Clemente, Eloy y Forcadell, Carlos. *Historia de la prensa aragonesa* (Zaragoza: Guara, 1979).

Lluis Navas, Jaime. "Los sentimientos edípicos en la novelística de Ramón J. Sender." *Boletín Informativo del Instituto de Medicina Psicológica* (Barcelona, 5, 48, dic. 1963), 9-10, 12-17, 19-20, 22-23.

Palacio, Vicente. Colaboraciones en el semanario *La Tierra* (Huesca) 5, 1 nov. 1919, [33]; 7, 15 nov. 1919, [49]; 14, 3 en. 1920, 108-9; 15, 10 en. 1920, [113]-15; 20, 14 febr. 1920, [153]; 55, 30 oct. 1920, 463-4; 67, 22 en. 1921, [541]-42; 68, 29 en. 1921, [549]-50; 79, 25 abr. 1921, [649].

Palacio, Vicente y Sender, José. "A los agricultores de esta provincia." *La Tierra* (Huesca, 1, 3 oct. 1919), 3.

Peiró Arroyo, Antonio y Pinilla Navarro, Bizen. *Nacionalismo y regionalismo en Aragón*. Zaragoza: Unali, 1981.

Peñuelas, Marcelino C.. *Conversaciones con Ramón J. Sender* (Madrid: Magisterio Español, 1970).

Sender, Ramón J.. Colaboraciones nominales en *La Tierra* (semanario de Huesca): 21, 26 febr. 1920, 170-71; 24, 20 mar. 1920, [189]; 27, 10 abr. 1920, [221]; 29, 24 abr. 1920, 230-31; 30, 1 mayo 1920, [237]-38; 31, 8 mayo, 1920, 246-47, 248-49; 32, 15 mayo 1920, [253]; 34, 29 mayo 1920, 269; 37,19 jun. 1920, 293-94; 38, 26 jun. 1920, [301]; 41, 17 jul. 1920, [325]; 42, 24 jul. 1920, 335; 46, 6 nov. 1920, [453]-55; 47, 13 nov.

1920, 463; 67, 4 sept. 1921, 377-79; 78, 16 abr. 1921, |639]; 79, 25 abr. 1921, 651-53; supl. 1 (s.f.) y supl. 2 (s.f.) al nº 79, [657]-58, [659]-60.

——————. Colaboraciones nominales en *La Tierra* de Huesca (diario): 53 items del 1º de julio de 1921 al 18 de enero de 1923.

——————. Colaboraciones en *La Tierra* de Huesca (diario) con el seudónimo de Lord Wais: 9 items del 24 de noviembre de 1921 al 22 de marzo de 1922.

——————. Colaboraciones en *La Tierra* de Huesca (diario) con el seudónimo de El diablo Harimán: 48 items del 7 de abril de 1922 al 26 de diciembre de 1922.

——————. *Crónica del alba*, 3 tomos. Barcelona: Delos-Aymá, 1965-66.

——————. *Nocturno de los 14*, ed., New York: Iberama, 1969. 2ª ed. Barcelona, 1970.

——————. "Aclaración cómico-patética." *Heraldo de Aragón* (Zaragoza), 13 marzo 1977.

——————. "Enemistades químicas y cósmicas." *Heraldo de Aragón*, 17 julio 1977.

——————. "Monte Odina." *Heraldo de Aragón*, 9 octubre 1977.

——————. *Monte Odina* Zaragoza: Edit. Guara, 1980.

La Tierra. Organo defensor de los intereses de la Agricultura y Ganadería del Alto-Aragón. (Huesca), del 3 de octubre de 1919 al 13 de marzo de 1920.

La Tierra. Organo de la Asociación de Labradores y Ganaderos del Alto-Aragón. (Huesca), del 20 de marzo de 1920 al 25 de junio de 1921.

La Tierra. Organo de la Asociación de Labradores y Ganaderos del Alto-Aragón. Diario de la mañana. 1 de julio - 31 de dic. de 1921, años 1922, 1923, 1929.

Vived Mairal, Jesús. "Aquel chico de Huesca..." nº 3 en "Radiografía de un aragonés universal." *Aragón-Exprés* (Zaragoza), 7 julio 1973.

La visión del anarquismo español en *Siete domingos rojos*

Michiko Nonoyama

Siete domingos rojos es la novela que retrata mejor las figuras de los anarquistas españoles. Fue escrita en 1932, cuando el anarquismo español se hacía más radical y planteaba problemas difíciles de resolver.

Para comprender *Siete Domingos Rojos* uno tendría que conocer el fondo histórico del anarcosindicalismo de esa época. El anarcosindicalismo se basaba en un equilibrio precario entre el anarquismo y el sindicalismo. Para realizar los ideales del anarquismo los anarcosindicalistas quisieron utilizar el sindicalismo como el arma de la lucha de clases. La dedicación de los anarcosindicalistas a sus ideales se asociaba con la pasión siniestra de la destrucción. Creían en la aniquilación total de la sociedad por la violencia que predicó Bakunín. Estaban dispuestos a convertir la huelga en el motín y la lucha de los trabajadores en la batalla callejera. Eran impacientes y aventureros. Detrás de su pasión destructora existía una gran adoración hacia la revolución rusa. Entre los jóvenes enamorados del terrorismo surgían grupos como Espartaco, al que pertenecía Sender. Confiaban en la propaganda ocasionada por la acción destructiva, siguiendo el modelo del anarquista Haliano Malatesta y los nihilistas rusos, según quienes sólo mediante la destrucción, la aniquilación de los símbolos de la sociedad burguesa se podría hacer prevalecer el anarquismo. En 1927 se fundó la Federación Anarquista Ibérica (FAI) para impedir que la CNT se desviase del ideal genuino y auténtico. Los de la FAI se dedicaban a actos heroicos pero estériles. No tenían dogma ni estrategia ni líderes. De esta manera el anarcosindicalismo se había arruinado antes de la Guerra Civil. Sender pertenecía al grupo más radical de la FAI. Refleja su posición un poco ambigua ante esos activistas en Samar, protagonista de *Siete dominges rojos*, que vacila entre el respeto a los terroristas y la duda de su eficacia. La posición ideológica de Sender que se ve en esta obra corresponde a la época de transición del anarcosindicalismo al comunismo.

El autor aclara la intención de este libro en el prólogo. Allí destaca dos puntos principales. Primero, el autor busca la verdad humana latente detrás de las convulsiones de un sector revolucionario español, y que no es una verdad social, ni moral, ni política, ni siquiera estética. Segundo, el libro no se dirige al entendimiento del lector, sino a su sensibilidad porque las verdades humanas más entrañables no se entienden ni se piensan, sino que se sienten. Sender pretende que el lector experimente esa realidad humana: "Al final del libro el lector que se haya abandonado lealmente habrá comprendido o no el fenómeno social o político a que me refiero, pero desde luego habrá 'sentido' desarrollarse dentro de sí una evidencia nueva"[1] Esto coincide con lo que dice en su artículo "El novelista y las masas" en *Leviatán*:

"La percepción ganglionar—inteligencia de la abeja, del niño, del poeta—nos permiten unirnos a las masas. Las masas nacen de esa confianza tumultuosa entre los desconocidos. Si el hombre habla con la razón, las masas hablan con los instintos. La inteligencia de las masas no es de cerebro sino de ganglios. Lo que habla la razón lo entendemos por reflexión, pero lo que hablan los ganglios lo percibimos también ganglionarmente."[2]

Quiere decir nuestro autor que el fondo de la realidad humana está oculto en una zona no racional, en los ganglios que son los centros nerviosos de su ser. Sender ve allí la verdadera fuerza-motriz de la acción. Lo que mueve a la masa anarquista no es la ideología, sino el instinto, el impulso, la emoción superpuesta a la voluntad. Por lo tanto ufanamente dice: "Si alguien me preguntara qué es el anarcosindicalismo—sin prejuicios ni finalidades políticas—yo extendería la mano hacia este libro..." (*Siete domingos rojos*, p. 7). El libro presenta así el panorama casi antropológico del anarquismo español. A la vez satisface hasta cierto punto las reglas del realismo social, pues retrata desde el interior a los seres humanos cuya energía se dedica a la construcción de una sociedad nueva y cuya hechura moral y sicológica es

---

[1] Ramón J. Sender, *Siete domingos rojos* (Barcelona: Balagué, 1932), pág. 6.
[2] Ramón J. Sender, "El novelista y las masas," *Leviatán*, 2 (mayo de 1936), 40.

determinada por esta conciencia. En medio de la confusión trata de establecer una percepción de la naturaleza social de estos seres humanos y su papel histórico. También la posición de Samar, el único intelectual entre los personajes de la novela y el alter-ego de Sender, manifiesta la dialéctica entre el individuo y el ser social. Las contradicciones de Samar que reflejan el choque de conciencias, la del pequeño burgués y la del proletariado, mantienen la tensión de la novela. En él, en su novia y amante Amparo, en otros anarquistas se encuentran los factores determinantes de cierta fase definida de la historia. Hasta cierto punto los personajes son típicos de cada clase en cierta situación, puesto que su interioridad es determinada por fuerzas objetivas de la sociedad. mediante el análisis de las figuras de los anarquistas que presenta Sender, podemos ver bien su valoración del anarquismo en esa época.

El Mito Como Estructura

Para dar la estructura exterior a la obra Sender utiliza el mito de la creación. Primero lo pronostica Villacampa, al hojear el calendario con siete días marcados en tinta roja: "Detrás del 'domingo' 17 aparece otro papel con un 18 rojo y encima la misma palabra: 'domingo'... A ver ¿qué sigue detrás? Otro domingo. Domingo 19 y luego otro: Domingo 20. Así siete domingos seguidos" (pp. 17-18). El significado de esta frase lo aclara después Samar: "Si buscas los símbolos y las supersticiones ten en cuenta que el 7 es un número judío. Que en seis días hizo el mundo el dios barbudo de los hebreos y que nuestra creación está en marcha y será sexto día hasta que acabemos de triunfar" (p. 429). Así el libro termina con el sexto domingo, con la anticipación del séptimo domingo, el del descanso. Samar concibe la revolución como la creación de un nuevo mundo diferente del burgués: "Lo creamos e inventamos todo. Desde la primera mirada y el primer paso edificamos el mundo a nuestro alrededor imprimiéndole el sello de nuestra voluntad. Somos creación, avance, proa aguda. Vosotros sois contemplación, éxtasis. Retroceso y muerte" (p. 342). Primero hay que matar el espíritu burgués. Sender utiliza metáforas del Génesis para describir su concepto de la creación. Después de matar el espíritu, pasa "lo que le pasó al mundo cuando se enfriaron las nebulosas y quedaron en roca viva, con bosques, y ríos... Que los sueños de las nebulosas se hicieron roca firme, se hicieron fe inorgánica, fe de mármol, de montaña, de cuarzo agudo y áspero..." (p. 444). En otras palabras lo que surja tras de la destrucción del espíritu puro producto del idealismo burgués serán "ideas que nazcan de hechos y de realidades y que se subordinen a éstas sobre una moral y un sentido intelectual materialista", como dice en su artículo "La cultura y los hechos económicos."[3]

A este mito de la creación se sobrepone otro, el mito de la huelga general que predicó Georges Sorel, fundador del sindicalismo. Según él, el socialismo vendría si los trabajadores fueran a la huelga en seguida. Para Sorel la huelga general es el mito. El mito es la mezcla del hecho y del arte para dar un aspecto de realidad a las esperanzas de que la conducta actual dependa. No se trata de un plan científico, puesto que el futuro no se sabe. El mito, por ser la expresión de las aspiraciones de la masa entusiasmada, podría dar algo sublime, mientras que el programa científico para el futuro, si fracasa, sólo produce desesperación. Aplicando la teoría de Bergson de que el futuro es inescrutable, arguye Sorel:

> L'expérience nos prouve que des contructions d'un avenir indeterminé dans les temps peuvent posséder une grande efficacité et n'avoir que bien peu d'inconvénnent lorque'elles sont d'une certaine nature; cela a lieu quand il s'agit de mythes dans lesquels se retrouvent les tendances les plus fortes d'un peuple, d'un parti ou d'une classe, tendances que viennent se présenter a l'espirit avec l'insistance d'instincts dans touts les circonstances de la vie, et qui donnent un aspect de pleine realité a des espoirs d'action prochaine sur lesquels se fonde la réforme de la volonté.[4]

El cita como uno de los ejemplos a los cristianos primitivos que morían valientemente por el mito apocalíptico y que con su valor establecieron la base del cristianismo. Esto determina un aspecto de la mentalidad de los anarquistas que se dedican a la huelga general en *Siete domingos rojos*, el optimismo del creador del nuevo mundo que no duda del éxito de su proyecto. Los huelguistas son los dueños de estos domingos: "Domingos en los que la calle y el aire libre son una delicia y vamos a conquistarlos a tiros..." (*Siete domingos rojos*, p. 103). Toda la ciudad de Madrid está en la mano de un obrero que corta un cable eléctrico: "El segundo y el tercer cable han quedado enganchados y el resto de Madrid—de lo que vemos desde aquí—se hunde en las sombras. La voluntad de un hombre ha bastado para hacer este milagro" (p. 177). Para el personaje Villacampa, obrero anarquista, la revolución

---

[3] Ramón J. Sender, "La cultura y los hechos económicos," *Otro*, 1 (marzo de 1932), 28.

[4] Georges Sorel, *Réflexions sur la violence* (París: Marcel Rivière, 1912), pág. 177.

es crear una nueva religión como la del trabajo y la de la estadística de producción y esto equivale a la vez a la creación de una nueva humanidad caracterizada por la bondad: "Todos seríamos dulces y bondadosos sin ir a parar a ese sentimentalismo llorón..." (p. 230). El nuevo mundo aparece hasta en el sueño de la tía Isabel con cierto tono vengativo:

> La noche antepasada soñé que todos los señoritos y los burgueses se habían retirado de la calle y nosotros éramos los amos: No había guardias ni perros y guisábamos con una hornilla en la Puerta del Sol y en la Cibeles. De vez en cuando por una puerta asomaba la mano de una señoritinga: '¡Por favor! Un poco de sal'. Ibamos y le escupíamos...

La conciencia de la creación del nuevo mundo hace surgir en los personajes al nuevo hombre como un miembro de la colectividad. Villacampa, después de hablar de su triste historia familiar, dice orgullosamente: "Hoy soy el camarada Leoncio Villacampa" (p. 9). Muerto su padre, dice Star: Ahora soy Star García, del Sindicato de Oficios Varios. Las gentes dicen que nací en 1916, pues yo no me recuerdo. Me parece que he nacido hoy..." (p. 12).

Como predicó Sorel, la falta de programación científica salva a los anarquistas de la desesperación, aun cuando fracasan. La meta está lejos, en la vaguedad infinitamente esperanzada. Por eso dice Villacampa al final: "¿Por qué será que a pesar de haber fracasado el movimiento, yo tengo, en lo hondo, una impresión rara, como si hubiéramos triunfado? Durante el día de hoy hay momentos en que parece que la revolución está hecha" (p. 461).

La Masa

Sender distingue en el prólogo entre el individuo y la masa en su naturaleza:

> Los seres demasiado ricos de la humanidad sueñan con la libertad, el bien, la justicia dándoles un alcance sentimental e individualista. Con ese bagaje un individuo puede aspirar al respeto y a la lealtad de sus parientes y amigos pero siempre que se quiere encarar con lo social y general se aniquilará en una rebeldía heroica y estéril. No puede un hombre acercarse a los demás dando el máximum y exigiendo el máximum también. Las sociedades se forman no acumulando las virtudes individuales sino administrando los defectos con un sistema que limita el área de expansión de cada uno (p. 8).

La masa es un ser independiente en que las cualidades humanas del individuo brillan y palidecen como el tornasol. Sender lo demuestra bien describiendo la desorganización y el caos del movimiento de la masa, en contraste con las virtudes humanas de los anarquistas que hemos tratado. En las escenas en que describe la masa utiliza una técnica cinematográfica. La descripción de los detalles sensoriales—colores, sonidos, el movimiento oscilante entre la masa y el individuo— matiza la visión panorámica de dichas escenas.

Primero muestra nuestro autor que la supervitalidad de la masa anarquista es tanta que contagiando su fiebre a las cosas inanimadas, casi les crea vida, como un aliado más de su causa. En uno de los mítines de los anarquistas, celebrado en un teatro de barrio en Madrid, los altavoces sueltan las palabras favoritas de los anarquistas como "Traición, cobardía, miseria, crimen, pólvora, fusiles, revolución, F.A.I., C.N.T." (p. 30), embriagando a la masa reunida dentro y fuera en la calle. Como la orden que prohíbe instalar altavoces hacia la calle ha sido violada, llegan los guardias. Estos tratan de hacer que los altavoces de la calle sean desconectados. Los alambres de los altavoces son cortados por los responsables de su instalación pero siguen profiriendo palabras ofensivas y amenazas. Por fin comienzan los tiros. Pero los altavoces en la sala vacía, siguen hablando. Los altavoces sabotean el mítin.

Los altavoces son símbolos del poder de las palabras. Al hacerlos hablar por su cuenta, Sender subraya la energía incontrolable de la masa que estalla. Recordemos lo que dijo Cristo a los fariseos, cuando éstos le pidieron que hiciera callar a sus seguidores en la entrada triunfante de Nuestro Señor en Jerusalén. Dijo Cristo: "Si éstos callaran, gritarían las piedras." Sender no aprueba esa supervitalidad que lleva a la falta de control. Se asoma su crítica en dos comentarios; "La revolución no la provocarán los altavoces a su placer" (p. 33) y en el lamento del cervecero de la esquina: "Esto es el caos. ¿De qué me sirve votar a los socialistas?" (p. 33).

En la procesión fúnebre de tres mártires anarquistas y un socialista, la masa del acompañamiento está ebria de una emoción casi religiosa, mientras marcha cantando. La seguridad que siente por la superioridad del número sobre los demás ciudadanos y los guardias civiles, la hace tolerante y generosa. Se sienten casi héroes los acompañantes, casí tan sagrados como los mártires. Así dice un anarquista: "No sentimos ya odio. Somos fuertes y lo podemos todo" (p. 134). El individuo desaparece por completo en la masa. En la solidaridad colectiva no existe la muerte individual. Dice Samar: "Lo bueno que tiene todo esto de diluirse y despersonalizarse en la masa es que no le pueden matar ya a uno..." (p. 221). La fusión tan intensa de lo individual y de lo colectivo hace sentir a Samar físicamente la presencia invisible de los camaradas:

> Cantaban, en ese instante de culminación las multitudes su himno de paz. Mientras las mujeres cubrían de insultos a las pocas operarias que salían de una fábrica de galletas y unas pistolas recostadas en las esquinas chascaban contra la traidión, las multitudes cantaban su himno de paz. No se sabía dónde estaban, ni por dónde venía la voz, pero Samar se quedaba un instante inmóvil oyéndolas en su música interior (p. 340).

La emoción colectiva, mientras la masa se va embriagando por el efecto de la música, se vuelve más y más transcendental. Eso se ve en el tono exaltado de un anarquista: "Adelante, tras de Germinal, Espartaco y Progreso que caminan lentamente al infinito de la libertad y la justicia" (p. 134). Los anarquistas quieren ir a la Puerta del Sol, la consigna de la FAI, contra la orden de los jefes socialistas. Los guardias civiles disparan a la masa. Los ataúdes que navegaban por encima de la multitud como símbolos del ideal caen al suelo. Siguen las balas. Un cadáver rueda fuera del ataúd. Los ataúdes presentan varios impactos de fusil. Los muertos han sido rematados. Los féretros profanados simbolizan la caída del ideal como consecuencia de la excesiva exaltación sentimental que lleva al desorden.

La espontaneidad de la masa, la desconfianza en la programación, y la ansiedad de avance infinito caracterizan al movimiento de la masa anarquista. Uno de los anarquistas más audaces de la FAI, Ascaso, dice: "Partimos, nos vamos lejos. Según el poeta, es morir un poco pero, para nosotros que no somos poetas, la marcha ha sido siempre nuestra vida."[5] Así quijotescamente se lanzan a la lucha, seguros del fin que persiguen pero poco sensibles a los azares de la lucha. No dudan de un triunfo final. No les importa la táctica ni la disciplina. Uno de los anarquistas de *Siete dominos* dice:

> Nosotros mismos hemos acordado la huelga general. Parece que debíamos limitarnos a hacer una huelga lo más completa posible. Pero, en cuanto salimos a la calle y vemos un guardia sentimos la necesidad de matarlo. La organización está detrás dispuesta a ir siempre adelante. Uno dice: "¡Hasta aquí!, y mil voces gritan: "¡Más

---

[5] Jean Becarud y Gilles Lapouge, *Los anarquistas españoles*, trad. por Gérard Jacas (Barcelona, 1972), pág. 193.

allá!" Hay entre esas voces, obreros y mujeres, gente bien vestida y mendigos. Avanzamos más y de pronto vemos que los cuadros sindicales peligran. Paramos un poco y decimos otra vez: "¡Hasta aquí!" El aire y las losas, la luz y los edificios nos gritan: "¡Más allá!" Consultamos a la Federación Local y nos contestan un "¡Más allá!", firmado y sellado. Vamos a la Regional y nos dice: "¡Más" Estas consultan al comité nacional y los grupos al Peninsular. Todos contestan, sin palabras casi, con una sola consigna que es la de ayer y la de mañana. La de siempre. "¡Siempre más!" (p. 102).

La fiebre emotiva de la masa convierte las cosas inanimadas en cómplices de su avance. La masa anarquista no sabe pararse. Debe expandirse y avanzar infinitamente. Ese avance tiene una nota transcendental, casi mística. La libertad y la justicia entran en la categoría de lo divino. El comentario de Federica Montseny refleja tal actitud que va a predominar entre los miembros de la CNT y de la FAI a partir de 1932:

> El anarquismo, ideal sin límites, ideal que abre al hombre las puertas del mañana infinitamente, ideal que no se cierra dentro del círculo de un programa, dentro de una tabla de reivindicaciones, puede definirse así: Eres libre. Por el solo hecho de ser hombre, nadie tiene derecho de extender la mano sobre ti...[6]

En la descripción del movimiento de la masa anarquista se nota una extraña mezcla del ambiente sicológico, del físico, del social. Sobre los dos últimos predomina el primero, interesándose Sender más por la verdad interior de sus personajes que por su contexto enmarcador. La pasión exaltada de la masa, como un torbellino, arrolla lo que se encuentra a su alrededor. El resultado es una catástrofe, ya que la acción de los anarquistas tiene como motivo único su pasión por la libertad. Lo que quiere decir nuestro autor mediante dichas escenas es explicado en el prólogo:

> A mi juicio el fenómeno anarcosindicalista obedece a una razón de supervitalidad de los individuos y de las masas, a la generosidad y exceso de sí mismos que a los hombres y a las sociedades demasiado vitales suele acompañarles. Piensen los lectores en la enorme desproporción que hay entre lo que las masas revolucionarias españolas han dado y dan a lo largo de sus luchas y lo que han obtenido.

---

[6] Federica Montseny, "Definición del anarquismo," *Revista Blanca*, 197 (agosto de 1931), 144.

Y entre su fuerza real y la eficacia con que la emplean. Detrás de esto puede haber muchas cosas pero hay por encima de todas—y es lo que a mí me interesa, una generosidad heroica a veces verdaderamente sublime (*Siete domingos rojos*, p. 7).

Violencia

P. Chalmers Mitchell, traductor al inglés de *Siete domingos*, llama a este libro "a book of terror and beauty." En verdad, la pistola y la ametralladora son casi partes de las almas de estos anarquistas. Dice Villacampa: "Huelo el cañón. Después de disparar huele muy bien. La pistola es una excelente compañera" (p. 299). La pistola le da dignidad y seguridad: "Con la pistola en el bolsillo, los compañeros en la calle y la revolución en el alma, somos Dios o más que Dios. Todo lo demás es flojo, blandujo, viejo y huele a sudor de enfermo" (p. 223). Al quedar preso Samar, lo primero que se le ocurre a Graco es la preocupación por la posible pérdida de su revólver niquelado de nueve tiros. Se consuela pensando que quizá llevará esta noche otra arma. Estos anarquistas manejan la pistola como el paraguas o el bastón, algo nada alarmante. La virtuosa Emilia tranquilamente detiene a Samar con el disparo en el camino. La ametralladora Joquis la consagran como la Virgen Joquis, como la madre y a la vez la hija de ellos. Es el símbolo divino de la venganza. Como un oleaje mágico, salen de la boca de los anarquistas cadenas de letanías negras enumerando los objetos de la destrucción:

... ¡Los ministros, los directores generales, los obispos, las putas duquesas!
... ¡Moriréis a nuestras manos!
... ¡Los intelectuales elegantes, los periodistas serviles, los maricuelas de las carreras de lujo!
... ¡Moriréis a nuestras manos!
... ¡Los diputados, los gobernadores, los sacerdotes! (p. 269).

Para estos anarquistas que juegan con la pistola sin miedo ni preocupación, matar es un acto muy natural. Star y Villacampa disparan, siempre: "Sin odio". Sender tiene un capítulo independiente sobre la violencia, "Villacampa se decide a reflexionar sobre la violencia". Va meditando Villacampa sobre el último disparo que hirió casualmente a un anciano miserable que llevaba dos muletas y una manteleta negra. Trata de justificar el acto, puesto que han declarado el estado de guerra y que el viejo tenía un aspecto indecoroso de burgués. Sin embargo, no puede quitar de su imaginación la imagen del viejo. Cree firmemente en la necesidad de violencia como ha leído en un folleto: "... la violencia es el móvil natural de toda acción y reacción y sin violencia no hay vida ni podría haberla" (p. 232). También piensa que la violencia irá contra la civilización pero que de todas maneras la gente la acata. Después de asistir burlonamente a la muerte de Don Fidel, un viejo empleado de la Tabacalera que odiaba a los anarquistas y que está orgulloso de haber tenido un tío general carlista que fusilaron los liberales, su conclusión es: "Un burgués no es una persona. Ni un animal. Es menos que todo. No es nada. ¿Cómo voy a sentir que muera un burgués yo, que salgo a la calle a matarlos?" (p. 237). Urbano Fernández, del Gas y la Electricidad, justifica el acto de matar como sigue: "Yo supe entonces que para mí no había manera de ser alguien con la burguesía más que llevando la pistola y manejándola de vez en cuando con provecho común.. Y aquí estoy. ¿No nos matan ellos a nosotros de hambre, de frío y de agotamiento físico?" (p. 156). Fernández se opone a Samar que piensa que el agente asesinado era un hombre como ellos. Para Fernández el agente "no era un hombre, sino un instrumento mecánico al servicio de la injusticia" (p. 169). Para estos anarquistas, el humanitarismo de Samar es sentimentalismo que se debe evitar.

Detrás de toda esa actitud existe la idea generalmente aceptada por todos los anarquistas, inclusive aquel pacífico Kropotkin, de que la sociedad no les dejó otra alternativa que la violencia. Mientras el gobierno encarcela, tortura y persigue a los anarquistas, ellos también tienen que responder con la misma carta. Deben elegir entre el verdugo y la víctima. Son los productos de una sociedad en constante estado de guerra, en donde hay creciente polarización entre el proletariado y la burguesía.

El amor de Samar

El amor de Samar con Amparo, la hija del coronel, sirve de índice de la ambigüedad de la posición de Samar que no puede vencer por completo su sentimiento de pequeño burgués. Aunque admira a Star, no se atreve a tratar a Amparo como a una revolucionaria. Por eso sin dejar de creer en la liberación sexual como los anarquistas, no puede explicar a Amparo la palabra "homosexual" y la engaña con una sarta de bonitas mentiras. Esa ambigüedad es constante en su sentimiento hacia Amparo: "Pero lo malo es—sinceridad obliga—que si fuera comunista yo dejaría de quererla" (p. 156). Amparo y la revolución existen lado a lado. Mientras que Samar lee la carta de Amparo, se oyen disparos en la calle. La dulce embriaguez del amor burgués le hace cometer el error fatal. Cuando hace con el sobre de la carta de Amparo una bola, la hace también con el croquis hecho para el sabotaje del día siguiente. La policía lo recoge. Sin embargo hay momentos felices en que el amor y la revolución se funden ilusoriamente. Cuando la multitud grita "Sol" queriendo decir la Puerta del Sol, Samar lo oye como si le estuviera llamando su novia y cree sentirla transfigurada en revolución identificada con las masas.

Samar le plantea a Amparo la boda sin intervención de la Iglesia y el abandono del padre-coronel. Amparo no acepta. Sus discusiones siempre acaban en un dilema. Star se burla de Samar, diciendo que tiene unos amores de tarjeta postal. Pero Samar hace todo lo posible por vencer al burgués que hay dentro de sí mismo. Mirando las lágrimas de Amparo, trata de pensar en las lágrimas de los hogares que sufren hambre y los calabozos de la injusticia. El éxtasis del amor con Amparo significa "no avanzar" y esto en la revolución equivale a "retroceder". Samar tiene que luchar contra sí mismo. Amparo, por otra parte, prevé lo imposible, el abismo que la separa de Samar cuando éste apoyó a sus compañeros que mataron a un delator bajo los balcones de Amparo. Ella descubre el intento de los anarquistas de sublevar el regimiento y lo delata a su padre, lo cual resulta en la detención de los compañeros de Samar y a éste le pone en peligro. Aunque Amparo le pide perdón después, no la perdona.

Finalmente Star y Amparo se enfrentan. Star viene a preguntar por el destino de los presos que están en los calabozos del cuartel bajo el control de su padre. Star dice a Amparo que Samar no la quiere. A Amparo le impresiona cierta dignidad de Star. Es lo que destaca con frecuencia nuestro autor. Dice: "En todas las palabras de aquella muchacha a quien daba los pantalones viejos y los zapatos inservibles, había una armonía y una firmeza impertinentes y despegadas de ella y de lo que la rodeaba" (p. 380). Star demuestra que ella quiere a Samar con el cariño de compañera, que es superior al de novia. El autor las contrasta. Star piensa de Amparo: "Está enferma. Tiene esa enfermedad burguesa del amor" (p. 381). Amparo de Star: "Tiene la salud insensible de una estrella. Se la ve y sin embargo está muy lejos. Star le dice a Amparo que todavía Amparo puede hacer feliz a Samar. Amparo comprende que ella debe liberar a Samar para dejar paso a la revolución. Es sencilla y simple y sin embargo hay misterio a su alrededor" (p. 381). Amparo se suicida con la pistola que dejó Star olvidada, lo cual simboliza que la revolución mata al amor burgués. Amparo representa el espíritu y el espíritu es burgués. Tiene que matarlo. La revolución triunfa en Amparo también, pues muere lejos de su fe como suicida. Por eso se encuentra en el depósito de cadáveres junto con tres anarquistas y un socialista muertos por la policía. Samar les pide a los cuatro cadáveres que la acompañen como una nueva compañera. Sender eleva el amor de Amparo por este camino. El trágico fin del gallo de Star y la última carta que Samar encargó a Star que le entregara a Amparo se unen simbólicamente. Al gallo de Star lo mata una locomotora. Debajo de los restos sangrientos del gallo reunidos en una caja Samar encuentra esa carta que se quedó sin entregar. La mañana en que entierra Star el gallo la huelga termina y todos vuelven al trabajo. Fracasa la revolución. Amparo se sacrificó por la revolución fracasada uniendo su destino con ella, como Samar lo había presentido al ver en la cara de Amparo la misma expresión de la tía Isabela que perdió a su Germinal en la revolución.

Samar y el Comunismo

Samar aparece, reflejando la posición del autor en esa época como simpatizante del comunismo entre los anarquistas. Es la época en que continuaba cerca de la CNT y *Solidaridad obrera* con sus veleidades comunistas, tratando de influir sobre los anarquistas. Star describe a Samar: "Samar no es anarquista y si está con nosotros es porque tiene más fe en la organización y en la valentía revolucionaria de los individuos" (p. 59). Y Villacampa: "A mí se me ocurre pensar por qué razones es revolucionario Samar aunque en realidad nunca las hay en la vida de los buenos revolucionarios. Lo son sin enterarse por una necesidad moral que han sentido desde niños y que ha adquirido forma con la cultura" (p. 133). En una de las reuniones de los anarquistas que discuten sobre la huelga de los ferroviarios de M.Z.A., Star trata de plantear "las consignas netas, concretas e inmediatas para sustituir el poder burgués," la misma posición que toma Sender en *Solidaridad obrera* del 4 de agosto de 1932, destacando la necesidad de estudiar consignas concretas frente a la burguesía para producir un buen militante de la revolución, no un rebelde. A los anarquistas les choca la utilización de la palabra "poder" de Samar. Sólo uno de ellos, Cipriano, comprende a Samar, diciendo que no se puede abandonar a los compañeros que luchan en la calle, en nombre de la pureza de una doctrina que ellos no pueden implantar de momento. Escandaliza a los anarquistas la proposición de Samar que plantea la proclamación del nuevo poder y sus primeros decretos: disolución de todos los organismos administrativos y políticos del Estado y abolición de los privilegios de clase remitiendo a los obreros al cumplimiento exclusivo de los acuerdos de los cuadros sindicales, etc. Dicen que ellos no irán a una revolución de ese tipo pues luchan por la igualdad y la libertad, que prefieren que se pierda el mundo antes que implantar el poder. Samar defiende su proposición diciendo que no es una cuestión de principios sino de táctica, la misma postura adoptada en *Solidaridad obrera*. La falta de flexibilidad de estos anarquistas que no quieren cambiar su ortodoxia ante circunstancia alguna indigna a Samar. El anarquismo se basa en la negación de todo, piensa Samar. El realismo de Samar y el sonambulismo idealista de los anarquistas entran en conflicto muchas veces. Villacampa dice: "El 'después' es una inquietud inútil" (p. 281). Samar advierte: "Mi 'después' no es tal que pretenda encauzar el porvenir. Se limita a enganchar los hechos y los números en racimo. A poner un poco de aire comprimido dentro de cada proyectil, un poco de veneno en las bayonetas, a atar el telémetro en el cañón de la ametralladora y a agrupar disparos y voces para que suenen y se oigan, y hieran donde queremos herir..." (pp. 231-32).

Samar construye el panorama político e ideológico de España recorriendo un mapa que encuentra en el parque. El anarquismo de Cataluña es simbolizado por una abeja, destacándose su capricho y dulzura embriagadora: "Es hermoso producir miel y digerir flores y clavar el aguijón, pero la abeja no tiene camino. Con sus ojos y sus alas vuela dejándose llevar de la inspiración momentánea, del viento o del perfume que prende al pasar" (p. 306). El comunismo en el Cantábrico es simbolizado en cambio, por un alacrán de movimientos concretos y seguros y por "la hormiga que no puede volar, apenas puede ver pero cuyo camino es seguro" (p. 305). A la mariposa negra que simboliza el anarquismo en Andalucía y que dice que va Samar a la revolución como ella, le habla con claridad: "Igual que vosotros no. Yo voy a la conquista del poder, con la táctica comunista. Para destruir el poder al día siguiente, como es natural. El día siguiente en estos tiempos puede ser un año. O dos" (p. 312). Es evidente que Samar ve la conquista del poder como el paso necesario, no como el fin.

A pesar de su aparente inclinación hacia el comunismo, hay momentos en que Samar se aleja del marxismo y se acerca al anarquismo. Piensa por ejemplo, que las agitaciones ciegas y desorganizadas de los anarquistas carentes de fórmulas políticas son convenientes para acelerar la descomposición de la sociedad burguesa. Ve con orgullo a los anarquistas como "los únicos que frente a la civilización de Occidente seguimos fieles a la naturaleza, identificados con ella." (p. 286). Como los naturalistas, de los que hay muchos entre los anarquistas, ve a la vida humana integrada del todo en la naturaleza. Así cree en "la vida nuestra que sigue en el aire y en la roca y que nunca estuvo en nosotros mismos sino en la roca y en el aire" (p. 416).

Finalmente tendremos que enfrentar una cuestión importante. En el prólogo Sender nos promete un retrato humano del anarcosindicalismo español. ¿Significa eso que el libro sirve solamente como testigo de la época? ¿O Sender percibió los valores universales que sobreviven a la época? "La única, verdadera realidad que busco a lo largo de estas páginas es la verdad humana que vive detrás de las convulsiones de un sector revolucionaria español," comenta Sender en el prólogo (p. 5).

La novela tiene tres niveles: 1) el exterior del testigo de la realidad histórica que corresponde a la ambientación realista y la caracterización concreta de los personajes. 2) el intermedio de la reflexión de Samar que sirve como comentario de la realidad. 3) el interior que sondea la capa profunda de la condición humana. Esa complejidad de niveles es un procedimiento necesario para reflejar e investigar el caos de aquella época. Para conseguir la expresión de esos tres niveles, Sender presenta múltiples perspectivas, poniendo los capítulos a cargo de diferentes personajes, narrador omnisciente, hasta la luna. De esta manera los personajes se analizan a sí mismos y a la vez son analizados por otros. Al narrar en primera persona, muestran sus intenciones y las motivaciones de sus acciones y otros se encargan de comentar los resultados. Samar da la unidad como comentarista de todos los problemas relacionados con el anarcosindicalismo español. La visión de Samar es la visión subjetiva del autor. Pero Sender trata de dar la visión objetiva, permitiendo a los anarquistas la libertad de hablar y actuar por su cuenta. Tal intención del autor le exige el uso de una estructura episódica y fragmentaria. Además del prólogo y del epílogo la novela está dividida en seis partes-domingos y cada una de estas partes está dividida a su vez en varios capítulos. Cada capítulo es un cuadro independiente y los capítulos están ligeramente conectados entre sí por algunos episodios comunes. Todo eso facilita una fusión de distintos enfoques, un continuo juego de puntos de vista, lo que sirve para romper continuamente la visión subjetiva y sentimental. Debido a esta técnica el autor mantiene a lo largo de la obra cierta objetividad impersonal. Esta técnica es muy novedosa, teniendo en cuenta que el libro fue escrito en 1932.

Además Sender ensaya cierta variedad de formas. Incorpora la carta de amor (IV), superposición de tres niveles, la descripción de la película, el monólogo interior de Samar y el diálogo entre Samar y Amparo (IX), el acto sexual (XVI), el mundo surrealista del sueño (XXX).

El color tiene una función importante. Los anarquistas crean su propio mundo, proyectando su visión interior en la realidad exterior. De acuerdo con tal visión, el mundo exterior es pintado por el color que dan los anarquistas libremente a cada objeto; "No son los domingos individuales, negros del hombre vergonzante, ni los blancos de las campanas y los trajes de fiesta sino los auténticos domingos rojos, los nuestros" (p. 103). "Domingo rojo, color ceniza caliente con la ciudad escalofriada y los tres ataúdes cabeceando como los barcos, sobre la multitud. El rojo de las banderas desafía a todas las púrpuras burguesas" (p. 132).

Sender dramatiza los hechos por medio de la interacción entre las cosas inanimadas y los personajes. El estado de ánimo se refleja vivamente en las cosas inanimadas y a veces la supervitalidad de los anarquistas tiende a dar la vida que les sobra a los objetos. Es lo que pasó con los altavoces, como hemos visto. Es una técnica eficaz para dar vida al ambiente lírico heroico del anarquismo español.

Sender logra crear un mundo surrealista, alegórico y satírico en el sueño de Samar que presenta la visión metafórica de la sociedad anarcosindicalista. Era "una ciudad con rumores de colmena" (p. 463). La colmena se asocia con el principio de apoyo mutuo predicado por Kropotkin. Abundante de "fábricas y de talleres"—símbolo del trabajo. "El aire era de cristal de roca después de la tormenta" (p. 463). Significa que depués de la revolución la claridad transparente de los hechos vírgenes dominará el mundo. La política que concibe Samar según sus anotaciones, es "una especie de economía neutra, animada por el entusiasmo colectivo" (p. 463), visión típica del anarcosindicalismo. "El caso es que había banderas rojas, desteñidas unas por el sol, rasgadas otras por el viento" (pp. 463-64). Simboliza la desvalorización del ideal por excesivo fervor y violencia. "La luna lucía en pleno día. Era como el calendario de Villacampa, con números rojos" (p. 404). La luna que sale de día refleja la impaciencia de los anarquistas por avanzar. Además hay confusión de la noche y del día, o de la fantasía y de la realidad. A ambos lados de la calle hombres y mujeres desnudos que eran "burgueses por ciertos detalles: las manos cuidadas, el pelo bien planchado" (p. 464). Está burlándose de aquellos anarquistas que viven discutiendo pero que no saben actuar. También satiriza a los nudistas que había entre los anarquistas como ingenuos seguidores del naturismo. Estos hombres y mujeres decían que eran héroes del amor y de la libertad. Se ríe de la tendencia mística de los anarquistas que se embriagan con estas metas retóricas e inocentes.

Es evidente que Sender no intentó reproducir la realidad histórica del anarcosindicalismo español fotográficamente ni analizar su aspecto político. No suple la tarea del historiador.

Sin embargo logró crear una belleza inolvidable, mezclando lo real y lo imaginativo, lo lírico y lo grotesco, lo lógico y lo ilógico. A través de esa suprema belleza, supo tocar un fondo metafísico, insinuando aquella verdad existencial que todas las ilusiones sufren desilusiones y que el universo marcha indiferente a toda la agonía humana. Mejor lo simboliza el gallo de Star muerto por el tren que volvía a circular, terminada la huelga. Sin embargo Sender añade una nota optimista y positiva. A pesar de todo la humanidad aprende su lección y sale adelante, como Star con Villacampa, o Samar venciendo la muerte de su amada, lanzándose otra vez a la lucha.

En fin, Sender mostró el lado metafísico del movimiento político puesto que todos los movimientos humanos lo tienen. En períodos como los de 1932-33 esos aspectos tomaron caracteres contradictorios que se definen en términos poéticos. Por extraña que parezca esa realidad era prefacio natural de lo que iba a suceder más tarde entre 1936 y 1939.

THE UNIVERSITY OF TSUKUBA

Siete domingos rojos (1932):
Anotaciones a la crítica y visión de Star

Manuel Béjar

A lectura atenta de *Siete domingos rojos* (1932) capta en su temática, acción y caracteres una formalidad compositiva que confiere sentido y proporción al desafuero y disipa o amortigua el engañoso destello de sus pendencias.[1] El hecho de que en esta mirada se dé un nivel de identificación con las posturas vitales de una facción particular, no puede carecer de interés ni achacarse al accidente, pero su valor no es definitorio de la novela. La argumentación al respecto es ya superflua. Bien podría decirse con H. Walpole que es éste un libro de "historia política *inteligentemente contada*" (subrayo); es decir, fabulada desde una perspectiva que, traspasando la política y circulando por sus venas, la alimenta con esa "inocencia y dulzura idílicas" que acusó el mismo crítico, y la baña en aquella "alegría y capacidad de gozo" denotadas por otro de los primeros comentaristas de la obra.[2]

---

[1] José R. Sender, *Siete domingos rojos* (Barcelona: Balagué, 1932). Para las ediciones posteriores de esta obra, así como para su rechazo ulterior por el propio autor y su refundición final bajo el nuevo título *Las tres sorores*, véase Charles L. King, *Ramón J. Sender: An Annotated Bibliography, 1928-1974* (Metuchen, N.J.: The Scarecrow Press, 1976), p. 3. Sigo la edición original. Las referencias a la misma se insertan en el texto.

[2] Hugh Walpole et al., *Tendencies of the Modern Novel* (Freeport, N.Y.: Books for Library Press, 1967), pp. 89 y 90; M.M.C., "The Book Forum," *Forum and Century*, 96 (October 1936), p. IV. Las traducciones al castellano son siempre mías.

Los hechos novelados aluden claramente a los conflictos que su gieron allá por los años de su gestación entre los movimientos revolucionarios obreros y el poder de la burguesía que siguió al régimen monárquico. Materia, ésta, que se hubiera prestado al desarrollo de una tersa narrativa histórica, tarea para la que, como pocos de los escritores de su generación, se hallaba dotado el nuestro. Sin embargo, aunque nutrida de los acontecimientos del momento, la fábula se circunscribe a un centro que le da fijación subjetiva y alcance trascendente al hecho histórico. Lo cual es ley que opera en la novelística de Sender desde sus comienzos; ley resumible—con palabras de Carrasquer— en el deslizamiento desde el *"desideratum* subjetivo" del autor (que selecciona el material del relato) a la "búsqueda esencialista" de ese mismo *desideratum* y su objeto; y ley que en el orden del estilo se descubre en esa triple integración de *realismo* ("el vocabulario y la sintaxis que se ciñen al hecho"), *impresionismo* ("refracción circunstancial en las aguas subjetivas...") y *expresionismo* ("trascendencia radicalizante... generalizadora y comunitaria"—"buzeador[a] en vez de exaltante"), como atinadamente señala el mismo crítico.[3]

Tal es la circunscripción que parece elucidarse del Prólogo a *Siete domingos rojos*—"Para una cuestión previa"—donde se dice:

> La única verdad—realidad—que busco a lo largo de estas páginas es la verdad humana que vive detrás de las convulsiones de un sector revolucionario español. Voy buscándola en la voz, en las pasiones de los personajes... (pp. 5-6).

"Pasión" y "convulsión"—subjetividad individual o colectiva—se objetivan en la "verdad humana" que las fomenta, o amplifican su parcial objetividad, por el ingreso (contemplación) en el "real absoluto" de la estética senderiana, tan afín a la de ese disfrazador de maravillas que es Valle-Inclán; el cual, distinguiendo entre la "intuición amable" y el "enlace de razonamiento," apunta al amor como único móvil capaz de connotar las "evocaciones eróticas" que duermen en todas las cosas (*La lámpara maravillosa*). En efecto, el propio Sender anticipa en el mismo Prólogo que "el libro no se dirige expresamente al entendimiento del lector sino a su sensibilidad;" y que una lectura "sentida" del mismo,

---

[3] Francisco Carrasquer, *Imán y la novela histórica de Ramón J. Sender, Primera incursión en el 'realismo mágico' senderiano,* Dis. Amsterdam 1968 (Zaandijk, Holanda: J. Heijnis, 1968), pp. 259, 58 y 63. Hay otra edición de 1970 (London: Tamesis Books) con un "Prólogo de Sender" (dato tomado de King, *Annotated Bibliography,* p. 221, no. 1137).

aunque no lleve a una comprensión del fenómeno político-social, logrará el despertar a *"una evidencia nueva"* (p. 6; he subrayado).[4]

Entre los extremos que tensan la obra se movieron los primeros juicios de la crítica. Así, mientras William Plomer señaló muy pronto que las advertencias del autor ofrecen una clave interpretativa del mensaje último del relato, Leigh White se declaraba al mismo tiempo víctima de la estafa o abuso de una lectura donde—después de 439 páginas—"uno se encuentra todavía sin un *entendimiento razonable*" de las cuestiones que plantea (he subrayado).[5] Los comentarios—negativos y positivos—son abundantes, y ya saldrán a relucir algunas más de estas apreciaciones a lo largo de este ensayo. La referencia a la asidua labor recopiladora, correctiva, de reorientación y de síntesis del profesor Charles L. King es obligada también en este caso. Sin embargo, el análisis con valor sistémico de *Siete domingos rojos*—más concretamente, de la operatividad de sus polos temáticos en la estructuración, lenguaje y personificaciones del relato—no se ha emprendido, que yo sepa, sino hasta en fechas recientes. Ejemplar es el artículo de Anne Buys (1979), donde se analiza con gran sencillez los procedimientos literarios que conllevan los temas y conducen al enfrentamiento autor-creación. Atinado y comprensivo; moderado en el manejo de presupuestos teóricos; económico, en fin, en el despliegue del discurso; este artículo, en el que una parte de la mejor crítica senderiana que le precede ha rendido tan buenos frutos, debe ser punto de partida necesario para estudios posteriores. El de Marshall J. Schneider ofrece una cierta similaridad de enfoque al identificar en los recursos del proceso épico-lírico de la narración el elemento "pastoral" ("Eternal" sartriano) de la novela *política*, en la terminología de Irving Howe; publicado cuatro años después del de A. Buys, puede considerarse como una variación interesante y complementaria del mismo.[6]

---

[4] Confiándome a la memoria referiré al lector al Prólogo de la segunda edición de O[rden]. P[úblico]. (Madrid, 1931; México: Publicaciones Panamericanas, 1941), como texto fácilmente aislable donde se enuncia en discurso expositivo y, quizá por primera vez, se deriva al comentario literario (de *La Celestina*) esta noción del "real absoluto." Para el rechazo de *O.P.* por el autor, véase King, *Annotated Bibliography*, p. 2, no. 2.

[5] William Plomer, "Fiction," *The Spectator*, May 8, 1936, p. 850; Leigh White, "Seven Red Sundays," *The Nation*, October 24, 1936, p. 498.

[6] Charles L. King, "II Siete domingos rojos...," en su *Ramón J. Sender*, Twayne's World Authors Series, No. 307 (New York: Twayne, 1974), pp. 52-59; Anne Buys, "*Siete domingos rojos* (1932) de Ramón José Sender: Un compromiso político-social y un conflicto existencial," *Ibero-Romania*, 10 (1979) pp. 112-127; Marshall J. Schneider, "Politics, Aesthetics and Thema-

Por razones que se autoaducirán, he reservado para el final este aparte a la aguda y poderosa palabra de Cansinos. Las cosas—éstas mismas que venimos diciendo y otras muchas—se hacen en él más candentes y decisivas; más peligrosas y, en el peligro, más redentoras. Pero es difícil acercarse a las insuperadas y difícilmente superables "reseñas" suyas, coetáneas (enero-febrero 1933) de la novela, sin la menor asfixia de *nadas* o *arrojos* posteriores, y facilitadas al fin en la *Antología crítica* que, bajo la dirección editorial del profesor Mainer, patrocinaron y publicaron diversas instituciones aragonesas en 1983; difícil, por la altura y apretón del comentario, por lo mal que se avienen con la prebenda académica, y por el reto que suponen al productivismo escolariego de nuestros días ("¡Pistolas, pistolas, pistolas!"); tal exégesis para tal libro. De consuno la una con el otro, no hay en las páginas de Cansinos cohabitación circunstancial y alambicada de dos mundos en divorcio, que malamente se toleran en su mutua amenaza (el de la conciencia—teoría, o mala conciencia, y el de la vida—práctica), para abortar el engendro estético o crítico; ni hay afeites de sustancia discretas e intenciones postizas que se combinan para lograr la mezcla artística y salvar el alma; ni se categoriza *Siete domingos rojos* como novela histórica o política sino como novela social, deslindándose expresamente los contornos más reducidos de lo político, que "no puede desprenderse de lo urbano y local de su etimología... mientras que el concepto social nace desde luego con aspiraciones universales, rebasando la visión del horizonte cívico."[7] En el orden de la expresión, celebra Cansinos con gozo de aurora la llegada de un lenguaje que—en leve paráfrasis mía—acrece en su calidad literaria el valor ideoló-

---

tic Structure in Two Novels by Ramón J. Sender," *Hispanic Journal*, 4 (Spring 1983), 29-41. Yo valoro la promesa que encierra frente al idealismo prevalente (incluyendo el mío) el desvío de la crítica de Carlos Blanco Aguinaga, Julio Rodríguez Puértolas e Iris Zavala en los Volúmenes II y III de su *Historia social de la literatura española (en lengua castellana)* (Madrid: Castalia, 1978, 1979 respectivamente); pero las deficiencias de mi formación me impedirían avalar con la argumentación y el aparato requeridos la tesis que allí se sostiene (véase, sin embargo, mi nota 9).

[7] Rafael Cansinos Assens, "Ramón J. Sender y la novela social, II" (1933), reimp. en *Ramón J. Sender[:] In memoriam, Antología crítica*, ed. José-Carlos Mainer (Zaragoza: Diputación, Ayuntamiento, Institución "Fernando el Católico" y Caja de Ahorros, 1983), p. 45; en lo sucesivo, *In memoriam*. Para las reseñas bibliográficas de la primera tirada de los artículos de Cansinos, véase el Índice bibliográfico de *In memoriam* (pp. 27-29) o King, *Annotated Bibliography*, pp. 236-37, nos. 1203-08. Sigo a King en la titulación de los artículos.

gico de la obra e integra el arte nuevo "al complejo social de la hora"—afloración de una misma simiente:

> Nada más interesante y revelador que ver cómo se armonizan las nuevas formas con las nuevas ideas y cómo hay un nuevo estilo ya preparado para coordinar los nuevos gestos, porque eso nos da la idea de una renovación total de la vida. Que en el cuadro de señales de la revolución social puedan incluirse también los signos de la revolución artística; que a la osada balística de los pistoleros corresponda la no menos audaz de los lanzadores de imágenes; *que lo social sea también lo artístico* [subrayo], he ahí un hecho bien claro de significación inmensa. Que Sender haya podido conjugar los impactos de las pistolas con las estrellas...; que haya logrado infundir tal calidad literaria a esa actualidad cotidiana de los periódicos, es algo que debe estremecer a los escritores que desdeñan el presente... y a aquellos otros que creen que el arte de vanguardia consiste en hacer vanas evoluciones de aviador sobre los tejados de la retórica.[8]

Con lo cual, ya desde esta menor distancia—que no se riñe con la más lejana e igualmente viva en estas reseñas—cabría salir al encuentro de Carrasquer (¡buena armadura sería necesaria!) y sopesar esa dicotomía que aun en esta otra gran crítica parece filtrarse por los encomios del desapego creador del novelista.[9] El *epos*—como el *pathos*, la lira y el

---

[8] Rafael Cansinos Asséns, "Ramón J. Sender y la novela social.—'Siete domingos rojos' (1932).—Apreciación literaria" (1933), en *In memoriam*, p. 55.

[9] A costa de ser temerariamente puntilloso, me he arriesgado a disentir de esta admirable crítica en algo de lo que yo mismo soy bien culpable. Mi intención no es otra sino el pedirle (cosa para la que yo no estoy capacitado) que mantenga hasta el fin las grandes premisas y salve con claridad la implacable demanda de unidad de la mente y del comportamiento. Ramplonamente desdoblada, la cuestión es si existen dos órganos espirituales—el de la trascendencia y el de la inmanencia (contingencias y perennidades, postrimerías y sociedades)—y, en tal caso, cómo se relacionan. Indudablemente que para Carrasquer se trata de un *continuum* de esferas que tienen al "yo" como centro: "Bueno, pues, a esto iba con mi 'desafectado.' A decir en una palabra esta capacidad [de Sender] de substanciación y naturalización de lo contingente, de lo artificial y de lo inmanente" (*'Imán' y la novela histórica*, p. 267; "¿No será ésta la manera de lograr la *unidad de los tiempos?*" [p. 259; he subrayado]; "... lo social se ahonda y se ensancha por la base: lo personal" [p. 266]); todo el libro es una glosa a esta solicitada unidad. Sin embargo, me veo obligado a preguntarme cuál es el fondo de su distinción entre "el mensaje *estrictamente* social" (p. 267; subrayo) y el genérico o comunitario de la trascendencia (p. 63), y por qué—al menos a veces—parecen excluirse. Si el desapego de la distancia desinfla la "reciedumbre" que hinche los demás

ethos—viene en la percepción del hecho ("Gran novela esta de Sender que semeja la epopeya de los argonautas del porvenir y puede mirarse y admirarse también desde este punto de vista puramente lírico," afirma Cansinos); del hecho en su misma manifestación social ("Lo social tiene una amplitud humana que confiere a su emoción calidad religiosa, pues el problema del Mundo vale tanto como el del Ultramundo, y la Humanidad equivale a Dios")[10] y en su desnuda epifanía ontológica: "Lo que caracteriza al escritor verdaderamente actual—por no decir moderno—es esa *aceptación pura y simple del hecho*, situándolo en el lugar que le corresponde *dentro de la fenomenología universal* sin darle

estados, ¿cuál es el objeto de la contemplación o del empeño en cada caso? ¿Cómo se reconcilian o comunican? Y a falta de una mayor precisión en mi planteo del problema; a falta de respuesta y ocasión propicia, permítaseme (a manera de aclaración de mis pensamientos) el recordar la añoranza de Marx por los ideales del caballero y de la santidad medievales, y el celo bucólico de su mensaje: labrador de día, pastor por la tarde; que me trae a la memoria con distinta tonalidad aquellas palabras de Unamuno cuando dice que Dios no pudo condenar al hombre al *trabajo*, "*porque el trabajo es el único consuelo práctico de haber nacido*" (*Del sentimiento trágico*, Cap. XI; he subrayado); Unamuno, para quien *el hallazgo de la necesidad divina es segregación del verdadero reducto de la conciencia social* (perpetuación de la *res*; y Sender, no menos a lo Spinoza que Unamuno, dice en algún lugar que lo primero es sostenerse y después andar). Lo cual, a su vez, parece vislumbrar esa equivalencia de Mundo y Ultramundo que baraja Cansinos. En fin, que Carrasquer sabe muy bien que Sender sabe (y que él concuerda en ello) que el hombre es también presencia que hay que nombrar "*et faire briller a nouveau [comme] la maison, le pont...*" a menos que se trunque su *vocación "d'habiter poétiquement la terre"* (en 'Iman' y la novela histórica, p. 272). Y esta vocación, "estrictamente" hablando, ¿informa a la reivindicación social, o es ajena o contraria a ella? Para Unamuno, ésta de la vocación—aun a escala individual y en el orden "productivo"—es la cuestión social "por antonomasia." Y, si aún se me tolera, recordaré cómo la noción del *hombre nuevo*, de conocida raigambre paulina, ha prendido en las revoluciones sociales de nuestros días; el estadista habla de la Nueva Jerusalén con ecos de la ciudad agustiniana (Julius Nyerere); y los teólogos cristianos, del cumplimiento del reino en este mundo. Algo queda por cerner en la obra del aragonés o en la orientación de su crítica; tal vez mucho e importante; y yo no sé de otro cedazo para esta necesaria criba que el de un Lukács con su Adorno (un Hauser, por ejemplo). Ya en 1908 probó Trotsky ("Tolstoy: poeta y rebelde;" en traducción) hasta dónde se puede llegar por estos caminos, sin restarle la menor resonancia a las concavidades del alma; allá: por las galerías del corazón de la Yasnaya Polyana. Las objeciones de Blanco Aguinaga y sus colegas al hombre "universal" de la concepción senderiana otean los mismos derroteros; pero lo difícil es desentrañar la necesidad histórica en la conciencia que articula estas concepciones.

[10] Cansinos, "Apreciación literaria" y "La novela social, II," en *In memoriam*, pp. 55 y 45 respectivamente.

honores de magna fiesta ni de catástrofe extraordinaria..." (he subrayado).[11] No sorprende así que Cansinos reduzca el novelar y el mismo *Siete domingos rojos* a una operación y fórmula tan escuetas como las que siguen: "El novelista moderno ha de poner un mínimum, de fantasía y un máximum de sensibilidad [sic]... La novela de Sender es un reportaje elevado a la categoría épica."[12]

¿Cuál es la mayor concreción alcanzable de ese "hecho" que busca el novelista tras la acción de sus personajes, en las pasiones que los mueven, los gestos con que se expresan y, en fin, el aire humano con que informan el medio físico por la virtud de su presencia?

En el Prólogo (p. xi) de *Los cinco libros de Ariadna* (New York: Ibérica, 1957); esto es, veinticuatro años después de la publicación de éste otro, Sender escribe todavía: "Los anarquistas son los que me parecen más cerca de mí. Individualmente prefiero al inocente iluminado." Pues bien, la realidad más chocante de esos anarquistas, tan repetidamente tratada a lo largo de su creación, es la que se busca ya en *Siete domingos*. Y lo chocante de estos seres—nos dice el autor—es "la generosidad y el exceso de sí mismos," el "alcance sentimental e individualista" y la riqueza humana de sus sueños de libertad, bien y justicia (pp. 7 y 8).

Obediente a este impulso se inicia la obra. Y se entra en ella por los espacios de dos arquitecturas; dos coreografías en contraste y cargadas de presagios que anuncian la irreconciliabilidad de sus ecos. Una, la de las cámaras del Congreso; otra, la del mitin obrero. Aquélla, de voces muertas, gestos desposeídos y formalismos frívolos; Leoncio, uno de los revolucionarios, es el colador de esta experiencia:

> Todo era rojo y amarillo. Miré a ver quien mandaba en aquello y fui a uno que dicen que era presidente de la Cámara—a aquel salón le llaman Cámara—. Le pregunté qué significaba aquel acto, se puso muy serio, me observó como cuando las mujeres no quieren nada de uno, y por fin me dijo que era "la apertura de Cortes." Yo le hubiera preguntado más cosas, pero iba vestido todo de negro y blanco, igual que en los escaparates de las sastrerías y parecía que si le hacía una pregunta más le iba a manchar la pechera (pp. 13-14).

---

[11] Rafael Cansinos Asséns, "Ramón J. Sender y la novela social, I" (1933), en *In memoriam*, p. 39.

[12] Rafael Cansinos Asséns, "Ramón J. Sender y la novela social.—'Siete domingos rojos' (1932).—Inducción de una filosofía" (1933), en *In memoriam*, p. 51.

Frente a esta visión de marionetas, el entusiasmo viril del mitin obrero, que se transmite a los elementos materiales y en su vibración quedan fundidos:

> Una buena viga, hija de los altos hornos de Vizcaya[,] templada bajo los martinetes ágiles... Robusta de músculo[,] no se "enterará" [ausencia del mal de la conciencia] de que se instalan sobre ella unos millares de trabajadores. El eco de los discursos y de las ovaciones llegará a su entraña y la hará vibrar de contento.... Para el burgués aquello siempre será el teatro.... Para las vigas y las maderas, las columnas y los fustes, aquello es una coordinación de fuerzas que forma una combinación parecida a la popa de un barco.... Madera, hierro y cristal, hallan hoy en la mañana soleada su espíritu: el mitin (pp. 19-21).

El partidismo que insinuaran estas descripciones, se deshace tan pronto como descubrimos los signos de valoración que acompañan a los héroes. Es cierto que el heroísmo es privativo del lado revolucionario, y no podía ser de otra manera sin incurrir en grave error o riesgo; pero el sello heroico tiene muy poco que ver con las filiaciones. Curiosamente, la piedra de toque que determina el talante heroico es la misma que decide el destino de las cabezas en aquella otra obra, de 1934—*La noche de las cien cabezas*: la referencialidad de las conductas, esto es, la enajenación, o—sus productos—las distintas formas del resentimiento y atonía humana. Tratándose de una situación de lucha de clases, como es la que se vive en la novela, reviste particular importancia el discernir si el comportamiento heroico viene determinado por un movimiento de la envidia, o si obedece a impulsos más generosos del hombre; si se sigue la voz del *ser*, o si se es movido por el afán *imitativo* del *tener*—tanto como el otro (enajenamiento de la comparación.[13]

Un examen somero de la caracterización de los héroes de *Siete domingos rojos*—los anarquistas Espartaco, Germinal y Progreso—o de sus antitéticos dentro del mismo medio revolucionario—el indeciso y obstaculizador Murillo y el traidor Fau, por dar unos ejemplos de cada lado—revelaría pronto un criterio de selección de virtudes que se

---

[13] Se lee en *La noche de las cien cabezas* (Madrid: Pueyo, 1934): "¡Que nuestros actos sean lo único que influye en nuestro espíritu! Y que sean actos humanos, simples y universales" (p. 203); y en *Siete domingos rojos*: "Las obras de nuestro esfuerzo son nuestros auténticos hijos y los sentimientos hay que enfocarlos hacia la eficacia de la obra desinteresada, no hacia la mujer y el hijo y los cinco reales" (p. 24). Muy "quijote," todo esto.

hunde en principios tan alarmantes como los que se esconden tras aquel lema anarco: "La justicia *no es un fin*. Es una bandera" (p. 26; he subrayado. Alarmantes, por el desafío que representan para la *praxis* revolucionaria, y por el desprecio que suponen a la cuestión de los condicionamientos objetivos de la lucha.) Yo me limito a situar en el contexto o perspectiva que aquí se ha establecido—la del sentido total de la obra—la caracterización de uno de estos héroes (heroína), Star.

Si olvidamos la atrevida semblanza teresiana de *El Verbo se hizo sexo* (1931), Star es el primer personaje femenino auténtica y estrictamente senderiano. Su trayectoria "cómica"—de sainete de los nuevos tiempos (espíritu de la comuna)—la dejó magistralmente trazada Cansinos en sus breves ensayos. Leer esas páginas me produce no poca zozobra cuando me acerco a las mías.

Sender hurga lo sublime en todas las formas no adulteradas del alma, y tal vez en esta limpieza resida la razón del contacto que denoto entre la joven anarquista y la Ariadna de *Los cinco libros*. Son una manera—estas palabras—de anticipar mi pensamiento y amortiguar el escándalo que pueda producir. Ciertamente, de los tres personajes femeninos que aparecen en *Siete domingos* (Emilia y Amparo los otros dos), Star es la que más se le aproxima. Mítico es el nombre de la una; de alusión cósmica, el de la otra; y como para desbrozarlo a este último de la inmediatez de mundanas connotaciones, se lo alejó de la onomástica castellana (Estrella) sustituyéndolo por la inglesa (Star), que además le prestaba en sonoridad onomatopéyica la moción continua de la sibilante, la explosión de la oclusiva y la apertura oscurecida y resonante de la vocal modificada, todo ello en unidad silábica. ¿O se intentó, por el contrario, convocar con este transplante aquellas impurezas, para luego "desrealizarlas" en el contraste de su personificación? El efecto último sería el mismo. Claro que Sender, gustador del disimulo cervantino, disuelve muy oportunamente todas estas pretensiones y las reduce a una cuestión de motes; Star o Estrella tenía o no tenía nombre hasta que la apodó su padre con el de la inseparable pistola, una *star*. No hay, pues, metáfora sino—a lo más—una metonimia accidental y distraída. ¿O acaso pasa el traslado metafórico por el metonímico? "Hay que aceptar que el poeta sabe siempre lo que hace," escribe el propio Sender en su *Valle-Inclán y la dificultad de la tragedia* (Madrid: Gredos, 1965), p. 129. Ese otro personaje de serrana arcipres-

---

[14] Rafael Cansinos Asséns, "Ramón J. Sender y la novela social.—'Siete domingos rojos' (1932).—Figuras representativas, Star García y Lucas Samar,III" (1933), en *In memoriam*, pp. 46-48.

tal (Emilia—¿acaso también distante metamorfosis rusoniana?), que, sustituyendo la honda por la pistola, surge tempestuosamente por los campos—Pan femenino—en recuesta de ayuntamientos, es la vertiente y el contrapunto grotesco-realista de la misma infinalidad que anima el misterio erótico de Ariadna (y la acción de Star), por más que a una se le encubra en el pretexto de unos lienzos, como a la otra en la progenie. Si la justicia no es un fin y en la simiente no hay intenciones, todo vive a la intemperie del momento, que, sin embargo, no parece estar carente de imperativo propio. Amparo, la Amparo burguesa (para no desposeerla del formidable caudal de su ser entero), cristalización espiritualizada de descargas más elementales, es el cumplimiento negativo y forzado de las otras tres; buscando refugio y posesión permanentes, termina en la autodestrucción; camarada de Espartaco tras la muerte (y, sin quererlo, por inevitable paradoja, en la misma muerte); redimida así en la historia con su muerte o por su *muerte en* la historia, el potencial trágico y liberador de su vida se derramó en los cauces del melodrama.[15] El paralelo más apropiado de Star, sin embargo, tal vez sea—*mutatis mutandis*—el personaje doctoral de las novelas de la tesis en gitanería—Nancy; con lo cual termino incidiendo en la apuntada caracterización de Cansinos: frescura y oreo de sainete; más sombrío y volcánico—de revolución en trance—el primero; de seguridades logradas, asimiladas y en cuanto tales olvidadas, el segundo; pero en ambos casos, buen sainete: de solapadas trascendencias; de aquí mis reservas y puntualizaciones. Y, ya dichas estas cosas, agregaré que cabe anotar una cierta hermandad teresiana en sus almas: ese espacio despreocupado—de abandono—que en la santa de Avila es el de la confianza divina.

Dentro exclusivamente del mundo heroico de *Siete domingos rojos*, Star es en mi sentir quien mejor personifica la entelequia humana de la creación de Sender: la existencia en el trascender de la roca o el árbol; el olvido de sí misma; la entrega, sin nociones diferenciantes, a la acción comunitaria; la libertad de dictados ideológicos y "resabios mazdeístas." Y es asimismo el personaje en que se puede identificar por primera vez con toda nitidez ese "caos, belleza y orden" que—en palabras de Julia Uceda—constituyen "las tres dimensiones esenciales de la realidad en la obra de Sender,"[16] y ese bullir de las trascendencias

---

[15] Véase Rafael Cansinos Asséns, "Ramón J. Sender y la novela social.—'Siete domingos rojos' (1932).—La dulce y brava figura de Amparo, IV" (1933), en *In memoriam*, pp. 49-51.

[16] Julia Uceda, "Realismo y esencias en Ramón Sender," *Revista de Occidente*, 28, No. 82 (enero 1970), 39.

de que hablan los críticos, o, como yo prefiero decir, ese proceder de los arcanos y a ellos retornar, que es en lo que para mí consiste la trascendencia en Sender.

Gran buzo de interioridades, Samar configura la de esta "primitiva"—no simple—criatura en rasgos que concuerdan con los de sus propias revelaciones. De una o de la otra manera, la sustancialidad de los actos y figura de Star se transfiere a sugerencias visuales y auditivas de fenómenos tan primarios como el de la decantación de las mezclas físicas, la geminación biológica, o la rudeza de los estados amorfos de la materia. Y desde la plasticidad de estas imágenes se le transmite al lector la impresión de que el alma de Star se desprende en maduros frutos o recios precipitados, o en las apretadas coherencias de los sólidos. Así, al verla realizando la colecta para las familias de los obreros encarcelados o en paro, comenta Samar: "[L]a piedad se hacía en ella estatua, se consagraba en mármol" (p. 25). La sima insondable que alimenta su mundo emocional, rebosa a la muerte del padre (Germinal) en ese sublime derrame apocalíptico que, por el alcance de la intuición y la virtud filial, sostiene en los bordes de una misma vibración esférica la suerte libertaria y los espasmos más remotos del firmamento; es la "lírica corpórea" de que nos habla Carrasquer y que se repite luego en las revelaciones de la intimidad de Saila y tantas otras: "Yo lo oigo [la referencia a la muerte paterna] como si de pronto me dijeran que se desgajaba el universo encima de nosotros y me lo dijeran cantando y con una dulce melodía" (p. 208).

Aquella "dulzura idílica" del crítico inglés no es accidental en la novela. Los signos de la realidad cambian sus valoraciones comunes en las palabras de Star, y el corazón se siente transportado a un nuevo orden donde todo es libertad, humildad y benevolencia en el riesgo absoluto, y a pesar de las pistolas. O con ellas; porque, en la expresión del "real absoluto," como en la justicia poética, un arma puede no ser sino la extensión digital del más luminoso argumento. Todo habla en Star de una familiaridad con los fondos del Ser o—más humildemente dicho—con las fuerzas de la vida: su misterio y capacidad de discernimiento; las delicadas resonancias de su naturaleza femenina; su comunión con las cosas:

> Lo veo, a Samar, entristecido y para consolarlo le digo que a lo mejor mañana a esta misma hora es él quien pasa en el mismo furgón [de la muerte] y con la misma dirección [el cementerio]. Parecerá mentira, pero eso le consuela... Le debo parecer bonita. No se decide a decírmelo pero yo lo adivino. El se da cuenta de que

lo he adivinado y como quien cierra los ojos y se tira al agua me dice:
—No quisiera marcharme sin haberte dado un beso.
Yo me detengo, me pongo de puntillas y le ofrezco los labios....
....
Yo lo curaría si se dejara, pero no es de los que se dejan. Me arrastraría con él yo no sé adónde. Le pregunto:
¿Por qué me has besado?
....
Calla.... En vista de eso, me callo. Pero lo curaría.... ¿Cómo? No lo sé. Estando a su lado. Si me arrastrara consigo no me importaría. Y si nos estrellábamos al final, tampoco. Sólo al pensarlo siento que la cabeza se me va como cuando bajaba por la pendiente en las montañas rusas (pp. 208-210).

Star cautiva al lector. Y lo cautiva a la manera del Sender más grande: remontando las corrientes subterráneas de la vida hasta el infinito. "Leyendo a Sender"—dijo Angel Samblancat hablando de este libro—"siempre se tiene la sensación de que se le tocan a la vida las entrañas."[17] Star, como ningún otro personaje de esta novela, despierta tal sensación. No extraña que se gane la simpatía de todo crítico, pues como uno de ellos ha dicho, "no se puede sino amarla aunque conlleva la muerte."[18] De Star deriva en no poca medida esa mezcla de terror y belleza que Theodore Purdy ve emanar de los personajes de la novela, y ella personificaría, como ningún otro, ese fervor medieval que el mismo crítico ha definido como un estado de "éxtasis cínico por amor a *algún* [*some*; ¡subrayo!] ideal político o social."[19] En Star se cumple, en fin, esa imagen con que W. Plomer caracterizó la obra al decir que era un "poema de la violencia."[20] Extasis, tal vez, pero en el ajetreo del mundo; cinismo, no lo veo; violencia, sí, pero no mezquina ni gratuita. Los distingos de Cansinos siguen vigentes con todo el peligro que representan para la anfibología de la violencia: "La caja cerebral del hombre ... está necesitada de esa limpieza que se hace periódicamente en la colmena.... En el fondo los

---

[17] "Sender (Ramón J.)," Enciclopedia Universal Ilustrada (Madrid: Espasa-Calpe, 1933), Apéndice 9, p. 1231.
[18] "A Novel of Modern Spain," *Times (London) Literary Supplement*, May 2, 1936, p. 367.
[19] Theodore Purdy, "A Novel of the Madrid Anarchists," *Saturday Review of Literature*, September 26, 1936, p. 5.
[20] William Plomer, p. 850.

pistoleros de Sender son unos hombres piadosos que quieren poner fin rápidamente a una agonía."[21]

VIRGINIA COMMONWEALTH UNIVERSITY

---

[21] Cansinos, "Inducción de una filosofía," pp. 53-54.

Evocación mágica y terror fantástico en dos obras de Sender
Materiales para un posible capítulo de una historia de la novela española

RODOLFO CARDONA

I

AL ESTUDIAR la novela española de la posguerra la tendencia, tanto del crítico como del historiador de la literatura, ha sido la de separar lo escrito por españoles dentro de la península de lo escrito, también por españoles, pero en el exilio. El libro de Marra López[1] ya estableció la categoría de la literatura española fuera de España. Es posible que haya alguna justificación al hacerlo ya que alguna de esta literatura del exilio no empezó a circular libremente dentro de la península sino hasta mediada la década de los 60. Sin embargo, mucho de lo que escribieron españoles fuera de España corresponde a un impulso y a tendencias ya bien establecidas en estos escritores antes de su exilio, y muchas de sus obras están condicionadas por los mismos sucesos históricos que afectaron a escritores dentro de España.

Algunos de los escritores de posguerra en el exilio sirvieron de transición entre la novela española de entreguerras y la novela hispánica de la posguerra—y en ésta incluyo la producida por escritores

[1] José R. Marra-López, *Narrativa española fuera de España, 1939-1961* (Madrid: Guadarrama, 1963). Un año antes, sin embargo, Juan Luis Alborg publicó el segundo tomo de su *Hora actual de la novela española* en el que ya se ocupaba de algunos de estos novelistas en el exilio. Ver nota no. 7.

hispanoamericanos. Por ejemplo, Ramón Sender y Ramón Gómez de la Serna, en cuya obra encontramos lazos de unión con ciertas tendencias que empiezan a aparecer durante la posguerra en novelistas españoles e hispanoamericanos. En esta ocasión, he escogido al primero, para destacar algunos aciertos que he encontrado en sus primeras novelas del exilio y que apuntan a tendencias posteriormente desarrolladas por la novelística hispánica. También me ha parecido necesario hacer justicia al hecho de que gracias a la prolífica pluma de este escritor continuó vigente en la conciencia del mundo literario fuera de España durante los primeros años de la segunda guerra mundial la existencia de una novela española en esos difíciles momentos, y la persistencia de la larga tradición que este género ha tenido en tierras de España.

En este aspecto debemos tener en cuenta que el mismo año en que terminó la guerra civil en España aparecieron en México las novelas de Sender *El lugar de un hombre* y *Proverbio de la muerte* (más tarde *La esfera*); que al año siguiente publicó, también en México, nueve relatos con el título de *Mexicayotl*; y, por último, que el mismo año en que se publicó en España *La familia de Pascual Duarte*, mencionada en todas las historias de la literatura española como la primera novela de la posguerra, se publicó, también en México, *El epitalamio del Prieto Trinidad*. Es sobre estos textos que deseo llamar la atención ya que en ellos creo encontrar elementos narrativos que más tarde encontrarán su máxima expresión en novelistas hispánicos posteriores a este momento inicial de la posguerra.

II

Trataré primero de encuadrar a Sender dentro de su generación para ver qué rasgos en común guarda con ésta y en qué aspectos se separa de sus contemporáneos.

Sender, junto con Ayala, Aub, Arderíus, Antonio Espina, José Díaz Fernández y César M. Arconada, es el más joven de esta generación que sigue a la de escritores como Jarnés y Ramón Gómez de la Serna, que son del 88. Sender y Díaz Fernández son los únicos que empezaron su carrera de novelistas a contrapelo de esa generación de narradores que quisieron poner en práctica las ideas expresadas por Ortega en *La deshumanización del arte* muy a pesar de su maestro quien, con muy pocas excepciones, nunca aplaudió esos intentos. Bien es cierto que todos esos novelistas que he mencionado, con la posible excepción de Antonio Espina, cambiaron más tarde de dirección: Ayala el año 44 con su relato "El Hechizado;" Aub, con *El laberinto mágico* y su serie de

Campos, hacia el año 1942; Arderíus, más temprano, en los años de la República, con sus novelas *Vida de Fermín Galán* y *Campesinos*; y Arconada, el año 30, con *La turbina*.

Díaz Fernández y Sender rompen el fuego los años 28 y 30, respectivamente, con dos novelas basadas en sus experiencias personales en Marruecos: *El blocao* e *Imán*, ambas precursoras de la literatura testimonial que había de surgir de nuevo en la península después de la guerra civil. Estas dos novelas ofrecen un lazo de unión con las primeras novelas publicadas en España una vez terminada la guerra civil; con novelas como *La familia de Pascual Duarte, Nada*, y otras que siguieron una línea "tremendista" ya claramente iniciada por Sender con *Imán* y continuada luego, en los años 39 y 42 respectivamente, con *El lugar de un hombre* y *Epitalamio*.

Ese tipo de narración testimonial, que apareció en España hacia 1930, contrastaba claramente con la narración que se escribía por entonces en España y que Ayala ha caracterizado en su "Prólogo" a "La cabeza del cordero," en el volumen de *Mis mejores páginas*, de la siguiente manera:

> ... relatos deshumanizados, cuya base de experiencia se reducía a cualquier insignificancia vista o soñada, desde la que se alzaba la pura ficción en formas de una retórica nueva y rebuscada cargada de imágenes sensoriales. ¿Quién no recuerda la tónica de aquellos años?.... Todo aquel poetizar florido, en que yo hube de participar también a mi manera, se agostó de repente; se ensombreció aquella que pensábamos aurora con la gravedad hosca de acontecimientos que comenzaban a barruntarse, y yo por mí, me reduje al silencio.[2]

Silencio que Ayala, come he dicho, rompió el año 44.

Tenemos pues, que Sender no sólo ofrece ese lazo de unión entre su obra de esos años de preguerra (*Imán, O.P., Siete domingos rojos, Viaje a la aldea del crimen, Mr. Witt en el cantón*, todas publicadas dentro de España entre los años 1930 y 1935), sino que durante los años de silencio dentro de la península—hasta que en 1942 se rompe con *Pascual Duarte*—es Sender quien continúa publicando desde el extranjero, recogiendo él mismo, desde el otro lado del Atlántico, el hilo de la novela española. Así, el año 39, el mismo de la derrota de la República, sale en México su novela *El lugar de un hombre*, cuya importancia y oportunidad deseo comentar brevemente.

---

[2] *Mis mejores páginas* (Madrid: Gredos, 1965), pp. 8-9.

III

"En 1939 ya se podía afirmar que el pensamiento informador de la novela había cambiado totalmente, que el arte de entre-guerras había sido liquidado y que el signo estético que lo estructuró dejaba ya paso a preocupaciones morales y metafísicas, religiosas y sociales, que antes se mantenían en segundo término."[3] Estas palabras de Domingo Pérez-Minik pueden aplicarse plenamente a la novela *El lugar de un hombre* que apareció ese mismo año.

En esta novela Sender nos propone que todo hombre, por más insignificante que sea su origen y el medio en que desenvuelve sus actividades, por más que su existencia llegue a parecerle—tanto a sí mismo como a sus prójimos—un cero a la izquierda, cuenta, y cuenta por mucho más de lo que nadie hubiera podido creer o imaginarse.

El lugar de un hombre es no sólo un testimonio contrario al de cualquier deshumanización, sino que, y esto es aun más importante, se planta como una acusación ineludible ante la sociedad—de cualquier momento y de cualquier clima político—que trata de envolver y aniquilar la identidad individual de cada uno de nosotros. Ninguna ideología política o social tiene el derecho de sacrificar a ningún individuo por el bien de la colectividad, es lo que trata de decirnos Sender; a la vez que nos muestra, dramáticamente, que nadie, ni el más tonto de los hombres, puede pensar que lo que él hace con su vida es cosa suya: en la más pequeña comunidad el movimiento de una de sus partes, por más pequeña que sea, afecta al todo. Pero el tema va más allá, como apuntó Fred T. Marsh en su reseña del *N.Y. Times Book Review*:

> The theme, outside the pattern of cause and effect, is concerned with the conception of justice, the sins committed in its name, the retribution it may exact, the suffering, rebellion and hope that the noblest but often the most self-contradictory (for justice for one may cause injustice to another) of conceptions brings in its train.[4]

Debemos tener en cuenta la fecha, mencionada ya tantas veces, de la publicación de *El lugar de un hombre*: 1939 (la traducción al inglés es del año 40), fecha en que se inicia la segunda guerra mundial que dio lugar a los horrores del nazismo y a los monstruosos sacrificios humanos perpetrados por estos años en nombre del "orden público," o de la

---

[3] *Novelistas españoles de los siglos* XIX y XX (Madrid: Guardarrama, 1957), p. 232.

[4] "Ramón Sender's Novel of Old Aragon," *New York Times Book Review*, November 3, 1940, p. 8.

"solución final." Como es bien sabido, la novela está estructurada alrededor de un incidente: la desaparición de un hombre insignificante dentro de su comunidad a quien precisamente por razón de esa misma insignificancia le "da un barrunto," como él dice, y decide irse a vivir con los animales de los bosques.

Pero es precisamente a causa de su ausencia cuando su presencia trascendente se manifiesta—tema sartriano *avant la lettre*. Es decir, que la ausencia de Sabino, que así se llama el individuo, se convierte en una presencia real que afecta las vidas de todos los miembros de su comunidad. Torturas, muertes, enfermedades, duelos, incendios, motines políticos, todo esto ocasiona la ausencia temporal del más insignificante miembro de una comunidad en la cual, si hubiese continuado existiendo, posiblemente se habría muerto o de hambre o de tristeza.[5] Aun el acto gratuito de un insignificante personaje puede traer consecuencias de una seriedad increíble. Después de todo el hombre *no* es libre socialmente.

Cuando se levanta el proceso que se ha iniciado a causa del acto gratuito de Sabino, vemos cómo poco a poco se va manifestando la máquina inhumana de la justicia en todas sus dimensiones absurdas. Circunstancias casuales, actos sin importancia, detalles gratuitos, todo va encajando como piñones en una maquinaria monstruosa que recuerda a Kafka. El ambiente absurdo de la novela sería perfecto si el sufrimiento del que somos testigos presenciales no fuese tan real, metiéndonos sin remedio en el ambiente de una tremenda realidad. A través del proceso vemos cómo triunfa "la mentira," porque la mentira repetida incansablemente adquiere valor y peso de *verdad*.

Al mencionar aspectos de esta novela he utilizado conscientemente una terminología que surgió años más tarde en el mundo europeo de la posguerra (la ausencia inmanente de Sartre, el acto gratuito de Camús, el proceso absurdo de Kafka, la realidad tremenda de Cela).

En efecto, *El lugar de un hombre* continúa esa veta *tremendista* que se encuentra en Sender desde su primera novela. Sólo que en la que nos ocupa ese tremendismo se adhiere aun más a las normas que los críticos definieron más tarde al analizar las novelas escritas en España

---

[5] Recientemente la directora de cine Pilar Miró utilizó el mismo incidente histórico novelizado por Sender en *El lugar de un hombre* para rodar una película "documental," *El crimen de Cuenca*, que fue secuestrada por el gobierno español en la época de Suárez. Es curioso que la España democrática postfranquista pueda sentirse aludida por torturas cometidas por la Guardia Civil hacia comienzos de siglo.

durante la posguerra y que merecieron ese epíteto. Veamos cómo define Julian Palley el *tremendismo* de Cela:

> ... a kind of emphatic realism that accentuates the sombre aspects of life, with cruelty and violence in the foreground of man's relations, and with an atmosphere of boredom and anguish. "Tremendism" underlines negative aspects of life—cruelty, suffering, death, anguish, nausea, boredom—and neglects the positive values.... it concerns itself with man's spiritual anguish... and with the individual rather than the mass.[6]

Y añade que el *tremendismo* gozó unos momentos de gran popularidad en España porque resumía en una palabra la versión española del existencialismo europeo.

Todo esto que Palley describe lo encontramos en novelas de Sender anteriores a las que dieron lugar al nacimiento de este término en la península.

IV

El año 1957 marca el principio del "deshielo" en cuanto a la censura en España pues por primera vez puede comentarse en libros y revistas de crítica literaria la obra de escritores españoles en el exilio, aunque las obras mismas no aparecerán hasta más tarde. Durante este año se publica el libro de Domingo Pérez-Minik *Novelistas españoles de los siglos* XIX y XX que dedica cuatro páginas a Sender; Sáinz de Robles en su *La novela española en el siglo* XX, también del mismo año, dedica unos párrafos a Sender; y por último, José María Rodríguez Méndez escribe un breve comentario a la novela *El rey y la reina* en las páginas del número de *Cuadernos hispanoamericanos* correspondiente a junio de 1957. Quitando los artículos de Angel del Río y de Andrés Iduarte, publicados en los años 1936 y 1942 en *Revista Hispánica Moderna* de Nueva York, la obra de Sender pasa en silencio dentro del mundo hispánico de esos años hasta que en 1962 aparece el segundo tomo de *Hora actual de la novela española* en el que Juan Luis Alborg le dedica a Sender el primer estudio jugoso de sus novelas escrito en español.[7] Mediada la década de los 60 empezamos a encontrar, con bastante regularidad, artículos sobre las novelas de Sender en revistas y periódicos de España, corres-

---

[6] "Existentialist Trends in the Modern Spanish Novel," *Hispania*, 44 (1961), 25.

[7] Juan Luis Alborg, *Hora actual de la novela española*, (Madrid: Taurus, 1962), pp. 21-73.

pondiendo a las primeras ediciones de sus obras publicadas en la España de la posguerra a partir, también, del año 65.

En contraste directo con este silencio crítico que sufre la obra de Sender dentro del mundo hispánico, tenemos una copiosa crítica en inglés publicada en los Estados Unidos y en Inglaterra en la que intervienen algunos de los críticos más destacados de esa época quienes comentan las obras de este novelista conforme van saliendo a luz las traducciones de sus novelas: de *Imán*, la traducción británica *Earmarked for Hell* (1934) y la estadounidense *Pro patria* (1935); *Counterattack* en España (1937); *Seven Red Sundays* (1936); *Mr. Witt* (1937); *A Man's Place* (1940); *Dark Wedding* (1943); *Chronicle of Dawn* (1944); *The Sphere* (1949); para mencionar solamente las obras que corresponden al período anterior a su inmigración a los Estados Unidos. Todas las traducciones mencionadas, excepto las dos últimas, salen cuando Sender vive aún en México.

Entre los críticos norteamericanos más notables que comentan sus obras se encuentran Ralph Bates, Herbert Gorman, Alfred Kazin, Louis Kronenberger, Robert Littell, Mark Schorer, Robert C. Stephenson, Diana y Lionel Trilling, más los críticos que se ocupaban de las reseñas de libros en revistas prestigiosas como *The Nation*, *The New Republic*, *Saturday Review of Literature*, *Yale Review*, *Kenyon Review*, etc., así como de las reseñas dominicales del *N.Y. Times Book Review*, del *Chicago Sun Book Week*, etc. Entre los críticos ingleses se destaca por su importancia V. S. Pritchett, pero hay otros de bastante importancia como Goronway Rees y William Plomer del *Spectator*, W. H. Carter del *Manchester Guardian*, Lincoln Croyle del *New Statesman*, y los anónimos que reseñaban las novelas de Sender regularmente en el *Times Literary Supplement* desde el año 34.[8]

No es exagerado afirmar, pues, que Ramón Sender constituyó por sí solo un verdadero *boom* de la novela española en el mundo de habla inglesa de esos años que no se ha repetido sino hasta muy recientemente con los éxitos de crítica que han alcanzado en este país novelistas como Cela, Gironella, Goytisolo, Martín Santos, etc., y, claro, los novelistas hispanoamericanos del *boom*.

---

[8] Debo estos datos a la bibliografía que el profesor Marcelino Peñuelas recogió en su excelente libro *La obra narrativa de Ramón J. Sender* (Madrid: Gredos, 1971), el estudio más completo que hasta este momento se ha publicado sobre este escritor. Remito al lector interesado a otro libro del profesor Peñuelas donde podrá encontrar datos interesantísimos sobre la vida y la obra de Sender. Se trata de *Conversaciones con R. J. Sender* (Madrid: Editorial Magisterio Español, 1970).

V

En 1940 se publicó en México una colección de nueve narraciones fantásticas que, según Sender, constituyen "la definición de la naturaleza virgen mexicana tal como yo la siento" y que son, en realidad, una evocación mágica del México precolombino. En *Mexicayotl*,[9] o canción de México, en la lengua Nahuatl, Sender entra de lleno, por primera vez, en lo que más tarde hemos conocido como "realismo mágico," término que se ha aplicado más corrientemente a la narrativa hispanoamericana. Luis de Leal definió el "realismo mágico" como una posición en que "el escritor se enfrenta a la realidad y trata de desentrañarla, de descubrir lo que hay de misterioso en las cosas, en la vida, en las acciones humanas."[10] En las narraciones de *Mexicayotl* Sender entra, a través de sus protagonistas, que a veces son hombres, otras animales, en el mundo telúrico de lagos, llanos, desiertos, montañas y volcanes, en el que un personaje llega a encarnar el espíritu y la esencia de cada uno de esos accidentes geológicos. Así Tototl, cuyo nombre denota en la lengua indígena el miembro viril, después de una encarnizada batalla en la que ha demostrado su fuerza y coraje, queda impotente de una herida. A consecuencia de su victoria asciende al poder supremo que en su impotencia le lleva al despotismo y a la crueldad. Este motivo lo encontraremos de nuevo en *Epitalamio del prieto Trinidad* en la figura del impotente Careto quien sueña con el poder y aspira a ser "el lobo castrón" que dominará a los cerdos. Tototl acaba destruyendo la comunidad entera. "La gran esplanada quedó desierta desde entonces y desierta sigue hoy, a través de los siglos.... Esa plaza silenciosa, barrida por los vientos, es el centro exacto del valle y en ella nadie ha querido después construir su casa" (p. 57). Así Termina la narración "Tototl o el Valle." Otras narraciones como "Los peces" o "El zopilote" nos hacen entrar en la conciencia de estos animales desde la cual vemos e interpretamos el mundo del hombre y de la naturaleza circundante. En ambos casos notamos la utilización de técnicas que Asturias habría de perfeccionar más tarde en su magistral *Hombres de maíz* y *Leyendas de Guatemala*.

Cuando los críticos norteamericanos reseñaron *Epitalamio del Prieto Trinidad*, novela publicada el año 42 en México y en Nueva York el año siguiente con el título de *Dark Wedding*, uno de ellos, Alfred Kazin,[11]

---

[9] *Mexicayotl* (México: Quetzal, 1940).

[10] "El realismo mágico en la literatura hispanoamericana," *Cuadernos Americanos*, 153 (1967), 232.

[11] "The Beast in the Jungle," *New Republic*, April 5th, 1943, 451-52.

fue el primero en destacar y tratar de ubicar, dentro de las normas literarias del momento, la veta fantástica de esta novela. Me voy a permitir una cita, tal vez un poco larga, pero que vale la pena dada la importancia de este crítico y los aspectos que él destaca, sobre los que a mí me interesa volver para resaltar el "realismo mágico" de Sender:

> ... the element of fantasy in the book (which is extraordinarily dense and not easy to describe) *expresses* the convolutions of the human spirit in its effort at self-knowledge, in its need of the ideal... What Sender seems to be saying, then, is that it is not the capacity for evil that is so great in man, but his capacity for masquerade. The Freudian dream is only one moment in the dream of life; it is only an intermittent release, a moment's content; the dream goes on, is what we call *reality*; we are forever climbing its ladders...

Más tarde añade:

> ... The idea [Sender] presents is more dramatic, even *more visible*, than the scenes and characters that project it.... he is like the Surrealists, and shares their aridity, to this extent: what he gives us is more the idea of fantasy than its concreteness.

Es normal que Kazin tenga que recurrir al Surrealismo para tratar de explicar algo que es, en realidad, muy distinto y que para los años 40 era todavía desconocido en los Estados Unidos en el campo de la literatura.

Como sabemos hoy muy bien, la expresión "realismo mágico" la utilizó originalmente Franz Roh para denominar un tipo de pintura postexpresionista que buscaba una nueva objetividad—*neue Sachlichkeit* la llamó su primer teórico Roh en su artículo *Magischer Realismus*, publicado en 1924[12] (*Revista de Occidente* publicó una traducción al español de Fernando Vela en 1927). Gonzalo Sobejano define el "realismo mágico" como "una nueva objetividad que trata de apresar la esencia de lo real en la extrañeza de ciertos objetos misteriosamente puestos de relieve..." Esta definición se ajusta tanto a la pintura de un Otto Dix, de un Anton Raderscheidt, de un Franz Radziwill, para hablar de contemporáneos de Roh, o de un Henry Koerner, para mencionar un pintor contemporáneo nuestro, como a algunas narraciones de Cortázar o de García Márquez (a pesar de ser tan distintos estos dos escritores).

---

[12] Franz Roh, *German Art in the 20th Century* (Greenwich, Connecticut: New York Graphic Society, 1968).

Las invenciones de más efecto utilizadas por Sender en *Epitalamio* son de carácter visual, casi pictórico, como la de la piel hinchada del Prieto Trinidad que han hecho los indios después de curtirla y de hacer una bolsa que inflan como un globo.[13] Además del efecto que produce esa presencia del dictador muerto y sin embargo ahí presente, aunque desfigurado, la piel hinchada de Trinidad produce un efecto de unidad misteriosa apareciendo aquí y allá en los diferentes lugares donde los indios la ponen. Y ya al final, cuando la Niña Lucha y Darío están a punto de escaparse de la isla, la joven ve, tirada en el suelo, la máscara de una cara humana que es lo único que queda de la piel de Trinidad, y, sin reconocerla, pregunta, "¿Qué es esto?" tenemos entonces, como apunta Kazin, "the real substance of the story, the search for the human identity, and it explains why the parable... is only the framework of the story. For the book consists predominantly of dream-like sequences, curious twisting episodes in violence, that do give it an order of its own."

Es curioso, pero hasta cierto punto comprensible, por lo que queda dicho, que *Epitalamio* haya sido comparada, guardando las distancias, con dos obras de Shakespeare cuyo asunto y desarrollo tienen algo de "evocación mágica" y de "terror fantástico." Me refiero a *King Lear* y a *The Tempest*. En una reseña publicada en *The Nation* en abril de 1943, el notable crítico Lionel Trilling[14] escribió:

> Perhaps the comparison will seem extravagant and certainly it is bitterly unfair to an admirable if not wholly successful book, but there are many elements in *Dark Wedding* which brought *King Lear* to my mind. Both works are concerned to show man as naked as possible; both have a plethora of madness...; both are pervaded by the themes of justice and both involve justice with sexuality; in both there is a dominant sense of the horror of nature (of creeping, crawling and decaying things) as well as of the terror of nature; and both constantly question whether nature is good or

---

[13] En Bernal Díaz leemos que los aztecas, habiendo cogido prisioneros algunos de sus compañeros, éstos fueron sacrificados; después de sacarles el corazón para ofrecerlo a sus ídolos, dejaban rodar los cuerpos hacia la base de la pirámide donde los carniceros les cortaban brazos y piernas para comerlos y la cabeza. Con ésta hacían lo siguiente: arrancaban cuidadosamente la piel de la cara junto con el cuero cabelludo, la curtían y hacían una máscara que podían luego ponerse como un guante. Vemos, pues, que Sender tomó este detalle de la realidad histórica y no es ninguna invención "surrealista."

[14] "The Lower Depths," *The Nation*, April 24, 1943, 603-04.

bad; in both love in its perfection (Cordelia in *Lear*, the virgin-widow in *Dark Wedding*) is true salvation, in its perversion (Goneril, Regan; the mad convicts), the source of evil.

Conclusión

Espero que haya logrado mostrar, como historiador de la literatura española del siglo XX más que como crítico literario, que es necesario salvar gran parte de la producción literaria de Ramón Sender de la confusión en que el propio autor la sumió al escribir narraciones de circunstancia (las novelas de Nancy, por ejemplo), que no son de la talla de las aquí discutidas.[15] Es hora de volver a estas novelas a que yo me he referido para estudiarlas con la atención que se merecen y con las nuevas perspectivas que la crítica moderna ha puesto a nuestro alcance. Y, sobre todo, es necesario integrar la producción literaria del novelista en el exilio dentro de un estudio conjunto de la novela española de este siglo en el que podamos ver claramente cómo van encajando ciertas tendencias dentro del todo.

BOSTON UNIVERSITY

---

[15] Hay que tener en cuenta la dificultad del novelista en el exilio, que vive en un medio totalmente ajeno a su cultura aun en ciudades hispanoparlantes como Albuquerque y Los Ángeles. Las posibilidades son limitadas: puede escribir obras cuya inspiración reside en las memorias del autor (toda la serie de novelas de Pepe Garcés y otras muchas; novelas históricas (*La aventura equinoccial de Lope de Aguirre, Carolus Rex*, etc.); o novelas de su experiencia docente en los Estados Unidos cuyos temas, comparados con los de sus novelas de ambiente español, son de menor interés y aun pueden carecer de importancia. La confusión que este problema presenta al crítico que maneja el corpus de la obra literaria de Sender es comprensible.

Réquiem por un campesino español and the Problematics of Exile*

Malcolm Alan Compitello

RECOGNIZED AS ONE of Ramón Sender's major literary achievements,[1] *Réquiem por un campesino español* is among the best narratives of Spain's post-civil war period.[2] This essay reevaluates the text using a socio-poetic model elaborated elsewhere.[3] A study employing this method demonstrates that the novel's aesthetic organization is mediated by the experience of the exile of those of Sender's generation who were forced to flee their homeland as a consequence of the Spanish Civil War.

---

* A version of this essay was read at the Conference on the Literature of Hispanic Exile held at the University of Missouri, 25-27 March, 1982.

[1] Sender's death early in 1982, coupled with the demise several years before of Max Aub, leaves only Francisco Ayala remaining among the leading exiled novelists.

[2] An exhaustive annotated bibliography of Sender studies through 1974 can be found in Charles L. King's *Ramón J. Sender: An Annotated Bibliography, 1928-1974* (Metuchen: Scarecrow, 1976). Recent studies bearing directly on *Réquiem* include the following: Peter Bly, "A Confused Reality and Its Presentation: Ramón Sender's *Réquiem por un campesino español*," *The International Fiction Review*, 5 (1978), 96-102; Laureano Bonet, "Ramón J. Sender, la neblina y el paisaje sangriento: Una lectura de Mosén Millán," *Insula*, No. 424 (March, 1982), pp. 1, 10-11; Ramón Díaz, "Mósen Millán de Sender y el padre Rentería de Rulfo: Semejanza y contraste," *Studies in Language and Literature. The Proceedings of the 23rd Mountain Interstate Foreign Language Conference*. Ed. Charles L. Nelson (Richmond, KY: The Department of Foreign Languages, Eastern Kentucky University, 1976), pp. 143-46; David Henn, "The Priest in Sender's *Réquiem por un campesino español*," *The*

In an important essay, George Steiner[4] sets forth the dilemma that faces authors in environments where history is systematically altered to conform to concrete ideological presuppositions. Faced with such situations, many writers choose what they perceive as the only morally acceptable alternative: to substitute for the lacunae created by "managed" history with their own literary works. Remembrancing, as Steiner terms this tendency, holds within itself the possibility of exacerbating the situation by compromising literary values. Few have been able to overcome the problem and blend effectively historical indictment and literary excellence.

Steiner's comments do not address Franco's Spain, but clearly, his remarks are as applicable to the predicament faced by writers like Martín-Santos and Goytisolo as they are to Alexandr Solzhenitzen.[5] They also hold for the literary efforts of those whose intellectual diaspora as a result of the insurgent victory in the Spanish Civil War is well-documented.[6] In the case of writers displaced from their

---

International Fiction Review, 1 (1974), 106-11; José Ortega and Francisco Carenas, "La violencia en *Mosén Millán*," in *La figura del sacerdote en la moderna narrativa española* (Madrid: Casuz Editores, 1975), pp. 109-18; Darío Villanueva, *Estructura y tiempo reducido en la novela* (Valencia: Editorial Bello, 1977), pp. 264-69).

Particularly relevant to this essay are the studies by Bly and Villanueva. The latter examines some of the same structural properties this essay explores. It draws different conclusions as to how the structural disposition of Sender's narrative bears ideological meaning. Bly's article examines the relationship between the portrayal of history and narrative meaning. His conclusions also differ from my own.

[3] Malcolm Alan Compitello, "*Volverás a Región*, the Critics and the Spanish Civil War: A Socio-Poetic Reappraisal," *The American Hispanist*, 4, No. 36 (May, 1979), 11-20.

[4] "The Writer as Remembrancer: A Note on Poetics, 9," *Yearbook of Comparative and General Literature*, 12 (1973), 51-57.

[5] Interesting parallels exist between the careers of Goytisolo and Solzhenitzen. Their initial response to the repressive environments in which they worked took the form Steiner outlines. While the Russian continues to subvert fictive art for a politico-religious condemnation of Soviet politics, Goytisolo's well-documented change of direction commencing with the Mendiola trilogy now allows him to avoid the trap of remembrancing. The relationship between Solzhenitzen and Goytisolo is the topic of a study now in progress.

[6] The classic examinations of exiled narrative are José Ramón Marra López, *Narrativa española fuera de España 1931-1961* (Madrid: Guadarrama, 1963), and Francisco Ayala's "Para quién escribamos nosotros," *Cuadernos Americanos*, 1 (1949), 36-58. The six volume series *El exilio español de 1939*,

homeland, the situation is compounded. From their exile authors lamented and despised the institutionalization of a regime that had forced their exit. At the same time they were incapable of cutting the ties that bound them to Spain. This dilemma doomed them to live in a present overflowing with recollections of what Spain could have been and what it became. It also kept fresh in their memory a clear vision of the historical causality responsible for their position.

Divorced from the audience they wished to influence, and now writing for a public only marginally interested in their thematic concerns, the writer in exile faced problems compounded by the inexorable passage of time. Political intransigence on the part of Spain's power structure robbed them of the ability to witness transformations taking place in that country. *Their* Spain was a futureless projection of the past, and they were destined to produce literarily simulacra of the past's tragic impact on their present-time situation. Circumstances forced them into the role of *remembrancer*. The act of writing became the only avenue available to supersede the triumphalist version of recent history offered by their former enemies and to justify their own situations intellectually, psychologically, and morally. Yet in the back of their minds there lingered the disturbing thought that spatial and political voids were capable of attenuating the efficacy of their creative attempts at historical revindication.

The experience of exile helped form a world view whose structure displays fundamental similarities to that of intellectuals who opposed the *Caudillo*'s regime from within.[7] The pivotal component of the latter's ideological projection is the perception of the Spanish Civil War in terms of the *effects* its outcome portended for Spain. The war installed an illegal regime that was determined to legitimize itself,

---

published by Taurus, under the general editorship of José Luis Abellán, is the most comprehensive treatment of the topic to date. Paul Ilie's recent *Literature and Inner Exile* (Baltimore: Johns Hopkins, 1980) is a most exciting treatment of the subject, as it analyzes the mirror image of physical displacement: the inner exile suffered by those who did not leave. For a comprehensive examination of studies dealing with the novel of the Spanish Civil War, see Malcolm Alan Compitello, "The Novel, the Critics, and the Civil War," *Anales de la Narrativa Española Contemporánea*, 4 (1979), 117-38.

[7] This subject is treated in the essay mentioned in note 3, and in an unpublished paper by the same author, "The Cultural Ideologies of Franco's Spain," presented at the Annual Meeting of the Popular Culture Association, March 1980.

subdue opposition through the employment of what one scholar has described as a *paz militar*, and undermine basic civil liberties through other means.[8]

The institutionalization of the Francoist regime thus perpetuated a system that effectively strangled the country by providing only surface prosperity and apparent freedom. In essence, it served to fix post-war Spain's fate in such a way as to lead it on a one-directional downhill path toward decadence and disintegration.

While the world view of Spanish writers living outside the country is mediated by an ambience that encompasses more than their absent homeland, exile imposed on them an overriding preoccupation with Spain that shapes their view of things into a structure similar to that of disenchanted intellectuals inside Spain. In both cases, the aesthetic organiztaion of literary texts is markedly affected by that world view. Works by exiled writers may have contents that treat the civil war or other historical events in Spain's past and project visions of their new environments or of some synthetic narrative space, but these works are, in fact, explorations of the war's effects on them and meditations on the problematic existence of exile, a situation provoked by those effects.

Writing becomes what Linda Levine, in her discussion of Juan Goytisolo, has perceptively labeled creative destruction,[9] a linguistic working out of the frustrations of producing in a hostile environment; it is a way of forestalling, at least scripturally, the deterioration of that predicament. Fictional discourse for exiles is simultaneously a chronicle of the exile's plight and the only viable avenue open to ameliorate it.

A study of the structure of *Réquiem* reveals how the processes discussed above are actualized in a concrete text. Emphasis here will be limited to pursuing the instances where historical vision mediates narrative syntax. The narratological instrument mentioned above (note 3) shares with similar approaches a division of narrative action into the events as ordered in the text (*discours*) and the logicotemporal disposition in which the events as narrated must have occurred (*histoire*).

The intermeshing of the lives of Mosén Millán, priest of a small Spanish village, and Paco el del Molino, the villager whose growing social concern increasingly distances him from Mosén Millán,

[8] Amando de Miguel, *40 millones de españoles 40 años después* (Barceolona: Grijalbo, 1976).
[9] *La destrucción creadora* (Mexico; Joaquín Mortiz, 1978).

provides the *histoire* with two main actors. But as the narrative unfolds it systematically places one or the other of the two in the foreground of the action. Once Paco is touched by the most oppressive form of social injustice, namely, the miserable existence of the cave dwellers—the town's poorest inhabitants—, he occupies an increasingly central place in the novel's action. The accentuation of his role reaches its climax in that portion of the narrative that describes the onset of the Second Spanish Republic, when Paco is elected to the town council. He begins to shape a campaign of political and social reform that brings him into direct confrontation with those who had previously wielded power. They include the town's most powerful citizens: don Valeriano, don Gumersindo, Cástulo Pérez and Mosén Millán himself. At this juncture Paco is truly the catalyst for the narrative's advancement. Others are reduced to reacting to his initiatives.

The civil war alters this situation by allowing the previous power structure to be reinstalled. The Falangists, whose savagery assures this restoration, begin a reign of terror that systematically murders Republican officials, supporters, sympathizers, and innocent bystanders. Significantly, at precisely this moment, Paco disappears from the text. He goes into hiding to avoid persecution by a brutal reincarnation of the previous authoritarian government. The young man's disappearance allows the *histoire* to highlight the priest's actions, which eventually lead to Paco's capture and execution. His absence from the center of the narrative and his ultimate elimination from it signal the end of reform so that the structure of the *histoire* becomes a homologue to the exile's conceptualization of the war's cruel effects. Moreover, Paco's disappearance corresponds to the actual elimination of Republicans.

Perhaps even more significant is the way in which the culmination of the *histoire* relates to the exile world view. The final sequences occur one year after Paco is captured and assassinated by the town's civil war regime. Mosén Millán, alone in his sacristy, prepares to celebrate a requiem mass for the young villager. As the time draws near, only the three responsible for Paco's death appear to hear it: don Valeriano, don Gumersindo, and Cástulo Pérez. Each attempts to pay for the mass, and each, in turn, is refused by the priest.[10]

[10] This example of Christian imagery is duplicated later in the text through the priest's triple denial of Paco. The only article examining religious symbolism in Sender's novel is Cedric Bussette's "Religious Symbolism in Sender's *Mosén Millán, Romance Notes*, 11, 2 (Spring 1970), 482-86.

The movement toward closure marks both winners and losers. Those identified in some way with opposition to the reigning oligarchy have been removed from the text. Paco has been assassinated, and the *zapatero* and other Republican sympathizers are also withdrawn. Paco's father is near death; his mother and his young bride are psychologically incapacitated.[11] The power structure remains, but it, too, has been marked, if only marginally, by the enormity of its deeds. By offering to pay for the requiem mass for their victim, the assassins seek to expiate their collective sense of guilt but are thwarted by the priest's refusal. On the other hand, the saying of the mass itself reflects the guilt of the priest.

What remains structurally of the alternative to repression represented by Paco and his supporters is replaced by his absence. Yet a reminder of that alternative remains in the literary response to the displacement: the *romance* of Paco el del Molino as recalled by Mosén Millán's young *monaguillo*. The twelve snatches of it that appear in the narrative provide the literary response to the elimination of Paco by elevating the young reformer's tragic demise to the village's collective memory. Literature becomes the medium to counteract the duplicitous acts responsible for Paco's assassination. The *romance* functions as a textual echo of the literary attempts of exiled writers to counter triumphalist versions of the past through remembrancing.

With respect to the text's underlying ideological message, the order in which the *discours* disposes the elements of the *histoire* is perhaps more significant than the disposition of the *histoire* itself. The narrative begins with a reference to one of the last moments of the *histoire*. Mosén Millán is sitting alone in his sacristry awaiting the beginning of Paco's requiem: "El cura esperaba sentado en un sillón con la cabeza inclinada sobre la casulla de los oficios de réquiem" (p. 2).[12] From that point forward, the *discours* advances through a process of contrapuntal alternation. Elements of the *histoire* inserted in chronological order present events of the past until the moment at which the past coincides with the beginning of the *discours*.

---

[11] The zapatero's assassination has the same psychological effect on La Jerónima. Laureano Bonet's article mentioned in note 2 above examines the important role of the latter character in the novel.

[12] *Réquiem por un campesino español* (New York: Las Américas, 1960). All citations are taken from this dual language edition of the text, the first to appear with this title, rather than the previous one, *Mosén Millán*, that Sender gave to the first edition.

Alternating with these *analepses*[13] are references to the narrative present of the *discours*, which serve to advance it from the first description of Mosén Millán to the novel's moment of closure—precisely the moment when the priest begins the mass: "Ahora yo digo en sufragio de su alma esta misa de réquiem que sus enemigos quieren pagar" (p. 122).

The *discours* commences, then, with a reference to the war's effects. That reference is followed by the analeptical exposition of the causes. This advancement terminates, paradoxically, with a beginning: the start of the celebration of a requiem mass. The latter is, by definition, a past-oriented act of remembering whose symbolic import underscores the way in which the structure of the *discours* accentuates the past's grip on the present.

A third structuring element mirrors this past/present, cause/effect alternation: the *romance* of Paco. Like the narrative present, the ballad begins almost where it will end. The first verses of the poem to appear in the text relate moments near its conclusion; "Ahí va Paco el del Molino/que ya ha sido sentenciado/y que llora por su vida/camino del camposanto" (p. 4).[14]

---

[13] The terms *analepse* (flash backward from the text's narrative present) and *prolepse* (flash forward beyond the narrative present) are crucial to Genette's analysis of narrative. They are discussed in the article mentioned in note 3; see especially page 15.

[14] The twelve sections of the ballad in the order they appear in the text are as follows:
Ahí va Paco el del Molino
que ya ha sido sentenciado
y que llora por su vida
camino del camposanto.
... y al llegar frente a las tapias
el centurión echa el alto.
... ya los llevan, ya los llevan
atados brazo con brazo.
Las luces iban po'l monte
y las sombras por el saso...
... Lo buscaban en los montes,
pero no lo han encontrado;
a su casa iban con perros
pa que tomen el olfato;
ya ventean, ya ventean
las ropas viejas de Paco.
... en la Pardina del monte
allí encontraron a Paco;

These lines are placed almost directly after the reference to Mosén Millán awaiting the start of Paco's requiem. A positioning of this kind creates an enigmatic tension between effects and cause that the ballad itself will help to resolve. The description of Mosén Millán that begins the text makes no reference to the person for whom the mass will be said. This information is provided by the priest several pages later. At precisely that juncture the first reference to the *romance* is inserted. The stanza of the ballad that is cited explains that Paco was, in fact, executed, a bit of information the *discours'* organization of the *histoire* withholds for some time.

The role of literary recollection is structurally important for other reasons as well. By providing proleptic anticipations of information that the narrative will not provide until much later, the ballad is distanced from the events as narrated. In this manner it functions as a literary counter-memory imbued with an almost greater validity than that bestowed upon the narrative.[15] Given the role of the *romance*

>   date, date a la justicia,
>   o aquí mismo te matamos.
>   —Ya lo llevan cuesta arriba
>   camino del camposanto...
>
>   aquel que lo bautizara,
>   Mosén Millán el nombrado,
>   en confesión desde el coche
>   le escuchaba los pecados.
>   Entre cuatro lo llevaban
>   adentro del camposanto,
>   madres, las que tenéis hijos,
>   Dios os los conserva sanos,
>   y el Santo Angel de la Guarda...
>
>   En las zarzas del camino
>   el pañuelo se ha dejado,
>   las aves pasan de prisa,
>   las nubes pasan despacio...
>   ... las cotovías se paran
>   en la cruz del camposanto.
>   ... y rindió el postrer suspiro
>   al Señor de lo creado.—Amén.

The use of twelve snatches of ballad is, of course, reminiscent of the twelve stations of the cross in the story of Christ. As such it provides yet another instance of the intertextual link between the life of Paco and the life of Christ that underlies the text.

[15] This distancing itself mirrors the growing rift in the text, between narrative actions (especially those of Mosén Millán) and narrative voice.

as symbolic projection of the villagers' efforts to keep Paco alive, the ballad provides another textual homologue to the structure of exile. It echoes a situation in which literature itself functions as a counterbalance to what exiled Spaniards perceived as a false version of history.

At certain junctures the *discours* is so ordered as to allow for telling juxtapositions that reduplicate in the narrative present actions of violence and suppression by those reinstalled in power as a result of the civil war. These actions are analogues of the acts responsible for both reinstalling them in power and shaping the configuration of the narrative present. Such reduplications demonstrate the intransigence of forces of repression in spite of expiatory offers to pay for the requiem mass.

Once again the use of the ballad and the manipulation of cause and effect figure prominently. When the second of the town's powerful figures, don Gumersindo, arrives at the church, he asks the *monaguillo* if he knows for whom the mass will be offered. Rather than answer directly, the youth recites part of Paco's ballad: "Ya le llevan cuesta arriba/camino al camposanto" (p. 70). Don Gumersindo responds with a threatening repressiveness so inappropriate in the context in which it is uttered that it cannot but emphasize the point made above. "No lo digas todo, zagal, porque aquí, el alcalde te llevará a la cárcel—" (p. 72). This statement serves to dispel belief in the power structure's contriteness. It demonstrates, moreover, that brutality and suppressive force characterize both the words and actions of these authority figures originally responsible for the act that prompted the expiatory offering. On a secondary level the discordance between the *monaguillo*'s words and the response they elicit also serves to highlight the importance of the ballad, since the recitation of but one of its fragments is capable of provoking a threat directed toward someone who is powerless to act and whose only weapon—the literary memory of Paco—is the one wielded by all those repressed by the textual inhumanity.

Almost directly after the interchange between the *monaguillo* and don Gumersindo the ballad is once again the center of a situation in which the past encroaches on the present. Mosén Millán acts to diffuse the tension which results from don Gumersindo's threat by having his young assistant leave the sacristy. The narrative, however,

---

This aspect of the novel's system of narrative transmission is the topic of another essay now in progress.

reveals another motivation for his dispatching the boy at precisely this moment. "Pero el cura quería evitar que el monaguillo dijera la parte del romance en la que hablaba de él. Aquel que lo bautizara/ Mosén Millán el nombrado/en confesión desde el coche/le escuchaba los pecados" (p. 72).

This passage is the only one of the twelve segments of the *romance* not recited by the *monaguillo*. Its suppression has to be circumvented by the text's narrative voice; otherwise that information could not appear until the end of the novel. Moreover, in this case, the suppressor is Mosén Millán himself. Juxtaposed as it is to don Gumersindo's threat, Mosén Millán's attempt to eliminate references to his participation in the events leading to Paco's demise is telling. It represents a textual strategy which serves to associate the priest with the oligarchical power structure that kills Paco.

Yet another important aspect of the novel's structure that emphasizes its ideological orientation is the direct result of the manner in which the narrative present is inserted in the *discours*. As has already been stated, the narrative begins with a reference to the priest awaiting the celebration of the requiem mass and ends with the beginning of that mass. This unspecified but brief time-span brackets the entire *discours*. Hence while the latter's exposition of the *histoire* is analeptical, its physical structure is circular. The text bends back upon itself in such a way that it ends, temporally, spatially, and structurally, in virtually the same spot it began. The very circularity of the organization precludes any structural possibility for a future projection. In essence, the image of the circle metaphorically repeats the text's constant bringing forward of the past. The deadly events the narrative recounts lead to the elimination from the text of all but the repressors, the only ones present at the mass. The offering itself is a symbol of the text's incapacity for advancement. The event that closes the circle is one causally rooted in the past. Furthermore, it is an action which by definition is past-oriented. So all encompassing are the recollections of cause and effect, that the *ultimate* effect of the civil war is to occupy the minds of all involved to the point that there is no possibility of a future. Thus the *discours* ends precisely because temporal advancement has, paradoxically, drawn it closer to rather than distanced it from the past.

Like that of the *histoire*, the *discours'* structure also projects into the text a homological reproduction of the world view of the exile. Its analeptical orientation calls forward the events of the past so as to emphasize causes. The narrative present situation, that is, the effect of those causes, is presented in a way that demonstrates the corruptive impact of the past on the present. So great, in fact, is that weight, that the possibility of a forward projection beyond this present is textually impossible. Such structural tactics mirror the exile's world view: Spain's civil war marks the country so definitively that the imposition of the Francoist regime impedes normal development and opens a process of decadence and decay that precludes advancement. Outside of Spain, the exiled writer can only observe this process and measure it against his own tragic dilemma. He is stuck in a present where the possibility for the kind of future desired is severely diminished by political realities that also cause the present to be overtaken by the past.

As Mosén Millán waits to celebrate the requiem mass for Paco, his thoughts constantly return to the tragic events that joined and then separated him from the young reformer. So powerful is their pull that the act of remembering leads to a virtual paralysis. Homologically, writing in exile is reliving and reproducing the past. It is *remembrancing*. And, it is more. The fictive act is an attempt to supersede the past through the creative destruction that is writing. In this way Mosén Millán's wait, and his incapacity to forget, is the textual punishment inflicted on him by the narrative of an exiled writer placed in that same situation by the historical counterparts of Mosén Millán's friends and Paco's enemies. Sender's narrative could not alter his situation as exile, but it enabled him to reduce the *verdugos* to *víctimas*, the *vencedores* to *vencidos*, and afforded the author the textual vindication that history withheld for so very long.

Réquiem por un campesino español is the ballad of Ramón Sender.

MICHIGAN STATE UNIVERSITY

Sender's Poetic Theology

CHARLES L. KING

RAMÓN SENDER'S OPPOSITION to the Roman Catholic Church goes much deeper than mere anticlericalism. In his first book, *El problema religioso en Méjico; católicos y cristianos*, published in 1928, Don Ramón roundly accused the Church of being less "Christian," i.e., less just, less charitable, than the Mexican State; hence the book's subtitle: "católicos y cristianos."[1]

Sender's antagonism towards institutionalized religion and especially the Spanish Catholic Church surely dated from early childhood in rural Aragón. Elsewhere I have indicated that his father, whose Catholicism apparently bordered on fanaticism, may well have aroused Ramón's early rebellion not only against the Church but all authoritarian institutions.[2] A Catalonian psychiatrist has suggested that the author's early and enduring conflict with his father may have been rooted in an Oedipus complex.[3] Lending some support to this theory is the following statement published by Sender as late as 1974: "Mi padre padecía una especie de locura—tenía celos afectivos de mí en relación con mi madre—incluso en mi baja infancia, y me daba unas palizas inverosímiles por las cuales en los Estados Unidos lo

---

[1] Madrid: Cenit, 1928, 230 pp. The book is a collection of articles formerly appearing in *El Sol*, the liberal Madrid newspaper on whose editorial staff Sender worked full time from 1924 until 1930. In *Memorias bisiestas* (Barcelona: Destino, 1981), p. 102, Sender writes "Cada vez que me he acercado a la iglesia me he llevado una tremenda y escandalosa decepción impuesta por un hecho—eclesiástico—exterior."

[2] Charles L. King, *Ramón J. Sender* (New York: Twayne, 1974), pp. 16-17, 20-21.

[3] J. Lluis, "Los sentimientos edípicos en la novelística de Ramón Sender," *Boletín informativo del Instituto de Medicina Psicológica* (Barcelona), 5, 49 (1963), 9-10, 12-17, 19-20, 22-23.

habrían encarcelado y a mí me habrían llevado a un internado de huérfanos."[4]

Quite apart, however, from the possible origins of Sender's lifelong antagonism toward the Church, it is clear that the author saw the Church, as Rafael Pérez Sandoval pointed out in his unpublished doctoral thesis, "El pensamiento religioso de Ramón J. Sender," as an organization that (in Spain at least) allied itself too closely with the vested interests of the powerful for its own temporal, selfish interests and neglected to practice what the author perceived as the true spirit of the Gospels: simple justice, faith, and love.[5] Indeed, his view is expressed by Father Zozobra, protagonist of one of Sender's *Novelas ejemplares de Cíbola*, when he asks: "¿Cuándo habrá una iglesia donde el único rito sea el ejemplo moral de los sacerdotes y los fieles, el único atributo el amor?... ¿Una iglesia donde el único privilegio sea la prioridad en el sacrificio?"[6]

Sender's anticlerical attitude is abundantly clear. John Devlin in his book *Spanish Anticlericalism: A Study in Modern Alienation*,[7] devotes fifteen pages to a discussion not only of his anticlerical stance but also of his deeper rebellion against institutionalized religion, a struggle which Devlin interprets as the Aragonese author's struggle with God Himself. To date (1986) the doctoral thesis of Rafael Pérez Sandoval, cited above, is the only study of Sender's religious thought. Though dated June 1968, Pérez Sandoval's thesis ignores Sender's book published one year earlier, *Ensayos sobre el infringimiento cristiano*,[8] in which the author expounds in essay form his religious views. By the "Christian infringement" he means, as I have pointed out elsewhere,[9] that all metaphysical and religious theories are relative, i.e., only a partial approach to or grasp of Absolute Reality; thus they are not final and must remain a kind of "infringement" upon Absolute Truth. Having the force of absolute dogma in Sender's life and work is the

---

[4] *Memorias bisiestas* (see 1 above), pp. 173-74. See also Marcelino C. Peñuelas, *Conversacioens con Ramón J. Sender* (Madrid: Magisterio Español, 1970), pp. 52-53.

[5] University of Southern California, June, 1968, pp. 62-63, and *passim*.

[6] New York: Las Américas, 1961, p. 119.

[7] New York: Las Américas, 1966, pp. 168-83.

[8] México: Mexicanos Unidos, 1967 (Col. Comunidad Ibérica), 187 pp.; Madrid: Nacional, 1975, 288 pp. (Biblioteca de Heterodoxos y Marginados). Page references used here are from the second edition (whose text appears to be identical to that of 1967).

[9] *Ramón J. Sender* (see 2 above), p. 164.

dictum: man can only approach Absolute Truth; he can know only relative, contingent truth.

Though *Ensayos sobre el infringimiento cristiano* doubtlessly constitutes the best single authoritative source of Don Ramón's religious views it is *not*, as the Spanish critic and cleric José Jiménez Lozano has pointed out, "un estudio serio de la religión." Rather, it is "una hermenéutica libre y no ortodoxa pero *solvente* de la religión y en concreto del cristianismo [*emphasis added*]."[10] As scholarship Jiménez Lozano condemns the book for its antiquated concepts in the fields of comparative religions and the history of Christianity and for its obvious ignorance of recent advances in Biblical Hermeneutics, a field which "tantos pasos de gigante ha dado y da casi cada año."[11] "Las ideas y lecturas de Sender," he adds, "ya eran viejas en tiempos de Loisy [Alfred F., 1857-1940], y Duchesne [Louis M. O., 1843-1922] ejercitaba su mordacidad sobre ellas tanto como las ideas de los historiadores fundamentalistas del cristianismo primitivo o de los sostenedores de hermosas leyendas."[12]

Jiménez Lozano's comments evoked from Sender a letter to the editor of *El País* in which he lamely replied that the inspiration for *Ensayos* had come from his "contacto con profesores de religiones comparadas de diferentes universidades, todos muy al día," and that in the book he simply states "cuál es mi idea de la gestación y desarrollo del cristianismo, cual ha sido el proceso de mi fe religiosa y en qué consiste la solidez de mi fe. Es la mía una solución intelectual...."[13]

Sender's idea of the origin and development of Christianity is simply that Christianity evolved out of worship of the sun among earlier, more primitive peoples. "En el fondo, la religión cristiana (romana) y sus derivadas protestantes son el mismo culto heliosístico que se practicaba siglos antes de la fecha atribuida al nacimiento de Cristo,..."[14] To believe that Christ lived on earth, he asserts, "es lo mismo que creer que han existido Mitra, Oro, Serapio," etc.[15] Sender's use of theological and religious terms is obviously personal and unconvencional. For example, he writes "Jesús es hijo del espíritu santo, es decir de nuestra imaginación creadora que concibe la buena *nova* y en eso la iglesia no engaña sino a los tontos...."[16]

[10] *El País*, July 28, 1976.
[11] Ibid.
[12] Ibid.
[13] August 27, 1976.
[14] *Ensayos sobre el infringimiento cristiano* (Madrid: Nacional, 1975), p. 33.
[15] Ibid.
[16] Ibid., p. 64.

In short, man's creative imagination is here the Holy Spirit. "Religious truth" is no more true than "poetic truth." "Todas las religiones se basan en un texto poético que como cualquier obra de arte se puede considerar producto del misterio y revelación de Dios."[17] Religion, in other words, is ultimately only poetic, based on a poetic text.

Yet despite his rejection of Christianity *as conventionally understood* Sender insists that "nada de lo que he escrito o voy a escribir disminuye la grandeza de la doctrina cristiana ni su belleza intrínseca. Su ritual es magia, pero esta magia blanca o negra es sólo la puesta en escena de mitos antiquísimos que tuvieron su función y siguen teniéndola y que dan unidad histórica a la actitud de la humanidad ante el misterio del existir y del ser. Por eso alguien ha dicho— Novalis, el místico alemán—que la religión es poesía práctica."[18]

Christ and Christianity are in Sender's view the noblest products of man's imagination; Christ is man's "son," i.e., his own creation, a myth which in turn influences man.[19] Having no objective validity, however, Christ is ultimately affirmed to be only poetry.

One cannot conceive of a more man-centered view. Man becomes the measure indeed of all things. Man is, for Sender, the "principio y fin de toda realidad," the alpha and the omega.[20] In his ambitious and mystifying work, *La esfera*, which first appeared in 1939 as *Proverbio de la muerte*,[21] the author's man-centered view of ultimate reality, indeed

[17] Ibid., pp. 11-12.
[18] Ibid,. p. 75.
[19] In his review of *Ensayos sobre el infringimiento cristiano* (*Revista de estudios hispánicos*, 16, 1, January, 1981 [Alabama]) Luis Lorenzo-Rivero asserts: "Explica [Sender] a su manera el cristianismo, en el cual cree sin creer en el clericismo español (p. 159).... Los ensayos restantes justifican su creencia en el cristianismo. Dice que Dios no necesita existir para ser. Libertad, amor, Cristo y Dios son una misma formulación con signos distintos" (p. 160). I disagree. Sender cannot be said to believe in Christianity but only in a "Christianity" of his own private invention, a "Christianity" that obviously lies outside the perimeters of Christian theology.
[20] Sender, "Parábola de Jesús y el Inquisidor," in *Las gallinas de Cervantes y otras narraciones parabólicas* (México: Mexicanos Unidos, 1967), p. 106. Man is the supreme value for Sender, as I have pointed out in "The Role of Sabino in Sender's *El lugar de un hombre*," in *Hispania*, 47 (1967), 95-99.
[21] México: Quetzal, 1939, 251 pp. In successive editions, *Proverbio de la muerte* was augmented, recast, and retouched as *La esfera* until its definitive edition in 1969: Madrid, Aguilar (Col. Novela Nueva, 18), 324 pp. Elsewhere others and I have commented extensively (though not exhaustively) on this rather abstract work: *Ramón J. Sender* (see 2 above), Chapter 5: "*The Sphere*: The Final 'What' of Things," pp. 81-106; Sherman H. Eoff, *The Modern*

his religion, is set forth in novelistic form. In an article first published in 1973,[22] and fortunately republished in 1983,[23] Francisco Carrasquer casts considerable light upon probable sources of Don Ramón's lyrical-metaphysical-religious interpretations of Ultimate Reality as spherical (or spheroidal, to be precise) in nature. In the central idea of Plotinus, "la unidad es la doble expresión de perfección y realidad," Carrasquer sees an antecedent of Sender's conception of day and night, life and death, good and evil, and other apparent dualities as simply opposite sides of a sphere, a perfect unity. The Plotinian formula, "Lo Uno es fundamento de todo ser, realidad absoluta y, a la vez, absoluta perfección," finds expression in Sender's conception of Ultimate Reality (the "Final What") as a perfect sphere.[24]

But it is to Spinoza, the Dutch philosopher who rejected the Jewish faith of his family, that Don Ramón is most indebted. Carrasquer writes that "podríamos decir que en todo lo referente a las bases metafísicas de la estructura (¡no sistema!) que reticulan las cavilaciones de Sender, tenemos a Spinoza presente (a conciencia o no de nuestro autor). Y en la suma del pensamiento senderiano, el sumando 'spinozismo' se lleva la parte del león. Con la particularidad de que Sender ha sabido aguzar algunas veces la punta de la ideación spinoziana y añadirle fórmulas verdaderamente rematadoras. Quiero decir que Sender ha ido no pocas veces más lejos que Spinoza."[25] From Spinoza's idea of the positive nature of reality Carrasquer points out that it is only a step to Sender's dictum that all is one and the same, "cosmos, vida, verdad, amor y Dios."[26] Spinoza's principle that "todo tiende a persistir en su ser" becomes in *La esfera* the tendency of *that which is* to struggle against non-being.[27]

Spanish Novel (New York: New York University Press, 1961), pp. 213-54; Julian Palley, "*The Sphere* Revisited," *Symposium*, 25 (1971), 171-79; Francisco Carrasquer, "La parábola de *La Esfera* [sic] y la vocación de intelectual de Sender," *Norte*, 14, 2-4 (1973), 67-93; and Chapter VII, pp. 195-214, of Marcelino C. Peñuelas, *La obra narrativa de Ramón J. Sender* (Madrid, Gredos, 1971).

[22] See 21 above.
[23] Francisco Carrasquer, "La parábola de 'La esfera' y la vocación intelectual de Sender," in *Ramón J. Sender. In Memoriam*, edited by José-Carlos Mainer (Zaragoza: Caja de Ahorros de Zaragoza, Aragón y Rioja, 1983), pp. 399-424.
[24] See chapter on *La esfera* in *Ramón J. Sender* (see 2 above).
[25] In *Ramón J. Sender. In Memoriam* (see Carrasquer in 23 above), p. 405.
[26] Ibid.
[27] *La esfera* (see 2 above), especially Chapter VII, pp. 137-38.

For both Spinoza and Sender God is simply all that is, "substance" in itself and conceived by itself; in short their view is pantheistic. "God, for Spinoza," writes George Santayana, "is simply the universe, in all its extent and with all its details. Hence the mind of God is not God Himself, in His entirety, but only one of His attributes or manifestations. It is all the mentality that is scattered over space and time, the diffused consciousness that animates the world."[28] How Senderian! "The absolute and only reality for Sender is God expressing Himself and being Himself, a part of His creation," asserts Pérez Sandoval.[29]

Inasmuch as Ultimate Reality is perfect for both the Dutch philosopher and the Spanish novelist they were both fatalist. Yet both had to deal with man's desire for freedom and for immortality. Sender's dichotomy of "hombría" or universal "manness" finds a certain parallel with Spinoza's conceptions. Man's mind or soul Spinoza saw as the consciousness which accompanies man in life, much as in Sender individual man has an inner "hombría," which is eternal. When the body perishes (the individual "persona" which perishes in Sender), the soul (individual consciousness) dissolves just as does "hombría" in Sender's structure.[30] It is obvious that Sender's religious views, his poetic theology, contrast sharply with traditional Christianity in both its view of God as transcendent, yet personal,[31] the Creator Who is utterly distinct and apart from all his creation and of man, regarded by Christianity as God's supreme handiwork and destined to individual, not an undifferentiated, collective, immortality.[32]

[28] Spinoza's *Ethics and "De Intellectus Emendatione,"* trans. by A. Boyle (in Everyman's Library, edited by Ernest Rhys) (New York: Dutton, 1910), Introduction by George Santayana, p. x.

[29] Abstract of Ph.D. thesis, "El pensamiento religioso de Ramón J. Sender," *Dissertation Abstracts,* 29 (1968), 2273-A (Southern California).

[30] Charles L. King (see 2 above), pp. 90, 96.

[31] In the Christian tradition God is regarded not only as personal but also as omnipotent, omniscient, and omnipresent.

[32] King (see 2 above), p. 96: "Paul [Saint Paul] and Sender are poles apart: Paul believed firmly in the continuance and supreme contentment of his individual self-consciousness after his physical disintegration. Sender's position allows only for the self (consciousness) to pass along the continuum of the eternal present... to be absorbed in the Great All, i.e., to become a 'non-self,' no longer to realize one's personal reality or to have consciousness as an individual." Few would argue that Sender's position could be defined as within the bounds of acceptable Christian theology, e.g., the Apostle's Creed or the Nicene Creed.

From childhood until his death (January 16, 1982) Sender's interest in religion was deep and enduring. In a preface to the second part of his nine-part autobiographical novel *Crónica del alba*, originally published separately as the novel *Hipogrifo violento*, he writes: "En estas páginas se ve al autor tratando en vano de descorrer el velo de una realidad absoluta sólo accessible a la religión o a la poesía."[33] Religion or poetry? In the end they were always essentially one and the same. Yet to assert this is not to say that for the Aragonese author religion was not of the utmost concern. Indeed no other secular writer of Spain during his lifetime showed a more consuming interest in religion. Julia Uceda stated that, in her opinion, Sender was "the only living Spanish novelist whose work has a religious dimension and sense. From the elemental human his work is a *trabajo* that seeks the metaphysical essential in an integration towards ultimate dimensions."[34]

A critical period in Don Ramón's search for the final meaning of life must surely have been the year 1939. It was then, as Francisco Carrasquer has pointed out, that he was in a personal situation "de liquidación y reducción a cero (en el país, en la familia y en las afinidades políticas de grupo e ideologías de movimiento en marcha)."[35] Having lost almost everything Sender apparently reevaluated his religious beliefs; from the ashes of defeat emerged *Proverbio de la muerte*, which became *La esfera*. In it among other problems he wrestles with the ubiquitous challenge of finitude or man's mortality, and claims to have found an answer. Since Total Reality for him (as for Spinoza) can only be positive, death is only the unseen side of life; the two constitute a "perfect" sphere. Sender is unusual in his insistence on taking a cheerful, "positive" (affirming) view of life. Though nurtured in the subjective ambience of the twentieth century he consistently rejected the negativism, the *Angst* or metaphysical dread of atheistic modern Existentialism as represented by Heidegger and his follower, Sartre, just as he also rejected the Catholicism into which he had been baptized and confirmed, and whatever consolation such faith might have given him.[36]

[33] México, D. F.: Colección Aquelarre, 1954, p. 9.
[34] "Realismo y esencias en Ramón J. Sender," *Revista de Occidente*, 82 (1970), 47.
[35] See 25 above, p. 400.
[36] Marcelino C. Peñuelas, *Conversaciones con Ramón J. Sender* (Madrid: Magisterio Español, 1970). A photo of Sender at his first communion before his seventh birthday appears on page 52.

His faith in life or ultimate reality is evident throughout his work. I would like, however, to illustrate it through reference to *Hipogrifo violento*, in which he relates his year in a Catholic boarding school in Reus at the age of ten or eleven.

Upon matriculating in the school young Pepe was assigned the number 101, a *capicúa*, i.e., a number which is equal at both ends. The boy's new companions told him that it would bring him luck in the examinations. For Pepe, however, 101 is a mathematical representation of life and death, man's destiny. It is an arbitrary assertion that man comes from the Great All, not the Great Nothing, and that in the end man will return to the Great All, Reality. By contrast with Reality this conscious existence or life is only a zero, a kind of illusion dependent on the Great All or Underlying Reality, time lived with the background of eternity. At death man rejoins the Great Integer, Reality, Eternity, God.

The viewpoint of those who stress the value of the sensuous, the here and now, can be symbolized by another *capicúa*, 010, seemingly a life-affirming attitude but in Sender's view a "life"-denying one, yet one very common in recent decades. Of the two opposing views of Total Reality (that comprehends both life and death), the one represented by 101 is the more affirmative, and though not the same it parallels the traditional Christian view. Sender's position seems, however, to be an arbitrary, not a reasonably based affirmation of faith in life. A nameless lay brother who occupied the lowest position in the Catholic School, who knew no Latin, and who had no teaching status "fue el único de quien el muchacho [Pepe] aprendió algo."[37] The anonymous lay brother symbolized a joyous resonance to life; though sad at times, he had an inner calm and a creative fervor born of a conviction that he was simply in harmony with *Whatever is*, with Nature, with whatever it was that he was made to be. To Pepe he confides: "Yo sólo puedo hacer igual que los pájaros. Cantar las glorias de Dios. Es lo que hago."[38] Though fatalistic, the brother's view was cheerful, positive. Similarly, Sender to the end affirmed faith, faith in

---

[37] *Hipogrifo violento*, p. 9 (see 33 above). In Pepe's attraction to the lay brother one may see the author's attraction to the simple faith and love exhibited by Christ and his early followers shorn of ecclesiastical trappings and complications. In *Réquiem por un campesino español*, his most effectively anticlerical work in my opinion, he finds the true spirit of Christ manifested in Paco the "campesino," not in Mosén Millán the representative of institutionalized religion.

[38] Ibid.

man and in the ultimate "what" of things, though not in the God of Catholics and Protestants the world over. He obviously rejected the Old and New Testaments as authoritative in matters of doctrine and practice or their own claim to be inspired by a transcendent Deity. His "faith" was the product of his imagination and intellect, poetry in its broadest sense. His "theology" or "story" or theory of ultimate reality, though apparently taken seriously by him as relatively true, was, just as he regarded the Bible to be, only one more literary structure, albeit one of affirmation of the fatalistic perfection of the final "What" of things. It was indeed appropriate that upon his death the ashes from his cremated body were scattered by family members over the Pacific Ocean in one final act of poetic affirmation of life, 101.

UNIVERSITY OF COLORADO, BOULDER

En torno a las
Novelas ejemplares de Cíbola

PATRICK COLLARD

LOS CUENTOS Y las novelas cortas de Ramón J. Sender sin duda merecerían un estudio amplio[1] y sistemático ya que éste vendría a acentuar la esencial unidad y continuidad de una ingente obra. Me limitaré a las *Novelas ejemplares de Cíbola*,[2] destacando, sin ninguna pretensión a la exhaustividad, una serie de características temáticas y formales e insistiendo también en relaciones entre las *Novelas ejemplares de Cíbola* y otros textos de Sender.

El libro consta de doce relatos que por su argumento tienen en común el marco geográfico de New Mexico, con su legendaria "tierra de Cíbola" donde, se suponía en el siglo XVI, estaba situado el maravilloso reino de las Siete Ciudades cuyos edificios estaban recubiertos de oro: es sabido que la primera exploración por tierra del norte de Méjico y el sur de los Estados Unidos, hacia 1540 por Fray Marcos de Niza, se debe al deseo del virrey Antonio de Mendoza de investigar lo que pudiera haber de cierto en las fabulosas descripciones hechas por Alvar Núñez Cabeza de Vaca. Para Sender, la "tierra de Cíbola" es punto de encuentro y contraste, temáticamente explotado, entre distintas culturas, razas y nacionalidades: blancos e indios, Méjico y Estados Unidos, Europa y América. Naturalmente, desde un punto de vista biográfico se puede mencionar que, al incorporar Cíbola a su personal mitología literaria, Ramón J. Sender describe lugares (y también

---

[1] No olvido por supuesto las páginas que Josefa Rivas dedica a las *Novelas ejemplares de Cíbola* en su libro *El escritor y su senda. Estudio crítico-literario sobre Ramón J. Sender*, (México, Mexicanos Unidos), 1967, pp. 135-158.

[2] New York, Las Américas, 1961.

probablemente algunas personas) para él familiares, dado su hondo conocimiento de Méjico y del suroeste de los Estados Unidos.

Por la localización, se trata literal y simbólicamente, de *relatos fronterizos*, título de otro libro[3] de Sender. El número y orden de sucesión de los relatos también revelan las mismas ideas de encuentro y contraste: se suceden de manera alternativa cinco textos, breves, de tema genuinamente indio y mítico y seis, más largos, cuyos protagonistas son blancos que en la mayoría de los casos—cuatro—tienen contacto con otra dimensión cultural y psíquica, representada en general por el elemento indio o hispanoamericano. Lugar aparte, por su tema y sus protagonistas, merece *El buitre*: la muerte está presente en los doce relatos—natural o violenta, individual o colectiva—pero es en *El buitre* el tema mismo. Después de una batalla, un buitre se acerca prudentemente a un cadáver humano y termina devorándolo: "—Demasiado tarde, hijo del hombre" dice (p. 175) el volátil protagonista. En la guerra entre los hombres, la última victoria la tienen de todas formas la muerte y la podredumbre. En cuanto a las narraciones de tema indio, éstas, como apunta J. Rivas, son "muchas veces inspiradas en la lectura del padre Sahagún."[4] En las dos que quedan, el elemento *fronterizo* lo representa una mujer encerrada por loca (*La terraza*) y el universo hispanoamericano de un rancho donde se desarrolla una lucha por el poder a partir de una historia de amor a la vez idílica y trágica (*Delgadina*).

Reelaboración e integración

Una de las cosas que llaman la atención en la creación literaria de Sender es su empeño en reelaborar obras, en modificar títulos, integrar material ya utilizado.[5] Leer el conjunto de la obra de un autor es, forzosamente, moverse en un universo conocido, familiar, lleno de ecos y relaciones temáticas y formales. Pero en ciertos autores, uno de ellos Sender, el proceso de familiarización se intensifica y se acentúa por el alto grado de *presencia* explícita de una obra en otra,[6] por el afán

---

[3] México, Mexicanos Unidos, 1970.
[4] *O.c.*, p. 118.
[5] V.: Charles. L. King, *Una bibliografía senderiana española (1928-1967)*, en *Hispania*, 50 (1967), 630-45; C. Adam, *The Re-use of Identical Plot Material in Some of the Novels of Ramón Sender*, en *Hispania*, (1960), 347-52.
[6] *Crónica del alba* (como ciclo completo), *El verdugo afable, Siete domingos rojos, La esfera, Las criaturas saturnianas, Las tres sorores* constituyen algunos ejemplos muy representativos.

de reelaborar (en función, p.e., de cambios ideológicos), ampliar, aclarar.[7]

En las *Novelas ejemplares de Cíbola* se comprueba primero que *El buitre* y las cinco narraciones procedentes de mitos o leyendas náhuatl, *El cetro, El lago, El desierto, La montaña, El cariamarillo*, son en realidad versiones adaptadas de seis de las nueve narraciones de *Mexicayotl*,[8] tercer libro[9] publicado por el autor exiliado, en la editorial que dirigió algún tiempo. "Lo adaptado y suprimido—dice J. Amor y Vázquez[10]—parece responder a principios estructurales inherentes a la esencia de esa colección, donde lo que se busca no es ya "lo mexicano universal" sino la integración del trasfondo primitivo e irracional del hombre en el mundo moderno de la civilización y el raciocinio. Un caso de amalgama y explícita contraposición de ambos puede verse en el cuento titulado *La madurez del Profesor St. John*, al que dedicaré especial atención en páginas que siguen.

Segunda comprobación. De los otros relatos sólo *Aventura en Bethania* y *Delgadina* me parecen completamente inéditos, puesto que en *La madurez del profesor St. John, El padre Zozobra, La terraza* y *Los invitados del desierto* hay partes que ya habían sido publicadas antes, en revistas, como narraciones independientes, todavía no recopiladas, lo que se muestra cómo un texto acabado, autónomo, puede funcionar como elemento o episodio de un conjunto textual más amplio. Tres de los cuatro casos a los que aquí me refiero tienen la particularidad de haberse publicado únicamente en inglés.

The Tale of the Hot Land,[11] de tema indio y de carácter mítico y simbólico, se integra en la primera y más larga de las *Novelas ejemplares, La madurez del profesor St. John; Cocktail Party in Santa Fe*[12] formará parte de *Los*

---

[7] Aunque sabemos, claro, que puede tratarse de un procedimiento barato y fácil que a veces emplean los autores apresurados o momentáneamente sin inspiración. La abundancia de la producción literaria de Sender sólo *en parte* se explica por su tendencia a apoyarse con regularidad en fragmentos de textos anteriores.

[8] México: Quetzal, 1940.

[9] Después de *Proverbio de la muerte* (1939) y *El lugar del hombre* (1939) y el mismo año que *Hernán Cortés*.

[10] *Presencia de México en tres escritores españoles: Jarnés, Moreno Villa, Sender*, en *Actas del tercer congreso internacional de Hispanistas* (México: El Colegio de México, 1970), p. 84.

[11] *Partisan Review*, marzo de 1949, 272-76. El título es, según pienso, un discreto homenaje a Valle-Inclán a quien Sender tanto admiraba. Me refiero naturalmente al subtítulo de *Tirano Banderas: Novela de tierra caliente*.

[12] *The American Mercury*, julio de 1951, 19-26.

invitados del desierto; Miss Slingsby[13] es el retrato de un personaje que aparece en los primeros párrafos de *La terraza* que, dicho sea de paso, es un relato donde Sender da forma a una idea entre poética y científica evocada ya en 1933 en el primero de sus famosos artículos de la serie *Tormenta en el sur* sobre la matanza de Casas Viejas. Eso prueba una vez más que el autor tiene lo que en francés se llama "de la suite dans les idées." Me refiero al hecho de que en *La terraza*, Bob, el piloto, jugando, gracias a su avión con las fajas horarias, logra impedir el suicidio de Matilde: alargando la noche y retrasando la hora del amanecer. En enero de 1933 Ramón Sender utiliza el avión para viajar de Madrid a Sevilla e iniciar su encuesta sobre lo que ocurrió en Casas Viejas. Escribe:

> Si pudiéramos en este avión dar la vuelta al planeta en menos de veinticuatro horas—aunque sólo fuera en veintitrés horas cincuenta y cinco minutos—, al cabo de varias vueltas en dirección opuesta al sol, le habríamos ganado al tiempo una hora, y siguiendo así podríamos retroceder de algunos días y hasta años.[14]

El gato negro[15] es la evocación de un ambiente de misterio anunciando la caída de un sacerdote en las redes del Diablo; el anuncio se realiza en *El padre Zozobra*, compleja reflexión sobre la idea de pecado, culpa y redención, sobre el martirio, la santidad y, sobre todo, la Iglesia y su traición del ideal evangélico, temas por los que *El padre Zozobra* se relaciona con *Los tontos de la concepción*[16] y *Parábola de Jesús y el inquisidor.*[17]

Esas integraciones adoptan en *La madurez del profesor St. John* y *El padre Zozobra* la forma del *flash-back* o retroceso temporal que por cierto caracteriza la estructura de las narraciones más largas de las *Novelas ejemplares de Cíbola*, o sea, además de las dos citadas, *La terraza, Aventura en Bethania, Delgadina* y *Los invitados del desierto*. Los retrocesos temporales coinciden con el tema de la introspección y el recuerdo: John St. John

---

[13] *Suplementos de "Las Españas"*, 3, México, abril de 1949, 7 pp., s.n.
[14] *Primera jornada del Camino a Casas Viejas*, en *La Libertad*, núm. 4005, 19 de enero de 1933, p. 3.
[15] *Cuadernos americanos*, 44, 2, marzo-abril de 1949, 268-78.
[16] Sandoval: Coronado Press, 1963. Subtítulo: *Crónica misionera*; luego, sin subtítulo, en *El extraño señor Photynos y otras novelas americanas* (Barcelona: Aymá, 1968).
[17] En *Las gallinas de Cervantes y otras narraciones parabólicas* (México: Mexicanos Unidos, 1967). Sender se inspira en un capítulo famoso de *Los hermanos Karamazov*.

en la caverna; el padre Zozobra fregando platos para pagar su alcohol; Laner, el ventrílocuo hablando con su muñeco; Matilde contando su pasado a Arner; la velada del muerto, pretexto para contar la historia de Delgadina; los pintorescos recuerdos de Godofredo el mejicano.

Particularmente interesante me parece ser la relación entre *La madurez del profesor St. John* y *The Tale of the Hot Land*, que cuenta la historia de un indio ("the man") que tenía, antes de la llegada de los blancos, siete caminos para ir de su casa al mercado; los va perdiendo, por distintas razones, pero siempre por intervención de un elemento amenazador y sobrenatural. Está condenado a errar sin meta, para siempre, porque los blancos le robaron todos los rumbos posibles. En las primeras páginas de *La madurez del profesor St. John* vemos a cuatro occidentales escuchando la narración del misterioso criado indio, Buenaventura. Este cuenta su vida pasada y su relato coincide fielmente—al menos en su primera parte—con *The Tale of the Hot Land*. Hay diferencias, sin embargo:

a) la voz narradora no es la misma. *The Tale of the Hot Land* es una narración desde la tercera persona cuyo protagonista es *el* indio, no identificado, mientras que en *La madurez del profesor St. John* se trata de un relato enmarcado con un narrador que habla en primera persona; igual ocurre con *El gato negro* y su integración en *El padre Zozobra*. El primer texto está redactado en tercera persona y el relato del padre Urbino, retroceso temporal, en primera persona.

b) De *The Tale of the Hot Land* puede decirse que cuenta cómo "the man," un indio (=los indios), ha perdido su identidad y sus posibilidades de vivir una vida auténticamente suya. Lo mismo cuenta Buenaventura, pero su relato es más largo: narra también cómo, después de la pérdida de los caminos mata a su padre, trabaja para los blancos, vive solo en la sierra donde un águila lo salva de la muerte y llega a ser criado de Ernest.

c) La narración de Buenaventura tiene determinada función en el conjunto de *La madurez del profesor St. John*. Sus destinatarios designados no coinciden con los de *The Tale of the Hot Land*, donde Sender imagina un público de indios que descifran la narración como una imagen de su destino; la última frase expresa toda la nostalgia de un pueblo desarraigado: "When the Indians listen attentively at sundown they hear the sound of the horse's hoofs, always near and always far away" (p. 276). Con Buenaventura, la situación ficcional es muy distinta: es una historia narrada en español, traducida al inglés por el primo Ernest, para Ira y John que precisamente no pueden comprenderla porque por sus símbolos y estructura queda dirigida a indios o a personas que algo entiendan de mitología náhuatl.

En resumen, es un buen ejemplo de cómo un cuento se integra más tarde en una narración más amplia, se alarga y llega a cobrar, además del significado que ya tenía, otra dimensión debida a su papel de relato enmarcado:

— *The Tale of the Hot Land* = cuento de y para indios.
— Relato de Buenaventura = cuento de y para indios + relato incomprensible para los oyentes no iniciados (Ira y especialmente John).

El contraste cultural, el instinto y el "secretito sucio"...

En tres de las novelas se describe una situación de aguda crisis moral, sentimental o religiosa: John St. John no resistirá a la presión de los celos; el padre Zozobra, culpable, según normas católicas, de pecado carnal, recluido por alcohólico en un reformatorio religioso, tiene torturada la conciencia por no haber podido aceptar el martirio, pero aparece como más fundamentalmente evangélico que sus superiores eclesiásticos y llegará a cierta forma de felicidad después de haber sufrido una espeluznante prueba purificadora, siendo quemado de gravedad en el incendio de su choza punitiva. El protagonista de *Aventura en Bethania*, Laner, tiene sesenta y cinco años. Se siente fracasado después de su divorcio y se retira en un pueblo abandonado para hacer un balance, más o menos sincero, de su vida con su joven esposa. Los tres protagonistas son occidentales típicos y tienen problemas originados por aspectos negativos o valores falsificados de su civilización: el tabú sexual, el intelectualismo demasiado alejado de la vida natural, la educación que desarrolla el deseo exagerado de posesión exclusiva y los celos, etc. Pues bien, en los tres casos, el elemento indio funciona de manera contrastiva (*La madurez del profesor St. John* y *El padre Zozobra*) desempeñando además un papel decisivo en *Aventura en Bethania*: Laner se libra psíquicamente por intervención de la vieja Coyota y tendrá que reconocer la existencia de otros valores culturales: "Laner conducía el coche y sentía a la Coyota allí a su lado con cierta admiración de gringo civilizado y errante" (p. 220), es la última frase.

Los indios no intervienen para nada en el drama que se desarrolla a su lado en la conciencia del padre Zozobra—Urbino (¿*Urbs*, ciudad, civilización?) pero acentúan por su propia insistencia en lo natural, el hecho de que parte de los problemas de los blancos procede de una moral artificial:

> Nuestros perros no ladran. Saben que la voz nos la dio Hiiibi-Macha, el habladorcito, lo mismo a los hombres que a los perros... Nuestros perros lo entienden todo. ¿Para qué ladrar? Los indios no hacemos más que cosas naturales y ellos las entienden. Ustedes hacen cosas que no son naturales y los perros se asustan y ladran... Todo lo que hacemos nosotros es natural, pero lo que hacen ustedes no.... ustedes no hacen cosas naturales. Tal vez porque piensan que vivir no es importante" (p. 121).

En cambio, al final, cuando está ardiendo la choza del padre Zozobra, es como si los indios fueran los únicos en comprender el significado profundo de lo que ocurre:

> Formaba la choza ardiendo una hoguera en lo alto del perfil de la colina. El humo extendía por los alrededores un olor balsámico a terpinol y trementina. Los indios del poblado de Xerbes creyeron que aquel resplandor era un fenómeno mágico y comenzaron a tocar sus tambores (p. 130)

Ya he señalado que el desenlace tiene mucho de última prueba purificadora, elemento básico de toda mitología. La reacción descrita puede compararse con la de los indios de *Aventura en Bethania* que llegan a creer de manera absoluta en la ilusión teatral hasta tal punto que el actor que desempeña el papel de Jesús... puede hacer un auténtico milagro devolviendo la vista a un ciego.

Frente al peso exagerado de lo racional, de la idealización cultural en la personalidad de John St. John, a quien Sender enfoca de manera humorística y en tono de burla, el indio Buenaventura y su relato podrían representar, si leemos entre líneas e intentamos descifrar el simbolismo, un ideal de equilibrio propio a la cultura precolombina de Mesoamérica. Si *The Tale of the Hot Land* alude explícitamente a Quetzalcóatl (p. 273), Buenaventura sugiere que halló en la etapa final de su itinerario, la paz y el equilibrio. Lo hace en términos bastante crípticos, refiriéndose a un lagarto y un águila (pp. 13-14) e insistiendo en la necesidad de trepar por las peñas de las montañas. Pienso que lo que aquí se representa es la unión entre la materia (la tierra, el reptil) y el espíritu (el águila, símbolo solar). Esta unión, expresada por la imagen de la famosa serpiente emplumada, era la piedra angular de lo que L. Sejourné llama "el humanismo quetzalcoatliano."[18] John, demasiado occidental, de horizonte limitado, obtuso a pesar de toda su cultura, no puede entender el simbolismo de una narración que contiene entre otros detalles la descripción de un parricidio como si fuese la cosa más natural del mundo: "Miraba John al indio pensando que estaba escuchando la confesión de un atrasado mental" (p. 12). Huelga decir que los lectores debemos evitar de caer en la trampa senderiana: si no vemos en la narración de Buenaventura, otra cosa que una acumulación de incongruencias y extravagancias, adoptamos el punto de vista limitado y satirizado de John St. John, cuando Ramón Sender quiere enseñar—la novela es *ejemplar*—que quizá la vida de su protagonista hubiera sido menos problemática si hubiese estado más abierto *al otro* y sido más capaz de escuchar al indio. El narrador de una novela posterior, *Cronus y la señora con rabo* señala que los indios saben una cosa sumamente importante:

> recordaba que también a él le había dicho un indio de Taos (Nuevo México)... que los hombres blancos estaban locos porque se empeñaban en pensar con la cabeza cuando todo el mundo sabe que hay que pensar con el espinazo.[19]

Destaca en las descripciones de los indios su apariencia algo hierática e indiferente:

Miraba el indio grave e indiferente (p. 14).

El indio desde la orilla miraba impasible (p. 77).

... el indio Buenaventura... miraba impasible (p. 76).

Los únicos que no iban nunca eran los indios, que son los hombres menos curiosos del mundo (p. 118).

Suele haber en cada pueblo indio un hombre que habla con los forasteros. Los demás miran en silencio o pasan sin mirar y aparentemente sin ver (p. 120).

En ese tipo de actitud sin duda se refleja la dignidad natural que Sender gusta de atribuirles; también es la marca de su marginación y desarraigo socioculturales en un mundo que ya no es de ni para ellos. Al principio de su relato dice Buenaventura, "Al volver del mercado, algunos días me quedaba sin saber qué rumbo tomar porque había siete.

---

[18] *Antiguas culturas precolombinas*, vol. 21 de la *Historia Universal Siglo* XXI, (Madrid/México: Siglo XXI), 4a ed., 1973, p. 272.
[19] Madrid: Akal, 1974, p. 10.

Era linda la vida entonces con un caballo y con tantos rumbos" (p. 8). Pero pierde sucesivamente los caminos y "busqué el séptimo. Ése era el último y si lo perdía tendría que andar ya siempre descaminado porque no había más. Es decir que los otros los habían robado los españoles" (p. 10). Buenaventura quedará *descaminado*, como los demás de su raza. Es entonces cuando mata a su padre.[20] En este contexto, el parricidio puede significar, a mi modo de ver, tanto el acceso a la madurez (no olvidemos el título) como la necesaria ruptura con la tradición, ruptura impuesta por la civilización de los blancos. A una de las consecuencias nefastas de la triste situación de los indios se alude en unas pocas palabras, nada simbólicas esta vez, en *El padre Zozobra*: "Luego el indio les preguntó si tenían algo de beber. Le dijo Bernardo que no, pensando en el padre Zozobra. Los indios—se decía—también quieren alcohol" (p. 121). El origen de la marginación es distinto; el refugio es el mismo, para los indios y para el padre Zozobra. Significativo también de su estado de *descaminados* es el hecho de que los indios a veces tienen tres nombres "uno español, otro indio y otro inglés" (*La terraza*, p. 154).

Entre ambos mundos hay personajes *fronterizos*, de enlace, de transición. El primo Ernest y su compañera Nadya pertenecen a ese grupo. La actividad a la que se dedican, la antropología, es un signo que remite a su deseo de comprender al hombre. No están extrañados por Buenaventura: "Matar a su padre no es tan terrible" (p. 15), dice Ernest, riendo, ante la incomprensión de John. Pero al mismo tiempo, la frase de Ernest es una señal: a los lectores nos indica que debemos ir más allá del significado literal. El mejor ejemplo entre los personajes ficticios, lo hallamos en *El padre Zozobra*; es Malinche. Luego veremos que también aparece como modelo el escritor D.H. Lawrence. No hay ninguna duda acerca de la intencionalidad del apodo de la muchacha que es el polo femenino y positivo en *El padre Zozobra*; su primera descripción revela claramente su condición de figura de síntesis de culturas distintas: "Malinche (la llamaba así Bernardo, recordando a la princesa india amiga de Cortés) era una muchacha de color cobrizo, esbelta, muy hermosa. De origen indio, hablaba tres o cuatro idiomas y había sido educada en escuelas de Nueva Inglaterra" (p. 93). Aparte de su generosidad moral, uno de sus principales atributos es una especie de inocencia primigenia, natural y casi divina que Sender suele atribuir a varios de sus personajes femeninos cuando son el vehículo de lo

---

[20] La relación problemática con el padre o figuras que lo sustituyen no es un tema raro en la obra de Sender. Ocupa un lugar importante en *Crónica del alba* y tiene sin duda orígenes autobiográficos.

mítico, de la trascendencia. En el hombre, el deseo hacia ellas es entonces una indefinida nostalgia de los orígenes y de la inocencia de lo auténticamente natural:

> Hablaba Malinche con una vivacidad de gestos muy armoniosa y tenía a veces expresiones un poco chocantes en su inocencia (p. 115).

> Malinche se encontraba con los indios en su elemento (p. 120).

> Todos [los sacerdotes] respetaban a Malinche cuya belleza física hacía de ella una prelada o *perlada*—como decían en la edad media— honoraria. Pero no era sólo la belleza. Malinche los desarmaba con su completa falta de coquetería, su honestidad simple como la del árbol y su buen sentido (p. 123).

Las palabras "honestidad simple como la del árbol," hay que considerarlas dentro del ámbito del tema de la *hombría* que Ramón J. Sender va desarrollando en sus obras desde el principio de su producción literaria[21] y en el que no voy a insistir aquí. Otras mujeres de las *Novelas ejemplares de Cíbola* dimanan la especie de aura angelical que caracteriza a Malinche. Angélica se llama la mujer inocente a quien el mediocre y vulgar Laner (*Aventura en Bethania*) se empeñará en imponer sentimientos de culpabilidad. Angélica en el sentido senderiano lo es también la extraña Matilde de *La terraza*, único relato protagonizado exclusivamente por blancos norteamericanos, aunque no faltan las referencias a ritos indios. Matilde pertenece con todo derecho al universo de Cíbola, por ser una figura de connotación mítica, depositaria de fuerzas mágicas y elementales, recluida (como el padre Zozobra) en un sanatorio o sea considerada loca por las personas "normales." En la terraza del sanatorio, de la que se dice que "una terraza de cemento en lo alto de un hospital está siempre un poco fuera de la tierra" (p. 158), tiene lugar una muy senderiana conversación sobre la naturaleza y la salvación de la humanidad:

> En el caso de haber sido fecundada, quizás habría nacido de usted un hombre extraordinario. Un ser excepcional. Tal vez el hombre que la humanidad necesita hace años. Que la humanidad entera necesita y espera hace siglos.... La naturaleza tiene su ideal sin

---

[21] V.: P. Collard, *Ramón J. Sender en los años 1930-1936. Sus ideas sobre la relación entre literatura y sociedad* (Gent: Faculteit van de Letteren en Wijsbegeerte, 1980), pp. 122-140. Y para el concepto en *La esfera*: M.C. Peñuelas, *La obra narrativa de Ramón J. Sender* (Madrid: Gredos, 1971), cap. 8.

embargo. Y lo busca, de un modo u otro. Ustedes, las mujeres hermosas, son los agentes de ese milagro natural" (pp. 148-49).

También Ira (*La madurez del profesor St. John*) está, por naturaleza más cerca del indio que su novio profesor. Intuitivamente, por alguna clase de afinidad, Ira parece saber que el relato de Buenaventura no carece de significado oculto, que no es simplemente el relato de un idiota: "Ira dijo por fin: —Tal vez esas cosas no son para entenderlas con la razón" (p. 15).

No extrañará la comprobación de que, dentro del marco geográfico de la "tierra de Cíbola," Sender atribuya al español una fuerte afinidad temperamental con el indio. Antonio, un español desarraigado—¿un *alter ego* del autor?—es uno de los personajes principales de *Los invitados del desierto*. Emite esta teoría, discutible tal vez pero atrayente:

> El español y el indio se entendían o se mataban y no había problemas de color ni de credo ni de nación. Sólo había problemas de estómago y de glándulas viriles. Para eso, para poder vivir así, en una guerra constante, secreta e incluso gustosa, había que tener fe elemental en la vida. El español la tenía. Por eso también el español se despreocupa de la muerte y busca el peligro. En cuanto a los mexicanos habían suprimido de sus leyes la pena de muerte porque en lugar de ser una amenaza era para ellos un aliciente y un atractivo. Detrás de ese gusto de la muerte violenta había en el español y en el indio la misma fe elemental en la vida (p. 287).

Antonio traba amistad con un viejo *wetback*, el mexicano Godofredo que "halló en la tierra de Cíbola un verdadero paraíso" (p. 296), se ufana de su "latinidad" y del que Antonio piensa:

> Era Godofredo un hombre a quien Lawrence habría admirado, un hombre sin falsas estructuras morales ni prejuicios y ni siquiera ambiciones—al menos sus ambiciones no iban más lejos que su propia sombra—. Esos hombres son meritorios y saben vivir y gozar noblemente de la sencillez de la vida. Porque la vida es sencilla y gozosa para ellos (p. 309).

Detengámonos en la referencia a D.H. Lawrence, el escritor inglés sepultado en Taos (New Mexico) y muy presente como tema de conversación en *Los invitados del desierto*. El nombre del autor del *Amante de Lady Chatterley* y *La serpiente emplumada* podría asociarse con más de una obra de Ramón Sender y vale la pena subrayar que el joven Sender ya se refiere al escritor inglés en 1934, en un comentario a la novela *Conguro*, "un admirable libro que nos señala uno de los tramos de la decadencia de las viejas sociedades de Occidente y uno de los aspectos, el menos morboso, del individualismo."[22] Lawrence luchó contra los conformismos; estaba convencido de que el hombre occidental, hipercivilizado, había caído en el error de ignorar u ocultarse la existencia de lo instintivo en su personalidad, negándose así la posibilidad de una vida auténtica. Uno de sus personajes, don Ramón, es la personificación de Quetzalcóatl en *La serpiente emplumada*. De D.H. Lawrence se dice en *Los invitados del desierto*:

> 'Hay que pensar en Lawrence sin literatura.... A mí me decía: yo me marché de mi país, Mrs. Spitzer, en plena juventud porque todo el mundo joven, es decir adolescente, organizaba su vida sobre una base triste: el secretito sucio.... La vida toda de Lawrence era amor.... Pero la vida de cada cual en ese espléndido nivel comienza por el secretito sucio. Al menos en la vieja Europa católica de la que hay que excluir sólo a la Alemania pagana del norte..... Lawrence había logrado mejor que otros dar esencialidad a las cosas más inertes y elementales y poseerlas en la hembra.... Y don Lorencito ganó la batalla... contra su país y contra todo el viejo mundo. No estaba solo, Frieda fue su agente angélico y volvían a quererse, amantes elementales y selváticos....'
>
> 'En esta tierra de Cíbola... Lawrence pudo respirar un aire sin antecedente.... Escribía sobre las cosas que hacía y las que hacían los otros a su alrededor. Con una inconsciente y feroz inquina contra el secretito sucio y su triste flor amarilla: la hipocresía sexual... Los indios eran sus amigos. Entre ellos no había secretito sucio. Al entrar en la pubertad comenzaban a amarse sin más. Amaban la realidad y el misterio sin retórica y no cultivaban la flor amarilla de Europa... Cuando tomaba don Lorencito a la mujer en sus brazos se creía el primer hombre de la humanidad abrazando a la primera mujer. Y luego lo contaba en largos libros.... Y las cosas más nimias o las sombras más lejanas tomaban prestigio. La baldosa que fregaba, la mesa que pintaba, el pan que amasaba y también Quetzalcóatl y Osiris o Isis (pp. 282-86).'

La extensión de la cita se justifica por la representatividad de esas páginas donde vemos a Sender *dialogando*—a través de sus personajes— con D.H. Lawrence en torno a temas tan importantes en la obra del autor aragonés como el sexo, el amor, el instinto, los mitos, la unión

---

[22] *"Canguro" y el individualismo*, en *La Libertad*, 27 de septiembre de 1934, p. I.

entre todas las cosas de la naturaleza, el dañoso conflicto interno provocado por las barreras erigidas por las normas sociales y religiosas contra las fuerzas elementales de la vida. Son temas que Sender abordó explícitamente, en textos ensayísticos, desde su primera época: *Reflexiones sobre el amor*[23] y *Carta de Moscú sobre el amor*[24], que contienen el germen de ciertas de las ideas enunciadas por el escritor maduro en *Tres ejemplos de amor y una teoría*.[25]

Apuntemos que *La madurez del profesor St. John* es el primer relato de las *Novelas ejemplares* y *Los invitados del desierto* el undécimo, es decir el último de la serie con protagonistas blancos: en cierto modo las reflexiones sobre Lawrence constituyen un comentario a las desventuras o tragedias (y tragicomedias) de personajes aparecidos anteriormente: el padre Zozobra o John St. John, de quien D.H. Lawrence es el polo opuesto, la contrafigura.

La dudosa madurez de un profesor que pretendía ser apolíneo.

Con razón escribe J. Rivas que *La madurez del profesor St. John* es "una buena síntesis de la obra de Ramón J. Sender, en estilo y en fondo filosófico."[26] John St. John: nombre que diríamos aéreo, espiritualizado, equilibrado, de connotación cristiana. Le conviene perfectamente a un serio profesor de griego en una universidad de New England, a un hombre respetuoso de todas las convenciones sociales, enemigo de cualquier clase de desorden. La cátedra de griego y el espacio geográfico definen al personaje: espíritu que se quiere *clásico*, respetabilidad anglosajona (New England), rechazo del exceso o de lo irregular (*Middletown*, nombre del pueblo universitario que habita St. John). Muy a pesar suyo el profesor St. John hará todo tipo de extravagancias para conquistar a Ira, cuyo nombre es evocador de vitalidad y temperamento apasionado, en suma lo contrario de lo que John considera racional o razonable.

Para el lector que no haya leído esta novela corta es necesario insistir en que el enfoque es irónico y el tono humorístico: se trata de una narración cómica pero de desenlace trágico. Vale la pena resaltarlo

---

[23] Una serie de cuatro artículos publicados en *La Libertad*, 5, 9, 18 y 24 de mayo de 1933.
[24] Madrid, Pueyo, 1934.
[25] Madrid, Alianza, 1969.
[26] *O.c.*, p. 136. "Buena síntesis" es aceptable, pero teniendo en cuenta que el libro de J. Rivas se publicó en 1967; Sender escribió muchísimo en los quince años siguientes.

porque esta mezcla corresponde a una constante en la obra de Sender; éste opina que la esencia de lo hispánico está en la tragicomedia. El capítulo de *Los "Noventayochos"* dedicado a Valle-Inclán lleva el título sugestivo de *Valle Inclán y la dificultad de la tragedia*. Es una meditación sobre la actitud española en las obras de arte. Sender observa que los tipos de la tragedia no aparecen en el teatro clásico español; resume algunas ideas sobre su país, su tradición, su historia, su literatura. Interesante es el encuentro de tres nombres: Valle-Inclán, el Nietzsche de *Los orígenes de la tragedia*, único texto que Sender aprecia en el filósofo alemán[27] y Celestina, protagonista de una de las obras españolas que más le gusta a Sender.

> Los pueblos que ríen—decía Nietzsche—no necesitan el consuelo metafísico de la tragedia. Pero España no ríe. Sonríe nada más.... Cada tragedia es una pelea más o menos retórica entre Apolo y Dionysos. Lo que tiene el español es el pudor y la vergüenza de la alegría y de la tristeza naturales. El dios de sus artes—y concretamente de su teatro—no es Dionysos ni Apolo sino Sileno, el dios evasivo que sonríe con media boca. En la literatura de hoy Valle-Inclán más que ningún otro es el profeta o el sacerdote de Sileno.... "[En *La Celestina*] el genio de Sileno interviene y el idilio acaba en catástrofe y para que la fiesta sea típicamente española, la misma catástrofe queda envuelta en la risa sin dientes de la vieja Celestina, quien se ampara del libro usurpando a los amantes hasta su lugar en el título.[28]

El esquema propuesto por Sender se aplica muy bien a *La madurez del profesor St. John*, texto en el que el autor concentra de manera irónica numerosos símbolos y mitos procedentes de la antigüedad clásica. Ya se advertirá que la presencia de *Los orígenes de la tragedia* de Nietzsche es transparente. Veamos con algunos ejemplos cómo en sus pensamientos y conducta los modelos del profesor son librescos y reflejo de su formación clásica. Insisto en que la muestra que sigue es muy incompleta; representa una pequeña parte de los ejemplos que se hallan en el texto:

> De las preocupaciones de aquel tiempo sólo le quedaba la de rectitud moral y la gravedad helénicas. Recordando la equivalencia de algu-

---

[27] V.: M.C. Peñuelas, *Conversaciones con R. J. Sender* (Madrid: Magisterio español), 1970, p. 268.

[28] *Examen de ingenios. Los "Noventayochos"* (New York: Las Américas, 1961), pp. 94-95.

nas formas y algunos sentimientos—a través de símbolos prestigiosos—pensaba que la grave y noble columna griega seguía siendo su norma (p. 27).

Su amor debía ser apolíneo, es decir, consciente, lógico y sereno. Nada de emociones ni de embriagueces dionisíacas (p. 35).

Ira en cambio, era forma—idea aristotélica—. Forma y esencia (p. 35).

Habló también del símbolo de la serenidad y de la gravedad helénicas (la columna, una vez más) que representa al hombre eternamente solo entre el cielo y la tierra (p. 47).

La miraba a veces John con codicia—aquellos hombros desnudos y redondos—, pero disimulaba porque su codicia le parecía culpable. Es decir dionisíaca (p. 48).

Calles enrevesadas como el laberinto de Creta. Sin minotauro. Un laberinto sin minotauro y sin Ariadna (p. 54).

Y pensó: Aristóteles no tenía razón cuando decía que no había que mezclar lo grotesco con lo trágico. Yo soy grotesco y trágico al mismo tiempo, ahora (p. 57).

La verdad es—se decía—que la pasión, cualquiera pasión, es una enfermedad deplorable. Los griegos lo sabían hace dos mil años (p. 62).

Era y debía ser y sería siempre Apolo—pensaba—dios de la razón el que prevaleciera en el mundo de sus afectos (p. 72).

Valgan estas citas para indicar que lo helénico constituye realmente un leitmotiv. Por supuesto que la burla de Sender no va dirigida a la cultura griega clásica sino a la pervertida idealización de ésta que la hace forma vaciada de contenido auténtico. El humorismo no sólo aparece en el gran número de esas referencias al mundo helénico que nos muestran a John St. John tratando desesperadamente de adaptar todas las circunstancias de su vida a su mundo ideal; a veces surge también a partir del contraste entre el valor simbólico que John atribuye a ciertos elementos y la interpretación, culturalmente no menos válida, hacia la cual la descripción orienta al lector. Piénsese en la obsesión de John con la columna griega de la que hace un símbolo de pureza. John rechaza o reprime sus impulsos sexuales; en ese contexto la columna, evocada repetidas veces, es un símbolo cuando menos ambiguo, ya que al leer, por ejemplo, "la columna subiendo sola y vertical" (p. 47) resulta difícil no pensar en un símbolo fálico.

Pero la ironía se hace más sutil, más estructural se podría decir, con el simbolismo de la caverna, de importancia decisiva en la composición del relato. Este se divide en tres grandes partes.

1. Pp. 7-15—Ira y John llegan a "la casa de Valle Hondo al sur de la tierra de Cíbola" (p. 8); es la casa del primo Ernest Bayarte, donde encuentran a Buenaventura, que les cuenta su curiosa historia. Al día siguiente John decide visitar las cavernas de Grandwall con las que tiene ciertas afinidades puesto que fueron descubiertas por su bisabuelo "pariente suyo y no de Ernest" (p. 15). Fijémonos en que se insiste en ideas de profundidad y descenso progresivo: un hombre del *norte*, viaja al *sur*, llega a Valle *Hondo* y baja a unas *cavernas*.

2. Pp. 15-73—en la caverna John recuerda los agitados acontecimientos de los años anteriores; cómo había conocido a Ira; cómo él se ridiculizó de varias maneras; cómo finalmente llegaron a ser novios y a emprender, antes de casarse, un viaje al sur. Evocando sus recuerdos insiste en que, dos años antes, se hallaba en "un estado de inmadurez lamentable" (p. 21) y que en cambio ahora "él era dueño de sí mismo" (p. 72) gozando de una madurez recién conquistada.

3. Pp. 73-78—El dramático desenlace. Provocado por el "barroco" Ernest, el razonable profesor no resiste a la presión de instintos demasiado e ilusioriamente reprimidos. En un momento de celos y rabia incontrolada mata a su primo. La escena tiene lugar en una piscina; los dos primos luchan por una pelota que en realidad representa a Ira; el agua es la personalidad con su fondo oculto—el inconsciente—y su superficie. Lo que John había controlado y reprimido tanto tiempo sube de modo violento a la superficie.

Sileno, "el dios evasivo" puede sonreír "con media boca." Porque hay una fundamental ironía subrayada por la estructura del relato, cuya parte principal es un largo retroceso temporal que evoca acontecimientos más bien divertidos para el lector, que se ríe de las torpezas del enamorado profesor. Pero la "tierra de Cíbola" va a ser liberadora de fuerzas temibles, destructoras de la falsa madurez y del ficticio equilibrio mental. La madurez anunciada por el título es muy distinta de la que John pensaba haber adquirido: coincide con la brutal revelación de que el verdadero equilibrio mental depende del grado de armonía entre el espíritu y el instinto, lo intelectual y lo natural. Eso lo saben los indios. De ahí también lo irónico en la relación entre John y Buenaventura, a quien Ernest recogió en una cueva (otra vez, la caverna) del territorio mexicano. La situación casi se invierte: "Un momento pensó John en huir con Ira a México cuya frontera estaba cerca" (p. 77).

A diferencia de un John, que al llegar, todavía no puede comprender a Buenaventura, éste, con ser criado y parricida buscado por la policía, es un hombre esencialmente libre y auténticamente maduro.

Volvamos a la caverna. Me parece obvio que Ramón Sender, gran conocedor de mitos y símbolos,[29] explota de manera acertada varios significados que la tradición simbólica atribuye a los espacios subterráneos[30] y en particular la caverna. Esta hace pensar aquí, dada la presencia del mundo helénico, en primer lugar en Platón, para quien el mundo es un lugar de ignorancia, sufrimiento, castigo, donde están encerradas las almas como en una caberna cuyos espectáculos de sombras representan el mundo de agitadas apariencias de donde debe salir el alma para poder contemplar el mundo verdadero de las Ideas; según ciertas tradiciones místicas Dionysos es el libertador del alma encarcelada. La caverna es también arquetipo de la matriz e interviene en mitos de los orígenes y en ritos de numerosos pueblos cuyas ceremonias iniciáticas comienzan con una estancia en la caverna, materialización del regreso al útero anunciador de un renacimiento. En contraste con esta interpretación hay el aspecto más trágico de la caverna como región subterránea, habitada por monstruos y símbolo del inconsciente y sus peligros generalmente inesperados. Explorar la caverna viene a ser entonces explorar el *yo* interior, primitivo, inconsciente. Es el espacio de la identificación, del proceso de interiorización psicológica mediante el cual el individuo llega a ser el mismo; llega a la madurez.

En las cavernas de Grandwall se mezclan y superponen esos significados. Formalmente, es el lugar de un largo retroceso temporal del relato; y el lugar, para John, del recuerdo y la introspección, pero en base de elementos falsos y de exageradas idealizaciones. Que la tendencia a la introspección tenga algo de enfermizo en John, lo muestra la reacción negativa de los demás personajes—mentalmente sanos— ante la idea de ir a Grandwall. No quiere ir Ernest "porque tenía en algún lugar un asunto urgente" (p. 15), ni quieren ir las dos mujeres (Ira y Nadya) porque tienen "la angustia de los lugares oscuros y

---

[29] Véanse entre otros textos de Sender: *Ensayos sobre el infringimiento cristiano*, México: Mexicanos Unidos, 1967; *Sobre los mitos*, en *El Urogallo*, núm. 7, enero-febrero de 1971, 11-15; *Notas sobre lo real absoluto*, en *Cuadernos*, 94, marzo de 1965, 67-74.

[30] V.: J. Chevalier et A. Gheerbrandt, *Dictionnaire des symboles* (Paris: Seghers, 1973), 4 vols.

cerrados" (p. 15). Se subraya el carácter nefasto o proféticamente amenazador de la caverna por la presencia de un río subterráneo lleno de moluscos que son "pequeños monstruos luminosos" (p. 39) y otros animales inquietantes:

> El guía de las cavernas explicaba: —El río subterráneo es peligroso. ¿Ven ustedes? No se acerquen tanto al agua. Y sobre todo no la toquen.
> Acercó el extremo de una varita a la superficie. Dos o tres cangrejos saltaron y se colgaron de ella. No eran exactamente cangrejos, pero lo parecían" (p. 53).

No le es posible al lector olvidar que el protagonista se halla en una caverna: la evocación de los recuerdos de John está entrecortada más de treinta veces por referencias (del tipo "pensaba desde la caverna de Grandwall") a la situación presente, es decir a la visita guiada. Ya no se debe insistir en lo que sigue a la exploración de la caverna ni en qué consistirá la anunciada madurez. Los animales acuáticos eran un anuncio de lo que ocurrirá en la piscina. Piscina, de *piscis*, pez.

Aunque a primera vista pueda parecer fuera de lugar la comparación, un texto anterior que por su tema y estructura se relaciona estrechamente con *La madurez del profesor St. John* es, en mi opinión, *Mr. Witt en el Cantón* (1936). En la novela ganadora del Premio Nacional de Literatura 1935 también se narra el caso de un hombre demasiado ordenado y razonable que sin embargo se dejará llevar por sus celos hasta el acto criminal (mucho más concertado que el de John). En *Mr. Witt en el Cantón* el triunfo de lo instintivo también es preparado, a través del retroceso temporal, por acontecimientos anteriores: Jorge Witt desempeña un papel muy ambiguo en el fusilamiento de Froilán Carvajal. *Ira* es comparable con Milagritos (-*gritos*); el ingeniero inglés Jorge Witt podría ser, por decir así, el abuelo del profesor John St. John de Middletown; el ambiente literal y simbólicamente primaveral del Cantón (al menos en la primera parte de la novela) es la expresión de las fuerzas elementales tantas veces evocadas en las *Novelas ejemplares de Cíbola*, fuerzas que se impondrán tanto a Jorge Witt como a John, a pesar de la resistencia de sus valores socioculturales y morales.

En *La madurez del profesor St. John* ciertos indicios cronológicos permiten fechar de manera bastante exacta los hechos referidos, lo que, si no me equivoco, constituye algo único para las *Novelas ejemplares de Cíbola*. ¿Por qué se subraya tan claramente (p. 18) que la historia de Ira y John empieza en marzo de 1934 y que dura dos años o sea, hasta 1936? Puede haber para ello alguna razón extraliteraria y totalmente anecdótica o superficial. Es posible también que la razón sea más profunda y esencial. Teniendo en cuenta las referencias cronológicas (pp. 71-72), la lucha en la piscina *podría* ser situada—sin absoluta exactitud pero sin incoherencia—en el mes de julio de 1936. Entonces la lucha a muerte entre dos principios opuestos personificados por dos primos, seres de la misma familia, en el verano de 1936, *podría* ser una transposición alegórica de la guerra civil española, tan presente, aunque a veces de manera indirecta, en las obras de Ramón J. Sender. Me permito insistir en la prudencia de los condicionales que van subrayados: lo que propongo aquí no es más que una tímida aunque, tratándose de Sender, tentadora hipótesis.

Y para terminar: el título

El sustantivo, el adjetivo y el topónimo en el título del libro comentado, merecen algunas consideraciones finales.

Aplicadas a una serie de relatos breves de Sender, las denominaciones *novela* o *novela corta* pueden resultar un tanto problemáticas desde el punto de vista de la teoría de los géneros, pero no tengo el propósito de debatir ahora la cuestión de los límites entre las distintas formas de prosa de ficción. De las *Novelas ejemplares de Cíbola* escribe E. Brandenberger:

> Eigentliche Romane sind sie allerdings nicht, obwohl einige Erzählungen... weit ausgreifen, einzelne Episoden reich ausgestalten und die innere und äussere Entwicklung der Hauptperson zum Thema haben.[31]

Luego las clasifica entre las *romanartige Erzählungen*. La novela corta, llamémosla así, es una forma narrativa que le conviene a Sender. Es un tipo de narración que necesita una fábula claramente delineada, tiende a concentración, tiene una estructura más uniforme y clara que la novela (larga), y suele captar un acontecimiento bien determinado en cuanto al lugar y al tiempo. Frente a sus textos de mayor extensión, las novelas cortas o los cuentos ofrecen la ventaja de presentarnos de manera sintética y particularmente dramatizada aspectos importantes del ideario del autor que se esparcen de modo más difuso a lo largo de las novelas. No es raro que Sender se pierda un poco en sus alegorías y en la profusión de temas cuando se trata de una obra de cierta extensión. En las obras breves se puede apreciar la sobriedad narrativa

---

[31] *Die spanische Kurzgeschichte seit dem Bürgerkrieg* (Bonn: Bouvier Verlag, H. Grundmann, 1974), p. 14.

y el rigor en la composición; aparece más claramente el gusto de Sender por la narración parabólica o *ejemplar*. Recordemos que una de las novelas formalmente más elogiadas del autor es el corto *Réquiem por un campesino español*.

En otro trabajo[32] he insistido ya en la gran importancia que tiene para Sender la idea de *ejemplaridad* de la obra literaria. Aquí me limito a subrayar que, aparte de la alusión en sí a lo ejemplar, dos elementos hacen significativo el título *Novelas ejemplares de Cíbola*: primero el explícito homenaje a Miguel de Cervantes, a quien Ramón Sender tanto elogia en numerosos textos; son doce, como las de Cervantes, las novelas ejemplares de Sender. Segundo, la referencia a un espacio legendario, la tierra de Cíbola. De ésta, Ramón J. Sender, aficionado a mitos y leyendas, hace un espacio privilegiado. Cíbola alude a la extraordinaria aventura histórica de España: el descubrimiento y la conquista de un Nuevo Mundo; Cíbola es lugar de encuentro de distintas culturas; por ser tierra legendaria es tierra de revelación, propicia a acontecimientos o encuentros extraños y esenciales para unos personajes que llegan a descubrir dimensiones insospechadas de sí mismos y de la vida.

Rijksuniversiteit te Gent
(Universidad de Gante)

---

[32] *Ramón J. Sender en los años 1930-1936*, o.c., pp. 140-46.

Fauna in Selected Novels of Sender (1962-1978)

KESSEL SCHWARTZ

AS I HAVE SHOWN in a previous article (*Hispania*, Sept., 1963), Ramón Sender has always been fascinated by animals, their symbolic and zoomorphic aspects, and their special relationships with human beings, reflecting social, sexual, psychological, or political truths. Through the behavior of animals, of man in general and of Spaniards in particular, Sender affords us various value judgments.

In his later novels Sender continues his use of animal imagery, zoomorphism, zoography, and zoolatry, as he presents us with zoophiles and zoophobes. Making increasing use of word play and humor, quite robust and with an irony verging on Cervantine *socarronería*, Sender also discusses broad animal-human relationships and comparative abilities. As he writes about love, politics, discrimination, sex, war, and nature, he utilizes countless animal settings, often involving incidents which helped shape his life, and provides his readers with detailed, almost encyclopedic, descriptions of animal life.

Sender's short stories are replete with animals, for example, "Las gallinas de Cervantes," about the transformation of Cervantes' wife into a hen; and some of his novels have animals in the title: *La luna de los perros; El pez de oro*. Several novels have as central protagonists a whale, a dog, and a squirrel respectively: *Zú, el ángel anfibio; Una virgen llama a tu puerta*, and *Adela y yo*, and animals seem to be the adhesive which holds his novels together.

Sender, through animal references, introduces some of his favorite subjects, among them the cobalt bomb, Freud and sex, mythology, Crete, Atlantis, and flying saucers. In keeping with a broader allegorical, philosophical bent, Sender seems to imply that human culture depends on animal origins and mythology without which man would be seriously traumatized. Man is dependent on natural phenomena and animals; without them life itself loses meaning. As regards his native land, Sender sees it as somewhat atavistic, and his animal emphasis seems to tie in Spain with a more primitive and magic view of life in a remote epoch when animals and men were not so different in their reactions to life and death. But Spanish or foreign, his characters offer Sender the opportunity to examine and dissect them and the humanity they represent in their relationship to the total animal world.

Sender uses hundreds of similes, metaphors, and startling images involving nature, objects, human beings and animals, at times with pejorative implications; at others without. The imagery involves the general term "animal" together with a variety of specific fauna. Sender classifies human physiology and behavior as animal oriented and at times views humans as animals. Animals, too, exhibit human traits. Quite often Sender describes animals in terms of other animals. In *La tesis de Nancy*, when the protagonist wants to hire a horse to climb the Giralda, the gypsy first tells her the horse is as tame as "una borrega der portá de Belén;" but upon learning her purpose asks her whether she thinks the "animalito e una cigüeña."[1] Sender discusses objects from time to time in animal terms. In *Las tres sorores*, for example, Pascual's boots have "pinzas como las de los cangrejos...,"[2] machine gun fire is "como un galgo" (TS, p. 182), and coffins are as black as "la tripa de un murciélago" (TS, p. 126). Sender also describes nature and natural phenomena in zoological and often poetic terms. Thus "el alba tiende despacio sus dos alas desde el horizonte;"[3] "...toda la península parecía un gigantesco anfibio que estirándose acalorado...ansiaba refrescar su ardiente caparazón rocoso."[4] Similarly we find: "El viento muge en la chimenea como un

---

[1] Ramón Sender, *La tesis de Nancy* (Mexico: Ediciones Atenea, 1962), pp. 25-26. Further references in the text are to this edition, hereafter cited as TN.

[2] Ramón Sender, *Las tres sorores* (Barcelona: Destino, 1974), p. 119. Further references are to this edition, hereafter cited as TS.

[3] Ramón Sender, *Una virgen llama a tu puerta* (Barcelona: Destino, 1973), p. 150. Further references in the text are to this edition, hereafter cited as VL.

[4] Ramón Sender, *El Mechudo y la Llorona* (Barcelona: Destino, 1977), p. 35. Further references in the text are to this edition, hereafter cited as ML.

buey,"⁵ and "...el viento recordaba a veces el ulular de los perros o los lobos..."⁶ At times nature causes animal reactions: "El sol me llenaba la cabeza de avispas doradas" (TS, p. 158).

Sender employs a variety of animal sounds, cries, mews, chirps, howls, whines, squeals, and croaks together with a variety of visual, auditory, physical, alimentary, or sexual characteristics of fauna to describe his human protagonists. Often he is compelled to designate more than one animal to encompass the human activity. Among his fauna Sender includes various carnivores, monkeys and apes, dogs, frogs, rabbits, goats, insects, lizards, snakes, cats, rats, and mice and above all avian entries from hummingbirds to condors. Sender constantly compares women's characteristics to those of lions and tigers. Thus Raquel "te miraba como una leona en celo" (LP, p. 87); Nazaria muses that there are "mujeres peores que tigres" (A, p. 71); "Rosa era peor que los tigres;"⁷ and Antonio's rich lover took him to the country every week and "lo celaba como una tigresa."⁸ Men, too, are carnivores or predators of various kinds. Cyril, upon learning the truth concerning his wife's adultery, rushes downstairs and "lanzó un rugido como el de un león..." (AY, p. 156). In *Nancy, doctora en gitanería* Borrow's visitor had small eyes "como los de los hurones...," and he ate "como un lobo de las esteras."⁹

Surprisingly, Sender's references to man's best friend, the dog, are not terribly complimentary. A wife wants to torture her husband "hasta hacerle dar aullidos de perra atropellada;"¹⁰ Juliano, a student, suffers from "una humildad perruna" (AG, p. 220); and Cyril compares himself to a "perro pulguero y sarnoso al que han echado de casa" (AY, p. 163). Not all such references are negative, however, for Pedro answers "con el tono del perro que defiende su hueso,"¹¹ and

---

⁵ Ramón Sender, *La luna de los perros* (New York: Las Américas Publishing Co., 1962), p. 5. Further references in the text are to this edition, hereafter cited as LP.

⁶ Ramón Sender, *La antesala* (Barcelona: Destino, 1971), p. 78. Further citations in the text are from this edition, hereafter referred to as A.

⁷ Ramón Sender, *El alarido de Yaurí* (Barcelona: Destino, 1977), p. 164. Further citations in the text are from this edition, hereafter listed as AY.

⁸ Ramón Sender, *Arlene y la gaya ciencia* (Barcelona: Destino, 1976), p. 60. Further citations in the text will be labeled AG.

⁹ Ramón Sender, *Nancy, doctora en gitanería* (Madrid: Editorial Magisterio Español, 1974), pp. 34, 38. Further citations in the text will appear as ND.

¹⁰ Ramón Sender, *Cronus y la señora con rabo* (Madrid: Akal, 1974), p. 123. Further citations in the text are from this edition, hereafter cited as C.

¹¹ Ramón Sender, *Nocturno de los 14* (Barcelona: Destino, 1970), p. 14. Further citations, from this edition, will be listed as N.

one of the men in *El superviviente* "era o parecía tan perfecto como un perro de circo que hablara...."[12]

Many of Sender's references are to animals not normally associated with positive virtues, such as frogs, rats, or worms. The protagonist of *El fugitivo* (1972) resigns himself to starving more like a "rata que de ser humano,"[13] and Tánit's mother, her prospective son-in-law says, had always exhibited "movimientos rápidos y silenciosos de rata rubia"[14] Mu-mú lives in her house "como un gusano de seda en su capullo..." (N, p. 15). Aurelio's voice resembled more that of a "rana en celo que de ser humano."[15] Insects abound: "japonesitos afanados como hormigas;"[16] "...con su hocico de araña en pailas blandas..." (E, p. 87); "rosa...como una mariposa de color blanco" (AY, p. 29); "...chico...pequeño y dorado como un 'golden bumblebee' " (TN, p. 139).

Birds in general and specific breeds such as owls, crows, eagles, sea gulls, roosters, condors, storks, and hummingbirds relate to many varieties of human manifestations: "...le dio un ataque de risa...como el crotorar de una cigüeña" (TM, p. 46); "un beso suave, como el roce de las alas de un colibrí" (VL, p. 110); Madame Violette laughs "como una corneja" (LP, p. 71); and the protagonist of *Tánit*, thinking of the difficult life of birds in nature, compares himself to "un águila con el ala rota que tuviera que viajar en avión..." (T, p. 278). Madame Maisonnave, embarrassed by her spilled alcohol, "miró alrededor como una ave enjaulada que quiere salir y no sabe por dónde."[17]

As previously stated, Sender at times does not identify the species and refers to animal behavior in general. Thus when the protagonist looks at his pet puma "le causaba una alegría de animal selvático" (AY, p. 131); the caballero from Lima, on his week-ends, "...gozaba como

---

[12] Ramón Sender, *El superviviente* (Barcelona: Destino, 1970), p. 161. Further references in the text are to this edition, hereafter cited as S.

[13] Ramón Sender, *El fugitivo* (Barcelona: Destino, 1976), p. 99. Further references, all to this edition, will be cited as F.

[14] Ramón Sender, *Tánit* (Barcelona: Editorial Planeta, 1972), p. 148. Future references, all to this edition, will appear as T.

[15] Ramón Sender, *La efemérides* (Madrid: Ediciones Sedmay, 1976), p. 48. Further citations in the text are from this edition, hereafter listed as E.

[16] Ramón Sender, *La mesa de las tres moiras* (Barcelona: Planeta, 1974), p. 205. Further references in the text are to this edition, hereafter cited as TM.

[17] Ramón Sender, *En la vida de Ignacio Morel* (Barcelona: Planeta, 1969), p. 104. Further references in the text are to this edition, hereafter cited as VI.

un animal salvaje" (AY, p. 14); the stewardess, locked in her room, resembles "un animal inferior" (C, p. 43); and Hiende is unable to acclimate himself to the primitive nature enjoyed by the Indians, "...es decir una vida simplemente animal" (ML, p. 78).[18]

Sender's protagonist may also be totally zoomorphic. Nancy is a "pajarito de oro" as well as a "venadita," and Quin, the poet, is an "abejorrito rubio" (TN, pp. 21, 154, 139); Marie, whom Rafael considers with other women "gallináceas," believes his other girlfriends are all rats and that Raquel, specifically, is a "rata rabiosa" (LP, pp. 77, 44-45); Morel calls Darlbeida "una especie de chacal" as well as a "rata del desierto" (VI, pp. 51, 231); Del P was "un animal de costumbre" and I's wife a "mujer ratonil" (N, pp. 219, 258); Kingsley calls Robertson a "blue nose baboon;" González is a "super rata" and Sandra and Felisa "super gatas" (VL, pp. 55, 62, 65); Mitchell's captain is "el viejo cabra" (TM, p. 118); Samar is a "lobo rampante;" Star, whom we met previously in *Siete domingos rojos*, is a "gorrioncita," an "osa joven," and, of course, "la chica del gallo" (TS, pp. 144, 107, 129, 233). In *Arlene y la gaya ciencia*, Arlene is "la golondrina," and Antonio's lover is a "tigresa millonaria" as well as "una cucaracha-mujer" (pp. 19, 105, 155). All of Sender's novels contain many of these zoomorphic epithets. In *Efemérides* the protagonist is "el avechucho que se alimenta en el muladar," and some youths are "terneros recentales" (pp. 56, 106); in *El alarido de Yaurí* Cyril "era un cóndor" and Rosa a "lista lagarta" (pp. 68-69, 80); and in *El superviviente* Felipe "era un lince" and other lovers of Paquita "sarrio," "acantopterigios," and "ave de corral" (pp. 92, 129, 130, 133).

Sender includes many jokes and funny stories involving animals in his novels, quite often with a sexual, physical, or psychological connotation. He also enjoys giving the reader etymological and

---

[18] Among dozens of other samples of such imagery are: "rió como un grillo," "Curro...con...media sonrisa de conejo," "el chico resbaló...como una ranita..." (TN, pp. 51, 107, 121); "Charlie...como el ciervo a la fuente escondida," "...amiga como los gatos de jugar a las puertas..." (N, pp. 63, 258); "...eres tú una especie de loro multicolor durante el día y de búho gris por la noche sin dejar de ser rata..." (T, p. 149); "...tenía...un perfil de gorila," "me miraba...como un ave de mal agüero" (A, p. 145); "...con una nariz de águila ganchuda" (C, p. 60); "...soy imprudente como un...cabrito suicida" (TM, p. 141); "Verdaderamente parecía un mono...," "Y era su voz como el balido de un recental" (AG, pp. 62, 203); "brincaba al estilo de las cabras," "se pone a dar brincos como los machos cabríos" (E, p. 50, 95); "Yo dije con una risita de conejo...," *Adela y yo* (Barcelona: Destino, 1978), p. 151. Further references in the text are to this edition, hereafter cited as Ad.

semantic explanations. Given its subject matter, one would expect to find a number of humorous stories and word-plays in *La tesis de Nancy*. A youngster tells a priest she is taking the cow to the bull. The priest asks her why her father couldn't do it, and she replies: "No, señor cura. ¿Qué cosas tiene? Es menester el toro" (p. 81). Mrs. Adams noticed a drop of yellow liquid on her hand, tasted it and, believing it to be contraband liquor, asked the Englishman whether it was Scotch. He replied: "No señora, fox terrier. Luego disculpó al animal diciendo que era un puppy todavía" (p. 99). Curro brags that on his street there is a butcher "que tiene medio cuerpo de toro y manos de cerdo y cabeza de jabalí" (p. 121)—for sale, of course. Nancy explains to Betsy: "No hay gorilas en España... No sé como han hecho su guerra de gorilas en el pasado por el cual son famosos los españoles." She later discovers: "No es gorilas sino guerrillas" (pp. 9-10). In one incident some confusion arises from mosquitoes in Cuba, the country, and *cuba*, a barrel (p. 46); in another, Curro, comparing Nancy to a nightingale, corrects his first use of "ruiseñor" to "ruiseñorita" (p. 236).[19]

In *Nancy, doctora en gitanería*, Sender proposes the use of donkeys to replace Cadillacs because they are more comfortable, efficient, and hygienic. He specifically includes the exchange "del asno y el cadillac" as "un pequeño toque de humor" (pp. 267-68). In *La luna de los perros* Max, whose standard of living depended on his laying hens, sent them pleading telegrams: "Hagan ustedes el favor de poner huevos (en América tratan a las gallinas de usted), si no, estamos todos fregados" (p. 234). In *La antesala* the children find two dogs in "trance fecundador." They throw rocks at them, and the dogs run off. The children believe that the dogs "juegan al camioncito," and they try to imitate the animals by playing the same game (pp. 40-41). Sender also includes a variation of the American kangaroo shaggy dog story. A monkey dressed as a man orders a whiskey and pays for his drink with a hundred dollar bill. The crooked bar owner allows him a dollar in change. The bartender exclaims: "Hace tiempo que no vienen por aquí gentes como usted... " "Es que... respondió el otro—con el precio que cobran... no me extraña que no vengan" (p. 72). In *Una virgen llama a tu puerta* a character proposes the riddle: "¿Qué es lo que los hombres hacen de pie, las señoras sentadas, y los perros en tres patas?" (p. 155). The unexpected answer is, of course, shake hands.

[19] Among several other incidents involving funny misunderstandings are the double entendres about "pavo" and "pava" (pp. 38-39), eating hot dogs and crow (p. 180), and grooming a horse (p. 214).

As for the numerous word plays, they include "Mustang," a confusion between horse and car (N., p. 137); a jacket called *rucia* because of the color of Sancho Panza's *rucio*, and chipmunks, phonetically equivalent to "frailes baratos" (LP, pp. 8, 45); the double meaning involved in fauns and fawns (T., p. 54); an old professor, his ears filled with worms, "putrefacto especialista en Unamuno y en Galdós" (F, p. 169); nuthatchers as "incubadoras de nueces," and ensuing meanings of "nuts" in English;[20] and the connection between *carabo*, a bird, and *carajo* (ND, pp. 55-56). In *Cronus y la señora con rabo* the stewardess, dressed in red, recalls for Cronus the Peruvian "pajaritos cantores con el pecho también rojo... Que a esos pajaritos los llaman allá putillas," and he laughingly calls her his *putilla* (p. 9). In *Arlene y la gaya ciencia* Sender cites the *Libro de buen amor* as he plays with words: "búho, buhona, buhonera" and "de comadre, comadreja nocturna... Ave de presa nocherniega..." (p. 127). Yolanda, Gustavo's wife, sends her husband to Rosa but exclaims: "Te envío el faisán, pero antes me comí el relleno" (AY, p. 124). And when Cristóforo calls a woman's dog a son of a bitch, he answers her protest with: "¿No nació de una perra?" (AD, p. 16). In a more serious vein he discusses the psychology of naming animals, the difference between "dar a luz" and "parir," as well as the use of "beber" and "tomar."

Sender describes animals in dozens of scenes throughout each of his novels to give background and substance, a kind of frame or setting for plot and theme. At times the surroundings project a purely picturesque and descriptive effect; sometimes they serve to recall the author's past contacts with animals; sometimes they reinforce or accompany a particular mood or event. In *Tánit*, for example, we find: "También hay ciervos, elks... osos negros y bayos de pelo liso y no rizado... raccoons que son una especie de tejones silenciosos... las aves... abunda más... el bluejay, muy azul, del tamaño de una paloma... Algunos, como el chickadee se acercan al hombre... Diría otras cosas de esos encantadores chickadees, pero nadie lo creería: de tal modo la realidad resulta a veces fantástica." He goes on to describe how much elks love apples, their hunger in the winter, various animals who approach the protagonists' cabin, and deer who watch their reflection in the water (p. 49). And Sender also recalls that "los saltamontes fueron amigos míos en la infancia. Los chicos hacíamos de ellos nuestra moneda..." (p. 76)

---

[20] Ramón Sender, *Zú, el ángel anfibio* (Barcelona: Planeta, 1970), p. 22. Further references in the text are to this edition, hereafter cited as Z.

In *El fugitivo,* as the protagonist in the clock tower inhabited by rats sees two beautiful storks and an enormous nest, he recalls how in his youth he learned to rob nests of "jilgueros y de gorriones para llevarme los polluelos a casa y criarlos." He recalls his encounter with a young stork who had an extraordinary diet and the respect farmers had for these birds because they cleaned snakes and toads from the river banks. Back in the present he muses on bats and the difficulty of the mother stork in having her call to her babies heard over the noise of the bells (pp. 13-19).

In *Adela y yo* the author, with his protagonist, recalls his past through watching the animals in the park (p. 36). Stage settings for animal and human behavior extend as a leit-motif throughout the novel. Cristóforo, near the zoo and marine shows, feeds the friendly birds and meets his little squirrel friend. She is "pequeñita y graciosa, con las menudas orejitas color gris dorado y la gran cola en forma de interrogación" (p. 9). She jumps on his bench and eats peanuts from his hands. Adela gives birth to four babies, one of whom is killed by a white eagle. Curto, Cristóforo's cat, jealous of Adela, climbs the tree in which she nests but finds it difficult to descend. The clever blue jays, seeing where Adela buries the nuts given her, dig them up and eat them. Cristóforo describes a number of the zoo animals and meets, on several occasions, a woman whose dog has encounters with both Curto and Adela.

In *Una virgen llama a tu puerta* again we have a zoo in a park, filled with doves and sparrows. The protagonist likes especially to watch them at sundown. From his room he can hear the zoo sounds which recall South American or Indian forests. One of the main events concerns a dog show, and Sender describes the dog attendants, a variety of extravagant human and animal types, special breeds and mixes, some like little colored rags without tail or paws, pointers, spaniels, greyhounds, and poodles, each in its special traveling cage. Meanwhile, dogs roll and play on the park's three hundred meter expanse of grass. Pérets, the adoptive uncle of Sandra, owner of the female dog protagonist, cannot sleep, an unrest echoed by the song of a nocturnal bird. When his murderers depart, "una rana croa y un grillo desvelado se obstina en su trino" (p. 102), and the discussion of his life and death takes place against a far-off owl call and the even more remote "ulular desesperado de un perro" (pp. 130-31).

All of Sender's novels, as stated above, have similar descriptive settings. In *La tesis de Nancy* these settings involve parrots, owls, and vultures. In *La luna de los perros* a dead crow sets off the theme. In *En la vida de Ignacio Morel* horses, spiders, doves, meadow rats and white cockroaches provide settings for real and fantastic events. In *Nocturno de los 14* the cat, Gerineldo, climbs trees and looks for birds' nests. He brings in a dead bird. In *Zú, el ángel anfibio* we have a narrative account of that whale's birth and his mother's sacrifice, descriptions of Marineland, a family of bears, deer, birds, especially chickadees, and the descriptive recall of the dolphin, Xai.[21]

Sender also fills his novels with learned assertions and odd bits of information about a variety of animals. In *Tánit*, for example, he tells us that, concerning chipmunks, "sus correrías son como las de las ratas o las ardillas, pero no chillan" (p. 45); that "los monos suelen ser curiosos" (p. 57); that there is but a small difference between wolves and coyotes (p. 73); that the ear "del pez está organizado de tal manera que las otras vibraciones no le llegan..." (p. 316); and that "...el pelicano es el único animal volante feo y por cierto el que está más cerca de la fauna prehistórica" (pp. 317-18).

In *Adela y yo* Sender gives us a detailed breakdown of birds of prey, hawks, falcons, night hunters, owls, buzzards, and crows of various kinds. He tells us that white eagles hunt during the morning hours when the sun is in the east because it gives them better camouflage. Among the many kinds of eagles, all with their beaks in the form of a curved dagger, we find: "el águila real, el...barbudo...águila blanca..." (p. 111). He tells us that among animals, "casi siempre [las] hembras...son más confiadas" (p. 8); that animals discriminate according to sex and "un gato o un perro prefieren la amistad de la mujer y sus hembras la nuestra" (p. 9); that squirrels "son un producto perfecto de la naturaleza...esa superioridad consistía en su agilidad para huir, y sobre todo, para trepar por los troncos de los árboles" (p. 12); that felines have a natural elegance (p. 24); that "los búhos de California son pequeños" (p. 30); that more female squirrels than males are born and that "entre las ardillas existe el matriarcado..." (pp. 49, 129); that rats and squirrels have different types of tail (p. 136) and that there are "cincuenta o sesenta especies diseminadas por todo el planeta..." of the genus called *sciurus* in Latin (p. 173).[22]

---

[21] Similar settings occur in A, (pp. 47, 52-53, 121, 127, 130-31, 203, 209, 216); in T, (pp. 43, 284); in C, (pp. 67, 129); in TM, (pp. 41, 82, 209); in TS, (pp. 105, 190-93, 206-08); in ND, (pp. 81, 211); in E, (pp. 9-10, 41, 139, 172); in AY, (p. 34); and in ML, (pp. 14, 114-15).

[22] We learn other bits of information about bulls (TN, pp. 87-88); sparrows and doves (VI, p. 220); cats (N, p. 187); starlings and birds' "ciencia estelar," whale songs and suicides (Z, pp. 23, 28, 31); bats (F, p. 37);

Politics, social concerns, racial discrimination, poverty, pollution, and war, aspects of man's inhumanity to man and so central a part of his early novels, continue in these later works. Sender likes to use animal comparisons in making his philosophical or political point. He cannot escape his own early antifascist stands, though he acknowledges the victims on both sides. As Abel says: "Todos sabemos que hay mulos que después de recibir palos de los fascistas por la derecha quieren recibir palos bolcheviques por la izquierda" (AG, p. 109). And although Vares, given his bloody and miraculous escape, cannot be blamed for his hatred, he believes that all Fascists are "cerdos" (S, p. 35). But the other side may not be better, for Paquita and Vares in turn are "hienas que almorzáis cada día con carroña fascista..." (S, p. 27). Members of the anarchist group, Espartaco, Samar believes, resemble a trapped seal he finds in a tank: "Estamos en la vida como ese animal" (TS, p. 307). Anarchists, considered potential experimental subjects for psychiatrists (TS, pp. 20-21), had been abandoned by society as though "fueran perros" (TS, p. 269).

In Colonial times Indians, like mules, carried copper on their backs (ML, p. 9). But animals also discriminate from time to time. The purebreds attack Sandra's mongrel in *Una virgen llama a tu puerta*, and Cronus points out that black monkeys often envy white ones, though he deplores the implied racism: "Debe ser idiota eso de ser negro y envidiar a los monos blancos" (C, p. 135). Yet it is basically humans like Ivonne, who likes white rats but not black ones (AG, p. 212), who discriminate and not animals, since humanitarianism is not normally an attribute of intelligent beings. Sender also explains poverty and wealth in zoological terms. To be, like Samar, second born in a house "de ocho pares de mulas... era casi ser rico, en aquellas tierras" (TS, p. 7); in America the sick go to hospitals; in Spain only the poor devil "que no tiene un perrito que le ladre" will go (TN, p. 185). Of course, neither poor nor rich are helped by the pollution man causes, "los detritos de las fábricas... que mataban a los peces" (TM, p. 13) or the smog of a paper mill which caused the mockingbird's song to become "ronco y sin sonoridad" (T, p. 66).

Although Vares, in self-defense, insists that many animal species assassinate their own "por capricho y especialmente por ambición" (S,

---

hippopotamusses, elephants, and many breeds of dogs (VL, pp. 10-16, 75); bees, sparrows, and doves (TM, pp. 7, 79); horses, lightning bugs, Spanish fly, and dogs (TS, pp. 131, 194, 250, 252); dolphins, leopards, and dozens of birds, especially the hummingbird (ML, pp. 36, 78-79, 167-68, 175).

pp. 106-07), the truth is that animals do not lie, deceive, or destroy innocent lives as mankind does (TM, pp. 136-37), because animals do not make "rifles y bayonetas para sacarse las tripas recíprocamente cuando una de ellas toca una trompeta" (Ad, p. 174). Men are more cowardly and cunning than animals, and some, like Stalin, "la bestia apocalíptica" (TS, p. 128), have killed more than their share of tailless primates (S, p. 107). In *Una virgen llama a tu puerta*, one of Robertson's apes becomes paralyzed; other gorillas bring him food in a bowl. A young ape steals the food and eats it, prompting the observation that "es de veras humano. Es decir, inhumano, lo que para el caso es lo mismo" (p. 196). When all the apes but Nepto, the paralyzed one, are killed, his happiness prompts the observation that "aquel seudántropo era un verdadero hombre, ya que se solidarizaba con nosotros contra sus compañeros" (p. 214). Sender equates selfishness, the thirst for power, and the need for destruction with human existence. "El hombre es un animal que necesita matar" (S, p. 17) seems to be Sender's conclusion. Animals do not hate, but man driven by that emotion organizes "grandes carnicerías entre sus semejantes" (Z, p. 79). Indeed, in one of the novels killer whales admire in man "su habilidad para matar en masa" (Z, p. 161). Human pretenses at virtue are comic because in the name of each supposed value "buscan un provecho vicioso" (Z, p. 185).

Sender has much to say about nuclear war. When the apes take over temporarily the control of the bomb in *Una virgen llama a tu puerta*, they think in human terms of power, privilege, and supremacy; with human progress they want only to eat, fornicate, and command. In *La tesis de Nancy* the Yankee crew become dressed-up pigs, "el animal físicamente más parecido a las personas..." (p. 205). Atomic destruction is likely to be complete with the "abominables cucarachas" (Z, p. 10) as likely inheritors of the planet. Even if all human beings do not die from the lingering effects of the cobalt bomb, it may well be that in a new order humanity will be the domesticated animals (Z, p. 190).

Sender associates animals in various ways with religion and religious motifs. That Jesus' mother was of the House of David, in America "lo saben...hasta los gatos" (TN, p. 59). The Cuban girl in *Arlene y la gaya ciencia* claims that Spanish anarchists mocked Catholic processions by adorning a donkey with a crucifix. Animals are much less hypocritical in matters concerning things like birth control, since they do not allow the unfit to survive. This, admits Sender, is not a very Christian observation, but "entre las especies de los vertebrados inferiores el cristianismo no tiene muchos partidarios. La naturaleza ignora la piedad" (Z, p. 15). The dove, supposedly a symbol of the Holy Ghost in its character of "mensajera del cielo" (Ad, p. 116), appears in the horribly mocking scene in which the Nazis repeatedly hang a mad Jew. During the incident a flock of doves pass over the field, and one comes to rest on the gallows. The dove "era impoluta como la nieve. Parecía un milagro... Si ha habido... una paloma en el mundo digna de representar el Espíritu Santo era aquélla y allí estaba como si tal cosa" (TM, p. 68). But Sender's characters find little purity in religion; there are "cucarachas en el sagrario" (N, pp. 86-87) rather than doves. Men mock God's word as missionaries in Alaska tell the Eskimos: "Tú me traes armiños y yo te daré la bendición. Me traes zorros blancos y te enviaré al cielo cuando mueras" (TM, p. 173). Animals, on the contrary, do not have to organize religions to justify their sins. As they pray to the sun, at least symbolically, animals seem to project spiritual qualities (N, p. 158). Although neither Cristóforo nor Adela truly understands God, perhaps "ella lo oye en mí y yo lo oigo en ella" (Ad, p. 119).

Buddhism emphasizes the animal world through the concept of transmigration, as evil humans are reincarnated as spiders or as cockroaches or as "una rata perseguida..." (VL, p. 33). It may well be that Hitler "y tantos otros, vuelven a la vida para ser una cucaracha en el rincón ceniciento de una chimenea... con conciencia plena de ser hombres" (TM, p. 74). Sender at times confuses lycanthropy (relevant only to changes involving wolves) with other aspects of metempsychosis and theosophy. In *El alarido de Yaurí* the Indians believe in hylozoism, contending that life is a property or derivative of matter and that human beings killed in accidents or war "pasaban a vivir en la selva en forma de animales." These could be birds, armadillos or vicuñas. The Indians protested against Cyril's fur raising enterprise, but he convinced them that his animals were from other districts and hence contained no souls belonging to their relatives (pp. 48-52). They accepted the idea that the component parts of individuals were eternally in existence.

At times Sender fuses religion with various superstitions, mythology and magic concerning animals. The Indians cited cases of a woman from the city who on Sundays "se convertía en una oca migratoria" and of a pharmacist's wife who changed into a black crane (AY, pp. 48-52). In *La tesis de Nancy* we learn of the Minotaur, of a princess converted into a talking deer, and of a singing pig (pp. 81, 118, 219); Cronus' former sweetheart, in the form of a cat, howls his name at night (C, p. 147); humans may also be born as female cats (S, pp. 117, 124-25) or change into harpies (VL, pp. 104-06). Sympathetic magic is one aspect of animal-human involvement. A typical incident, among the many Sender cites, is that of Curro's jealousy concerning Quin, the "abejorrito rubio," whom he sees as a rival for Nancy's affection. When Curro almost kills a real bumblebee, causing damage to one of its wings, Quin turns up with a broken arm. Thus magic powers were involved "cuando identifica al abejorrito rubio con Quin y le rompió al abejorro un ala de un manotazo y el mismo día encontró Nancy a Quin con su brazo izquierdo en cabestrillo" (TN, p. 51; ND, p. 196).

Sender takes up, among many other superstitions, the possibility of curing baldness with a dead lizard (A, p. 25), ground hogs as a sign of good luck,[23] and birds as "intercesores entre el cielo y la tierra" (ML, p. 78). Indians believed, for example, that rain was a secret known only to eagles or condors because they flew "entre las nubes llovedizas" (AY, p. 80); considering them minor gods, the Indians planted eagle feathers in their sugar fields to ensure rain. Sometimes they kept eagles locked in a cage in case they needed feathers "para ponerlas en sus sembrados y atraer así la lluvia" (N, p. 189). Some of these beliefs involve ghosts and spirits, sensed only by animals. Convent dogs bark at ghosts (TS, p. 252); in old houses ghosts "se disfrazan de gatos" (F, p. 87); some spirits take the form of bats who mutter obscenities in nuns' cells; others, in cat bodies, will never enter a Catholic church during mass (TS, pp. 250, 281). It is Gerineldo the cat who sees the suicides most clearly in *Nocturno de los 14* (pp. 14-19). Gypsies believe that elves can poison domesticated animals; to avoid trouble owners always put food out for them. Some gypsies can give animals the evil eye; one-eyed gypsies may simply be bad-luck versions of transformed animals (ND, pp. 50, 231).

Sender discourses on legends and myths, the bull in Crete as a totemic animal, the divine and aristocratic aspects of horse and bull in Atlantis, the relationship of Quetzalcoatl, Saint George, and dragons (C, pp. 18-22), and that of buzzards to the origin of chess (AG, pp. 172-73). *El Mechudo y la Llorona* develops as its basic narrative theme a number of legends and myths, especially that of mixed human-dolphin progenies: "Parece que la relación entre delfines y seres humanos ofrece una excepción en las leyes del mestizaje. Produce una tercera criatura con vida natural y duradera, mixta de hombre o mujer

---

[23] Ramón Sender, *El bandido adolescente* (Barcelona: Destino, 1965), p. 13.

y delfín" (p. 31). Sender includes in this book many other legends involving animals and earth and sea spirits as factors of human existence (pp. 42, 44-45, 56-57, 62, 92, 126).

Human fantasies and hallucinations also involve animals. In *La antesala* Nazaria's students fear butterflies but are consoled by their "animales secretos que las defendían: tigres y leones que esperaban detrás de las esquinas para morder a sus enemigos" (p. 57); her husband dies in a delirium, seeing outside his window the head of a giraffe, based on a fantasy of one of Nazaria's students (p. 65). *Tánit* contains a variety of children's fantasies about animals and a version of the tortoise and the hare story, about a dolphin and sea bream (pp. 32, 247-48). In *Nocturno* Pedro suffers an all too real hallucination of dying animals who fill his house and garden (pp. 150-59).

Animal psychology intrigues Sender. Although insects have no soul, "no hay duda de que tienen vida sicológica," he says. Apparently without brains, they exhibit intelligence, at times more efficient than ours, even though scientists refuse to use the word "intelligent" in discussing insects. Ganglionic systems may lack reflective capacity, but "tal vez nosotros podríamos aprender de ellos en ese sentido" (Z, pp. 8-11). Robertson believed that apes had a definite parapsychological and intellectual relationship to humans: "Los animales tienen su intelecto, a veces más exacto que el nuestro." Since they cannot talk, nature has compensated them with superior senses (VL, p. 171). In any event, animals have human feelings and sentiments. Arlene recalls a beautiful peacock who died of a broken heart when stripped of its feathers (AG, p. 61). The goldfish, Auromines, loved the ocean and seemed depressed when it could not visit the sea. Arlene took the cat who ate the pet to Marineland so that the cat might see fish large enough to eat it, an object lesson the cat could understand (AG, pp. 77-78). Animals of various kinds feel jealousy, hate, love, or scorn (A, p. 72; AY, p. 30; Z, p. 217), and may, whatever the pretensions of human exclusivity, be able to sense their own death (ND, pp. 182-83).

Sender relates human sexuality and love to animals both in terms of a positive satisfaction of physical drives and of brutish indifference to higher spiritual affects. Sender points out that animals, from toads to elephants and human beings, "coincidimos en algunas cosas... Obviamente el sexo" (Ad, pp. 174, 190); Elsewhere he compares copulating customs of humans and birds, carnivores, and rabbits (E, pp. 103-04). Susan in *Cronus y la señora con rabo* recalls that before her wedding her husband made her ride a horse as a nuptial preparation, "porque...el montar a caballo es para nosotros especialmente excitante" (C, p. 46). In any event, Sender relates human sexuality and love to whales (Z, p. 9); to birds (TM, p. 69; C, p. 97; E, p. 174; LP, p. 49; TS, p. 155); to insects (E, pp. 107-08, 174; AY, p. 54; C, p. 139; N, p. 88; VL, p. 67); to cats (LP, p. 40; N, p. 182); and to dogs (A, pp. 188, 189, 197; E, pp. 176-77). Animals not only stimulate human sexual desire; in human terms they may also view their orgasm as a kind of disintegration and death.[24]

Since apes offer the greatest burlesque and parody of man, Sender concentrates on them as a species capable of love. Indeed, in order to express love humans have to resort to the names of anthropoids or animals with similar respiratory, alimentary, or copulative systems. At times it is difficult to know which is the reality and which the parody. In Spain cute women are said to be "muy monas." Men on the contrary are "muy micos," an ironic denigration of the real value of events often considered to be elevating (E, pp. 101-03). On the other hand, even though in terms of sexual arousal one refers to "macacos en celo" (C, p. 52), primates, unlike humans, are truly monogamous, and in some parts of Spain single virgins are labeled "mona" (VL, p. 165; ND, p. 147). In *Adela y yo*, Sender stresses the spiritual aspect of the emotional bond between Cristóforo and Adela. Although each has a human and animal counterpart as lover, both squirrel and man derive a nobler relationship through contact with each other (Ad, pp. 26, 152, 176).

But, essentially, we have not progressed much from the neolithic or in distinguishing animal love and sex from that of human beings (F, p. 34; S, p. 108). The innkeeper of Yaurí distinguishes between persons and animals by noting that the latter have "los órganos sexuales descubiertos" while the former "los llevan cubiertos" (AY, p. 12). Some may try to distinguish between animals and humans by attributing spiritual qualities to those who do not act "como los perros o los gatos" (F, p. 64), but the Indians of *El alarido de Yaurí* prefer making love to their llamas, who become attached to their lovers (pp. 85-86). In *El Mechudo y la Llorona* the men ignore their wives and go to the wood deer or female dolphins, delighting in such intercourse which affords them more pleasure. The women, in turn, worked harder to be more "merecedoras que la venada y la tonina" (pp. 12, 36).

---

[24] Other human-animal sexual comparisons, with varying symbolism, occur in LP, (p. 87); N, (p. 217); T, (pp. 41-42, 48); A, (pp. 87, 96); TS, (pp. 144, 146, 245); AG, (p. 51); and S, (p. 131).

In discussing human feeling for animals, Sender believes that our degree of association and compassion depends on the animal resemblance to ourselves: "Una culebra aplastada en un camino difícilmente llega a impresionarnos. No tiene patas y no emite voces ni sonidos como nosotros" (VL, p. 215). Even though animal voices "nos dan placeres como no los habíamos vuelto a gustar desde la infancia..." (VL, p. 10), protagonists in Sender's novels try to give animals human speech (VI, p. 93; ND, p. 63), succesfully in the case of Robertson's gorillas (VL, pp. 162-64).

Human friendships with animals can give greater meaning to one's life and enable one to communicate intimate feelings, even though some humans treat animals cruelly (E, pp. 108-09; TS, p. 307). Robertson's best friend was a bear cub he had found in a Canadian forest. Robertson lived with his friend in a hut in the forest and later constructed a special cage so that they could travel together in civilization (VL, p. 174). Star, the fifteen-year-old girl, had a similar relationship with her rooster and her cat, though the cat and the rooster fought and the rooster pecked the bare legs of children. For her he represented loyalty, friendship and love, an identification so close that Samar warned her: "Ten cuidado, no vayan a comerte, como el gallo" (TS, pp. 73-74, 154, 184). Cyril's pumas liked him so much that they considered him to be their mother; at their side he felt content, "seguro y sin cuidados" (AY, p. 131), and he found them to be more human than his workers (p. 144). Cristóforo achieved humanity through his relationship with Adela, "una especie de consagración de mi propia esencialidad," and shared with her his human understanding of beauty, ugliness, and flying saucers (Ad, pp. 12-13, 62-64, 115).

Although these associations may appear to lack practical results in human terms, humanity loses by ignoring something as simple as the consolation of a gull's cry (ML, p. 195) or a dog's companionship (A, pp. 79, 111; VL, p. 156). Animals are more human than many believe. Some may contend that only man knows that he is going to die and as compensation is the only animal that has the gift of laughter (ND, p. 182; TM, pp. 221-23). Yet Jeannine knows of death, as does the neighbor's white cat (VL, p. 100), and some animals give at least the appearance of being able to laugh (ND, p. 183; VL, p. 193; ML, p. 17). But animals can share humanity's lack of order (VI, p. 25), sadness (VL, p. 23), kindness (TN, p. 19), dignity (AY, p. 163), and almost everything but the "derecho de algunos animales indefensos a usar armas de fuego" (E, p. 124).

Although human beings pride themselves on their achievements, they may well be inferior to animals in many ways. Animals may have superior intelligence in some cases (Ad, p. 17) and are certainly "mejor dotados para la vida natural que nosotros" (Ad, pp. 127-29). Only among human beings do males attack females (Z, p. 121; VL, p. 21). Animals give more warmth to their relationships (LP, p. 152) and show far greater fidelity. In *El alarido de Yaurí*, when a female dove broke her wing, the male stayed to feed her and die with her when the snows came. Sender's protagonist comments that "es que a veces los animales dan ejemplo a las personas" (p. 95). Turtles, whales, and elephants live longer than man, perhaps because they lack his debilitating aberrations (Z, pp. 57, 61, 64). Most animals have superior senses, can see better in the dark, can smell better, and communicate as well. A bird's vision is incomparably superior to that of humans (Z, pp. 18, 21, 23). Animals can survive better because of superior physical attributes and their ability to detect edible food (VL, pp. 53, 119; VI, p. 151). Indeed, sometimes animals must feel frustrated because they are so superior to human beings (VL, p. 16). Robertson's gorillas preferred to be isolated from humans because they knew themselves to be stronger and more resistant (VL, p. 177). Although some might consider primates to be a kind of degenerated man, the simian is superior because he does not build cruisers or airplanes to be destroyed in war and then build hospitals to cure the wounded that war produces.

One comes to the inevitable conclusion after reading these novels that Sender, through his love of animals, has achieved a better understanding of himself and of life. Through his study of fauna Sender has learned much about human foibles. We may influence animals, but they most certainly influence us in an interrelated and interdependent world. When man sleeps, the unconscious mind takes over, an unconscious realm which belongs to the animal world. Man's superego ignores his own existence, much as the centepede is unaware that he has a hundred feet. Man's best ideas do not come from experience but rather from our unconscious mind, which feeds our reason much as the spider web feeds the spider. Animals are governed by instincts, but quite often they behave much better and more rationally than human beings. Humility seems to be an important animal trait; instinctively the superior animal will not bite the one who surrenders; man is much more perverse. What supposedly distinguishes us from other animals is our intelligence, but animals without it seem to live more harmoniously with nature and existence.

Sender is not overly sentimental about animals, who are driven, like human beings, by hunger and sex, though an animal's love may bring out the best in man. Animals do not have souls in the accepted sense, but they understand human beings and share with us many things in common; indeed it is almost frightening to compare the biological aspects of man and vertebrates, quite often identical. Sometimes animals behave as though they had a moral sensibility and psychological norms comparable to those of human beings; at times animals give a ritual sense to the natural things they do, but they seem to face life's problems more realistically.

The more human activity Sender watches the more he loves cats (superior in intelligence, he believes, to dogs). Animals will probably succeed us because man, little more than a simian wearing a wrist watch, is bound to destroy himself with some kind of nuclear war. Rats, squirrels, ants, or cockroaches will probably take over, and man's proud achievements like *Faust* or *Don Quijote* may, at best, be food for some kind of insect who likes cellulose or printer's ink. Perhaps the animals taking over from man will develop a better civilization. But means have been found to eliminate aggressive instincts in some animals, so one can always hope for the victory of the white dove of peace over the vultures of death and the triumph of imagination over intelligence. Just possibly, though some birds will die, somewhere in the world another bird will sing and the world of man will survive.

UNIVERSITY OF MIAMI

El raro impacto de Sender en la crítica literaria española

La crítica hace al hombre
R. C. Kwant
...pero los críticos lo deshacen
F. C. L.

Francisco Carrasquer Launed

S EVIDENTE que Sender no goza de la fama que algunos le deseamos. Pero, ¿qué importa la fama? Nada tan mal repartido y voltario. Estamos acostumbrados a las injusticias de esa hetaira barata. Sobre todo en el lupanar literario. Y muy especialmente en el literario español... "en nuestro mundillo literario que más se orienta por cuestiones de cenáculo y de amistad que por los valores intrínsecos de las obras."[1]

Pero no es promover o hinchar la fama de Sender lo que nos mueve aquí, sino explicarnos el inmerecido trato que le han dispensado a nuestro autor los críticos españoles en general, frente al merecido que le han tributado unos pocos. Y es tan importante o más aclarar lo negativo de la tónica general hecha crítica que lo positivo de esa crítica esporádica, ya que por la una podremos entender mejor la otra y viceversa.

Nos proponemos hacernos eco tan sólo de la crítica literaria española y así llevamos mucho de ganado ya de entrada. Porque eso quiere decir que sólo nos las habremos con la izquierda, ya que en España no hay crítica de derechas que lo valga. Soslayamos, pues, higiénicamente, lo que pudiese dar lugar a polémicas extraliterarias sobre si la derecha ha utilizado o no a Sender y qué derecha y dónde, y cómo, y cuándo... y cuánto.

[1] Joaquín Marco, "Un novelista marginado," *La Vanguardia*, 19-I-1982, p. 16.

Ahora bien; si quisiéramos hacer intervenir a la crítica literaria de preguerra, tendríamos la imagen casi inversa, porque antes de la guerra, la tónica general entre los críticos literarios era de favor para Sender,[2] salvo algunos casos de antipatía personal o antirreligionaria que constituían la minoría discordante.

De modo que, de hecho, vamos a concentrarnos mayormente sobre la crítica literaria española de posguerra. Y empezaremos con los pioneros.

¿Qué crítica tenemos en la posguerra? Descartemos para empezar a los conformistas y medrosos que más bien ignoran a Sender y señalemos de seguido que también se ignora en las dos primeras ediciones de la *Historia de la literatura española* de Gonzalo Torrente Ballester, que las de Juan Chabás y de Max Aub más habría valido que lo hubiesen ignorado, como la de Emiliano Díez-Echarri y José María Roca Franquesa, y aun la 'standard' de Angel Valbuena Prat que despacha a Sender en seis líneas mal contadas,[3] la de Angel del Río idem de lienzo (aunque se comprenda más su brevedad por haberse publicado temprano—1948—, pero no así su conclusión, de la que hablaremos más adelante), así como las de Gregorio Palacín Iglesias (1958) y Federico Carlos Sáinz de Robles (1957).

Después vienen los izquierdistas independientes y los marxistas. De estos últimos no hay que esperar nada bueno en la posguerra. El tan voceado anticomunismo de Sender les ata la lengua o se la desata en improperios e insidias. Pero pasemos revista a los independientes, no sin tomar el término cum grano salis, porque es bien sabido que no

---

[2] Bien sabido es que, a los máximos elogios de Pío Baroja y de Valle-Inclán, se sumaban el aprecio y el reconocimiento de los que llevaban la voz cantante en el cotarro literario de entonces, desde un Luis Bello a un José Ortega y Gasset; pero sobre todo, no se pierda de vista que las primeras novelas de Sender: *Imán*, "*O.P.*," *Siete domingos rojos* y *Viaje a la aldea del crimen* eran literal y multitudinariamente devoradas por miles de lectores de la izquierda española, muy especialmente cenetistas, como bien recuerdo. Con la salvedad de que eran muchos más los lectores que los compradores de esos libros, debido a la costumbre de leer en voz alta por grupos en los Ateneos Libertarios y en las excursiones juveniles.

[3] Helas aquí: "En América goza de gran fama Ramón J. Sender (nacido en Alcolea de Cinca, Huesca, en 1902). Su tesón aragonés, su fuerza narrativa se manifestó desde joven en la novela de tema marroquí, *Imán*. *El lugar del hombre* y *Proverbio de la muerte*(1939) y su *Crónica del alba*(1942) figuran entre sus obras más conocidas.[1]Destacan su fuerza y su realismo. (Nota 1: Véase David Lord, *This Man Sender*, en "Books Abroad," XIV, 1940). Esto es hacer crítica literaria, ¡qué rábanos!

existe independencia de juicio absoluta, como no existe la absoluta libertad.

El primero que rompe una lanza por Sender y por todo lo alto en la crítica literaria española de posguerra es Domingo Pérez Minik.[4] Por suerte para Sender, puesto que en este ilustre y modestísimo crítico canario tenemos a uno de los más abiertos y vastos hombres de cultura universal que escriben en español. El acierto es tanto mayor cuanto que escoge para hablar de Sender una de las obras más logradas: *El rey y la reina*. El segundo espaldarazo de consagración senderiana lo encuentro yo (que no hago cronología) en la *Historia de la literatura española* de José García López,[5] obra que no aprecian algunos profesores de literatura española y que a mí me parece tan eficazmente resumidora para los estudiantes, o a lo mejor es por eso. Ese mismo año se publicó *Hora actual de la novela española* (Taurus, Madrid) de Juan Luis Alborg, en cuyo segundo tomo dedica este emprendedor de colosales obras 52 páginas a Sender. Tesis y monografías aparte, éste es seguramente el primer estudio serio y de cierta extensión consagrado a nuestro autor por un gran crítico (y supongo que esto de "gran" no se discutirá a estas alturas, después de haber visto su aportación al acervo crítico-literario en los cuatro tomazos—por ahora—de su imprescindible *Historia de la literatura española*, porque si la cantidad tan compulsada de tamaña tarea deja pasmado, la calidad de su juicio certero admira por demás). En otro lugar[6] he departido con Alborg, a propósito de sus opiniones sobre Sender, pero siempre he admirado su penetración analítica y su sinceridad de opinión en aquel relativamente primerizo trabajo suyo (1962); pero lo que más le he agradecido es su comentario sobre *Imán*, muy coincidente con el mío, por haber funcionado para mí esa primera novela senderiana como piedra de toque y banco de ensayo crítico-técnico de mi tesis abajo en nota citada.

[4] Domingo Pérez Minik, *Novelistas españoles de los siglos* XIX y XX (Madrid: Guadarrama, 1957). Empieza así su estudio de Sender: "Ramón J. Sender, el novelista más importante de España situado entre las generaciones de la Dictadura y la actual..."

[5] José García López, *Historia de la literatura española*, donde se dicen cosas como éstas: "Sender puede considerarse, sin disputa, como el más importante de los novelistas españoles que residen en el extranjero y aun tal vez como la figura cumbre de nuestra novela actual, si se atiende a los valores estrictamente narrativos de su producción." (pp. 670-71).

[6] Francisco Carrasquer, *"Imán" y la novela histórica de Sender*, (London: Tamesis, 1970), 302 páginas. Esta edición es la segunda de mi tesis que invalida la primera llena de errores tipográficos impresa en Holanda. En adelante "mi tesis."

Es una pena que José Ramón Marra-López, en su famosa obra (ya no tan pionera como se creyó) *Narrativa española fuera de España. 1939-1961*, Guadarrama, M. 1963, no hubiese podido leer el trabajo de Alborg. No obstante, el libro de Marra-López, por ser su autor ya bastante conocido como crítico literario en España (asiduo colaborador de "Insula" y de otras publicaciones periódicas) significó un meritorio campanillazo que hizo volverles la cabeza a los lectores españoles hacia el olvidado (por inaccesible) rincón de la narrativa del exilio, en cuya cúspide pone Marra-López a Sender.[7]

Tesis

La primera tesis sobre Sender la ha escrito Josefa Rivas y la defendió en la Universidad de Valencia en junio de 1964: *La senda de Sender*.[8] Josefa Rivas, gallega, trasplantada a Estados Unidos donde ejerce el profesorado de español, conoce a Sender y se siente arrebatada por la fuerza de su obra y su persona tan ibéricas, y no puede menos que ponerse a escribir sobre este hallazgo de un compatriota que daba la medida de lo hispánico y a fin de "hacer que la presente generación reconociera a Sender como al mejor novelista de hoy de habla española." El esfuerzo de este libro simpático y positivamente voluntarioso merece todo aplauso por ser un acto de admiración. Y en este caso de justa admiración. Me parece mucho más meritoria la motivación de Josefa Rivas por Sender que la mía, que yo, al fin y al cabo, soy de su tierra y de similar extracción. En todo caso, a los que seguimos sus huellas, el libro de Josefa Rivas fue como nuestro estribo para saltar a la silla y galopar por el infinito vial senderiano.

Como no hablo aquí de tesis extranjeras, aunque lo haya hecho en otros lugares,[9] paso ya a la de un español y paisano, Enrique Gastón

---

[7] Empieza Marra-López su capítulo sobre Sender: "De todos los jóvenes novelistas que marcharon al destierro, Ramón J. Sender era el más prolífico y también el más famoso y discutido. Puede decirse que era el único novelista surgido en una época antinarrativa, y ésta es una de las grandes ventajas de que ha gozado durante mucho tiempo." Y ya en el "Colofón" expresa la esperanza de que a través de su exposición "el lector podrá captar sin duda al novelista más importante de su generación."

[8] Tesis después publicada por Editores Mexicanos Unidos, México, 1967, 342 págs. con este título y subtítulo: *El escritor y su senda. Estudio crítico-literario sobre Ramón Sender*.

[9] De Charles L. King, profesor hispanista que ha dedicado muchas y muy sustanciosas obras a Sender, empezando por su tesis "Sender: Aragonese in New Mexico," *The Modern Language Journal*, 36, (mayo 1952) siguiendo por su estudio de la filosofía senderiana *"Sender's "Spherical Philosophy,"* PMLA

Sanz, a quien el Centre Européen Universitair de Nancy le publicó como "mémoire ... que méritait notamment d'être publiée, parmi l'ensemble de ces mémoires" (del curso académico 1962-1963): *Apport à l'étude de 'Bizancio' de Ramón Sender*, 102 pág. Interesante estudio que yo sentí mucho no haber conocido al redactar mi capítulo sobre esa gran novela histórica. Gastón Sanz hace un trabajo muy honesto e inteligente. La pena es que se haya publicado en condiciones de tan escasa difusión y distribución. Me encantaría que su autor pudiese publicarla en España con las debidas correcciones que toda obra exige pasado un tiempo.

Otro español que ha escrito una tesis sobre Sender, pero no tratado monográficamente, es José Luis Serra Ponce de León: *Cuatro novelistas de la guerra civil de España (1936-1939)*, Universidad de Stanford, 1966, de cuya tesis supe por el autor antes de defenderla, pero que no he leído por permanecer inédita. Sí, en cambio, el artículo en "Insula" (1971) que supongo será un resumen de su tesis por lo que afecta a Sender. Nada nuevo, de todos modos. En todo caso, repite ciertas constantes prejuiciosas que eran de esperar según me había hablado de nuestro novelista teniendo la tesis en marcha.

En fin, mi tesis, de la que no soy yo el indicado para hablar de ella y que ahora mismo haría de otra manera. Véase el presente trabajo como una visión más al día y todo lo escrito después por mí como una prolongación y ultimación de aquella tesis de 1968 que por pasar mi director al régimen de jubilado tuve que frangollar un poco.

Críticas independientes

Entre los trabajos más o menos pioneros y prestigiantes de alguna extensión nos cumple citar el del ilustre académico Antonio Tovar: *Dos capítulos para un retrato literario de Sender*, Cuadernos del Idioma, Buenos Aires, 1966, 28 pág. Tovar se ha inclinado varias veces sobre la obra de Sender y siempre con respeto y comprensión. Esa vez, siendo profesor en la Universidad de Illinois, tuvo ocasión de leer obras que no había podido conocer Marra-López en su ya citado libro y hace de

(1954), por su magnífico libro de conjunto *Ramón J. Sender*, Twayne, Nueva York, 1974, casi de 200 páginas y, acabando, por su constantemente revisada, corregida y aumentada Bibliografía Senderiana (de su obra y sobre su obra) que, con la labor de Elizabeth Espadas, tanto es de agradecer por parte del estudioso de nuestro autor. Otra tesis que he tratado con cierta extensión en la mía es la de: Charles Frederick Olstad, "The Novels of Ramón Sender: Moral Concepts in Development," Universidad de Wisconsin.

sus lecturas un enjundioso, erudito y al mismo tiempo abierto estudio de varias obras senderianas entre las más importantes: *Hernán Cortés; Epitalamio del prieto Trinidad; El rey y la reina; Crónica del alba; La quinta Julieta; Bizancio; La llave; Los tontos de la Concepción; La esfera; Unamuno, Valle-Inclán, Baroja y Santayana; Emen Hetan*... Verdadero deleite leer a un crítico tan sabio y tan llano. No es que estemos siempre de acuerdo, como ya consta en mi tesis (*op. cit.* pp. 59, 63, 117, 121, 129-132, 137, 139-142, 144, 147-148, 152-153, 193, 207, 223, 231, 244 y 246). Tanto mejor, porque es más de admirar sin todo amén.

Entre los manuales más extendidos por el mundo hispanista adelante, tenemos el de R.O. Jones: *Historia de la literatura española* (6 vol.), Ariel, 1973, en cuyo VI tomo, Siglo xx, su autor G.G. Brown escribe: "Los protagonistas de *La esfera*(1947), *El verdugo afable*(1952) y *Las criaturas saturnianas* (1968)· —tal vez el mejor de sus libros hasta hoy—son ejemplos sobresalientes de individuos que se ven en circunstancias que han liberado de esta manera su imaginación." Aunque no le corresponda del todo a este manual figurar en nuestro recuento, por tratarse de un libro de texto universitario inglés, el hecho de que la edición española haya corrido a cargo de un "senderólogo," como José-Carlos Mainer, nos da cierta licencia. Pues sí, el juicio de Brown sobre Sender es globalmente muy positivo, sin llegar a arriesgarse a comparaciones axiológicas comprometedoras. Siempre ha tenido buena prensa Sender en el extranjero "occidental," pero especialmente entre los hispanistas ingleses. Tal vez por eso el hispanista profesor J.E. Varey—a instancias de Germán Bleiberg—estuvo tan bien dispuesto para recomendar mi tesis cerca de la editorial que me la publicó y de la que es "General Editor." Pero, por lo demás, baste recordar los resonantes artículos tan ponderados como "ponderadores" del "Times Literary Supplement."[10] Pero lo más singular del comentario de Brown es esa discreta lanza rota por *Las criaturas*... Hay tres obras de Sender sobre las cuales yo no podría decidirme de tener que votar por la mejor: *El rey y la reina, Bizancio* y *Las criaturas saturnianas* (simpatías aparte, que por este criterio, personalmente, se me adelantan *Crónica*... y *Réquiem*...[11]). Y, sin

---

[10] *A Novel of Modern Spain* (sobre *Domingos rojos*), 2 mayo 1936, 367; *From the Spanish Point of View* (sobre *Mr. Witt*..."), 17 abril 1937, 291; *Behind the Spanish Conflict* (sobre *Contraataque*), 31 julio 1937, 551; *Between Reality and Dream* (sobre *Crónica del alba*), 3 abril 1959, 185-6; *Gate of Hell* (sobre *Las criaturas*...), 7 nov. 1958, 1257; *Saints and Sinners* (sobre *Tres novelas teresianas*), 3 agosto 1957, 712, etc.

[11] Título al que algunos prefieren el de *Mosén Millán*, porque creen que es aquél concesión a la galería, o a la moda (*Requiem pour une nonne* de

embargo, no son pocos los que juzgan *Las criaturas*... poco menos que un engendro o un desaguisado. Les parece un *pandemonium*... Curiosamente, es esta palabreja (capital del infierno, "diablópolis," acrópolis de la confusión, zoco del barullo, feria del guirigay y la balumba, etc.etc.) la que dio título al espectáculo teatral que montó Javier Barreiro en el marco de los actos culturales in memoriam Ramón J. Sender de marzo de 1982 en Zaragoza. Por algo será. Lo que es "Pan" y "Demonium" le vienen que ni pintados a Sender. Sin embargo, en el cóctel tánatoerótico que hace beber a su público en forma de textos senderianos escenificados, Barreiro no pone nada de *Las criaturas*... sino de *El verdugo afable, Los cinco libros de Ariadna* y *Nocturno de los 14*, con algún grano de *La esfera* y algún polvillo de la *Crónica*... Lo que demuestra la gratuitidad de calificar una obra senderiana así y otra asá. O en otras palabras: que en toda la obra de Sender hay "pandemonium" (lo 'pánico' antes de Arrabal y lo 'pántico' después de Spinoza, más el demonio y la muerte para combatirlos sin parar con la vida que a veces, por llevarle la contraria al diablo, se llama también ángel: Valentina, María, Elvira... porque en Sender el ángel sí que tiene sexo: no hay en él ningún ángel varón, como en Dostoyewski; todos los ángeles senderianos son hembras). ¿De qué se asustan esos críticos leyendo *Las criaturas*...? De que se pase del medio burgués más anodino a la más encarnizada crueldad para saltar sin transición al idilio y luego al aquelarre? ¿No es así la vida? ¿Y por qué no es histórica esa novela? ¿Porque no sigue cronologías lineales y topologías continuas, cohesivas y consecuentes? ¿Quién ha mandado que una novela histórica tenga que ajustarse a linearidad alguna? Lo importante es que cree un mundo. Y en esta novela, Sender no sólo crea un mundo, sino que crea varios, y no dos como alguien ha dicho. Pero todos en un mismo y propio universo en todo momento reconocible y correlacionado. Un universo en que te estiras y encoges, sueñas y te despierezas, te pincha el corazón de dolor, te saltan las lágrimas de compasión, te lanzas en vuelos del futuro al pasado y viceversa, te aterras y te entierras, abrazas con pasión y rezas, escuchas devoto y atiendes incrédulo, pendiente de ese hilo siempre en tiro que Sender maneja de sorpresa en sorpresa.[12]

Faulkner-Camus, y otros títulos de cine y librería o teatro. Bueno, ¿y qué más da?

[12] Hablando con la excelente escritora catalana Montserrat Roig, gran admiradora de Sender, me daba la razón; ella también lo pasó "bomba" leyendo *Las criaturas*...

Uno de nuestros más interesantes críticos es, sin duda, Gonzalo Sobejano, quien trata de la obra de Sender en su libro *Novela española de nuestro tiempo*,[13] primero en las páginas 25-27 para revisar a paso ligero la novela de preguerra de Sender, deteniéndose particularmente en *Míster Witt...*; en las páginas 62-63 luego al correr del capítulo titulado "La guerra española, objeto de novelas," y en donde comenta únicamente *El rey y la reina*; y, en fin, entre la 445 y la 448 se dedica a reseñar *Crónica..., Epitalamio...* y *Réquiem...*, diciendo de esta novela corta que "es una pequeña obra maestra" (p. 446). Crítica en general muy aceptable, un tanto fría como parece convenir a un profesor, pero también limpia de ideologías y penetrante como se espera de un buen crítico que hace tiempo se echó al campo para combatir a la venal y banal crítica española.[14]

Hay también otro estudioso crítico cuya obra conviene se repare en ella, siquiera por sus pruebas dadas de gran aplicación, de juicio imparcial y vasta concepción panorámica y sincrónica de nuestros novelistas entre sí relacionados e incluso puestos en perspectiva internacional. Me refiero a Antonio Iglesias Laguna y su libro *Treinta años de novela española. 1938-1968*, M. 1969, 1, 340 páginas. Por su actitud general se desprende que da ya por sentado el rango superior y puesto en primera fila de Sender en el 'ranking' de las glorias novelísticas españolas. Hace mención de Sender, con más o menos extensos comentarios, 36 veces (siempre en Vol. I, que es el único de que dispongo y, por lo que dice el autor en el Prólogo, no parece tener intención de tratar en el II más que sobre los más jóvenes y menos consagrados). Permítasenos hacer un repaso puntualizador a algunas de sus referencias senderianas:

> p. 19: "Respecto a los primeros [los exiliados], parece justo recordar que, pese a estar consagrados antes de 1939, tenían condición minoritaria, pues sus novelas—trátese de Ramón J. Sender, César Arconada, Max Aub o Andrés Carranque de Ríos—no entusiasmaban al gran público, adicto al realismo y a sus epígonos, a los noventayochistas y a los cultivadores de la literatura más o menos galante."

Pues no, Sender es excepción de autor con cierta popularidad ya antes de la guerra. No sé qué tiradas merecieron sus cinco primeras novelas (porque, ¿comó se puede controlar al editor español que suele

---

[13] Edit. Prensa Española, Colección "El Soto," (Madrid, 1970), con subtítulo tan significativo: "En busca del pueblo perdido."

[14] Aún recuerdo su conferencia en Amsterdam titulada "Crítica de la crítica española," hace más de 20 años.

tirar tanto de contrabando?), pero me consta que *Siete domingos rojos* fue un libro relativamente popular, que se leyó muchísimo, aunque estoy seguro de que se leyó infinitamente más que se compró (o se oyó, porque soy testigo de lecturas colectivas en que la novela citada era de las más codiciadas, sobre todo en los medios cenetistas catalanes y aragoneses). De paso, me parece obligado salir al frente de quienes no creen en la propia confesión de Sender según la cual, con ese libro quiso "todavía avisar a la C.N.T." Yo sí que creo fue su último intento (¿último?, ¿pero no escribió después otro (mayor) libro de (más) apremiante y total admonición?) de convencer a la tripulación antes de abandonar el barco, ya con un pie en la pasarela tránsfuga. Mala suerte, porque de haber escrito ese libro en pleno convencimiento libertario y empatía cenetista, habría podido ser una campanada de rebato para la intelectualidad española completamente invidente para el anarcosindicalismo, mayormente 'perdido' el pueblo para ella (por eso me parece tan significativo el subtítulo del libro de crítica novelística de Sobejano). Y no sería porque no se dejara ver, ese pueblo embarcado a la más radical utopía de todos los siglos, que en cantidad y calidad e intensidad era la "cabeza más visible" de la izquierda española. Con *Siete domingos rojos* empieza a querer convencerse a sí mismo de que su opción por la eficacia a todo trance y en pos del poder era la más viable. pero esa última intención no era tan visible para el lector cenetista, quien se complacía en las descripciones realistas—con su poquito de irónico epicismo que, precisamente por ser irónico, no veía el lector ingenuo—y episodios incitantes a la acción que traicionan el apego a pesar de todo y la nostalgia que iba a producirle perder esa esperanza puesta en un movimiento el más popular de la historia española. Sólo así se explica el enorme éxito que tuvo el libro en los medios ceneteros. pero también es verdad que la novela que podía haberle dado consagración definitiva de crítica y público y un notable aumento de popularidad no es otra que *Míster Witt en el Cantón*, la que, por desgracia, llegó demasiado tarde (1936).

Y ahora que viene al caso y ya he puesto el aguijón entre paréntesis arriba, sería cosa de preguntarse sobre la ideología subyacente a este novela, porque se trata de un momento sumamente incierto y problemático para los biógrafos de Sender. ¿Se había desimantado ya del todo del campo magnético anarquista? Al grupo faiero "Espartaco" ya no pertenecía, porque el mismo Sender dice que perteneció a ese grupo de 1929 a 1933 y *Mister Witt...* lo escribe en 1935. ¿O no? Lo de la FAI no tiene importancia, nunca la ha tenido más que para las derechas y comunistas que la han plantado como espantapájaros o agitado como negro pabellón bucanero. Si he de ser sincero, yo tengo la fuerte impresión de que Sender en esa estupenda novela hace una apología como nadie del federalismo tan enraizado en el mundo hispánico (marca de la eterna izquierda española frente a todo centralismo inevitablemente reaccionario) y de la soberanía del pueblo, de la verdadera democracia, la autogestionaria (¿la comunista-libertaria antes de la letra?). Pero desde luego, ni rastro de comunismos autoritarios, de dictaduras del proletariado ni de Partidos con su línea y disciplina interior de acero.

Si la novela entraña una lección—y yo estoy seguro de que así es, pero, naturalmente, una lección presentada en metalenguaje o parabólicamente impartida por el arte de la novela—esa lección va dirigida a los libertarios (y ni por pienso a los comunistas que siempre han sido antifederalistas y entonces no contaban más que con un 3, 4% del total de los diputados a Cortes).

p. 20: Hablando del posible magisterio para los jóvenes novelistas, escribe Iglesias Laguna esta frase por demás acertada: *"Nadie libre de prejuicios podría negar a estas alturas la primerísima categoría de Ramón J. Sender y Max Aub* (y hemos subrayado nosotros con toda la intención).

p. 85: Nosotros, que hemos escrito defendiendo la permanente vigilancia e insobornable consecuencia del Sender intelectual, del escritor conciencia alerta y advertidora de su tiempo y su pueblo, nos congratulamos de la expresión que emplea en esta página A. Iglesias y que nosotros cursivamos, sobre todo por el chocante—pero ¡cuán acertado!—que predica a "intelectual." Transcribimos el párrafo que nos interesa de este período porque para nuestro objeto no tiene desperdicio:

"Referidas a la guerra y la posguerra, Ramón J. Sender y Max Aub han dejado novelas valiosas. Sender, sencillo en apariencia, pero intelectual brutal a veces y siempre irreductiblemente ibérico—como su coterráneo Luis Buñuel,—ha sabido captar momentos revolucionarios o bélicos que, por su humanidad, trascienden lo español y llegan a lo universal."

p. 86: Se equivoca aquí A. Iglesias, porque Sender sí "anduvo por el frente." Y hasta por dos frentes. Pero de eso hablaremos cuando tratemos de las acusaciones que le han hecho los comunistas cuando estaba nuestro hombre en el frente de Madrid. Los circunstanciados relatos de *Primera de acero* en *Contraataque* no creo los hubiese podido escribir de oídas.

p. 91: *"En España publica Francisco Ayala, al que sus discípulos norteamericanos—por ignorancia tal vez—consideran el primer novelista español, puesto que, en todo caso, correspondería a Ramón J. Sender"*...

pero hay una nota que tiene mucha miga y afecta muy especialmente al caso Sender. Aquí va:

(NOTA 101): *Esta visión ditirámbica, indiscriminada de los valores intelectuales del exilio (pese a la existencia de narradores tan formidables como Ramón J. Sender y Max Aub), ha hecho mucho daño a España, al supervalorar a los de allá minusvalorando de paso a los de acá, o todavía peor, al aprobar o rechazar a los de aquí según sean o no sean del agrado de los de allí. Así, valiéndose de cajas de resonancia como la Prensa y las cátedras universitarias, los exiliados han logrado a veces que los extranjeros den ingenuamente por buenas sus valoraciones y, encima, contribuyan a divulgarlas. Una prueba de los juicios grotescos a que esta propaganda conduce la tenemos en las opiniones que sobre la literatura española—y en particular sobre la novela actual—emite el historiador norteamericano Stanley G. Payne en su libro más reciente:* Franco's Spain *(Nueva York, 1968). Mucho más justa es la visión de Jean Descola (*Historia literaria de España,*Madrid, 1969).*

No he podido ver aún el artículo de Antonio Iglesias Laguna que en las bibliografías senderianas se cita: *Modelo de novela histórica: 'Bizancio'* (Estafeta Literaria 1-4, 1969, 129-30), pero su título me suena a las mil maravillas y confío en que coincida conmigo en poner a esa obra entre las primeras de Sender y de todos los autores del subgénero, dándose así una prueba más de la aceptación de Sender en la crítica literaria española de calidad.

Uno de los autores que más eficazmente ha funcionado como resonador de la obra de Sender ha sido Marcelino C. Peñuelas. Primero por su libro de divulgación amena con su profusión de fotografías: *Conversaciones con Ramón J. Sender*, (Magisterio Español, M. 1970, 291 pág.) y, segundo, con su libro *La obra narrativa de Ramón Sender*, que viene a ser como la consagración académica en España de la académica editorial Gredos, S.A. (M. 1971).[15] Como prueba de su crítica positiva, baste transcribir la última frase de su "Acotación previa" con que presenta su estudio:

Estoy seguro de que no tardarán en ir apareciendo otros estudios críticos que acabarán por situar su figura literaria en el lugar en que le corresponde y en el que se le coloca fuera de España. Es decir, en la primera fila de los mejores novelistas, españoles o foráneos, del siglo xx. (p. 16)

[15] Tres años antes—en 1968—quiso publicar esta misma editorial mi tesis, pero la censura militar atravesó con las aspas hirientes de su lápiz rojo las 51 páginas del primer capítulo dedicadas al análisis y comentario estilístico de *Imán*, precisamente la parte más científica y fundamental de la obra. ¡Luego la publicó íntegra, impresa en Madrid, Tamesis Books London!

Hay otros estudios con más o menos aires de tratado, pero no todos aportan algo nuevo que merezca traerlos aquí, ni tampoco los concemos todos. Nos limitaremos a un par de ellos: el trabajo de Santos Sanz Villanueva "La narrativa del exilio" en *El exilio de 1939*, IV, Taurus, M. 1977, y el de José Corrales Egea *La novela española actual* (Cuadernos para el Diálogo, M. 1971). Santos Sanz pone, desde el primer momento, a Sender en buen lugar:

> El escritor más sobresaliente de los que se inician por los caminos de la novela crítica, política o social, es, sin duda, Ramón J. Sender, el cual es ya uno de los más importantes novelistas de toda nuestra literatura contemporánea. Un público amplio ha acogido con calor su obra... y a nivel de popularidad debe señalarse que es el escritor desterrado más conocido entre los lectores del interior. Sender ofrece la imagen del escritor cargado de múlitples preocupaciones, acuciado por una extensa problemática en la que, por dispersa que pueda parecer, se suele encontrar como punto de referencia el análisis del hombre desde perspectivas que incluyen lo social, lo moral, lo político, lo histórico... (p. 124)

Santos Sanz Villanueva destaca en esta obra entre sus novelas preferidas de Sender: *Réquiem...* y *Epitalamio...*

José Corrales Egea apenas trata sobre Sender; se limita a citar como ejemplo de novela social de preguerra *Siete domingos rojos* (p. 28) y dice de nuestro autor —en pp. 17-18— lo siguiente:

> El caso de Ramón J. Sender, por su singularidad, confirma lo dicho [la discontinuidad de la tradición novelística española entre la preguerra y la posguerra]. Este autor, después de un largo paréntesis de olvido y desconocimiento de su obra, ha empezado a gozar de fama a causa de la recientísima reedición española de su novela *Míster Witt en el Cantón...* En todo caso, la tardía revelación de Sender ha empezado cuando ya habían realizado la casi totalidad de su obra nuestros novelistas de la joven generación de trasguerra.
>
> Al mismo tiempo que el novelista exiliado se iba confinando progresivamente en una obra basada en memorias y alimentada de recuerdos personales, ignorante, cada vez más, de las realidades actuales españolas...

También es obsesión, vamos, la que tiene Corrales Egea con *Míster Witt...* Sus "apostillas" a esta obra ya le han valido no sé cuántas críticas por tratarla de "descomprometida" (!), y ahora no se da cuenta de que cuando se publica en España la reedición de esa novela de 1936 se han editado ya antes por lo menos media docena (*El bandido adolescente, Crónica..., Epitalamio... Tres novelas teresianas* y hasta *Las criaturas saturnianas* y todo, entre otras). Pero volviendo a lo transcrito, no sé por qué eso de "confinarse" ni lo de "progresivamente," porque novelas-recuerdos son lo que llenan una parte importante—seguramente la parte del león—de toda la novela universal; y lo de "progresivamente" no es cosa fundada si pensamos que en 1966 ya se cierra toda la doble serie autobiográfica de *Crónica del alba* y *Los cinco libros de Ariadna*, habiendo publicado antes, durante y después muchas otras novelas, ¡unas 30!, entre 1933 y 1970, que no son estricto sensu autobiográficas (de no aceptar la tesis que quiere que no haya ni una sola novela que no sea propia biografía). Y, en fin, ¿de dónde saca José Corrales Egea que Sender "ignoraba cada vez más las realidades actuales españolas?" Por varios y eficientes canales estaba al tanto de lo que se hacía en España en materia literaria: revistas del interior y del hispanismo norteamericano, cartas de amigos, visitas de colegas y periodistas, envíos de novedades por parte de editores y compañeros, etc.

Antes de abandonar el grupo de los senderistas u ocasionales comentaristas senderianos independientes, me cumple tributar homenaje admirativo y de adhesión a tres asiduos y circunstanciados exégetas de altura de la obra de Sender en revistas literarias (*Insula, Revista de Occidente, Cuadernos Hispanoamericanos, Cuadernos*—de París—, *Papeles de Son Armadáns,* etc.): Ignacio Iglesias, Julia Uceda y Manuel Béjar.

Críticas Marxistas

El primer crítico marxista—que además es, hasta ahora, también el primero en calidad (y cantidad, lo que marxianamente redunda en lo primero)—en consolidar el proceso de consagración senderiana en la posguerra es Eugenio García de Nora en su admirable y gigantesca historia crítica de *La novela española contemporánea*, en tres tomos (Gredos, M. 1962-1973). Aquí, como siempre, se ha esforzado Eugenio de Nora en ser objetivo, pero pueden rastrearse no pocos prejuicios que recoge de otros y ayuda a otros a recoger... de él. En sus comentarios—de "una de cal y otra de arena"—predomina un sentimiento que podría formularse, algo de prisa, así: "Buen escritor, novelista bien dotado, ¡lástima que sea tan anticomunista! Eso lo estropea todo." Pero como hemos de volver sobre esta "¡lástima!" que se convierte en una constante entre los críticos marxistas, vamos ahora a pararnos en una palabra que nos parece muy reveladora. Le llama Eugenio G. de Nora a Ramón J. Sender autor "rezagado," por ejemplo respecto a la técnica de "fragmentación" y a la "prosa artística" de su tiempo, "motivando su desestimación en algunos medios cultos, pero que según nuestra perspectiva actual—insertos como estamos de nuevo en una firme corriente realista,—lo sitúa en un puesto privilegiado de precursor" (II, p. 466). Este es uno de los factores, puede que el segundo en importancia, después del político ya aludido, responsable del desmerecido tratamiento de la crítica literaria española de posguerra para con Sender. Eso de "rezagado" se puede interpretar de varias maneras sin salirse del tiesto. Rezagado, por supuesto, merced al boicot del régimen franquista—censura, prohibición de importación de sus libros, etc.. Lo mismo se podría decir de Francisco Ayala, Manuel Andújar y Max Aub, entre otros muchos. Pero no se dice. Pongamos a este último por ejemplo. Max Aub se filtraba más... intelectualidad española adentro, incluso la del interior. Max Aub figuraba como autor de izquierdas y de vanguardia. Y esto es lo que le faltaba a Sender, por lo visto. Siempre me acordaré de lo que me dijo un amigo intelectual al enterarse de que había hecho una tesis sobre Sender: "¡Qué pena, me parece clavo pasado!" Max Aub, más literaturizante, más "poseur et cabotin" que Sender, pasaba por más vanguardista también, aparte de que su escasa aparición—como la de Francisco Ayala—antes de la guerra, había sido en ambos dejarse entrever bajo el ala de la clueca orteguiana "deshumanizadora." Todo un precedente. En este sentido precisa Juan Ramón Masoliver:

> Si de fronteras acá, y a causa de la insularidad de la España de posguerra, se llegó a pretender que nuestra novelística de entonces hubo de partir de cero, sin modelos próximos, la verdad es que Sender, como ningún otro de nuestros narradores en exilio, aseguró sin descanso esta continuidad. Por lo mismo que el Sender antiguerra— el de *Imán, Siete domingos rojos* y la galardonada *Mr. Witt en el Cantón*, ajeno al gusto de su generación por la estetizante novela deshumanizada, que la guerra dejó obsoleta, no tenía que buscar nuevos moldes para su furia creadora.
>
> Que ésta su función de puente no fuera aireada por los órganos culturales del exilio, es cargo que debe hacerse *a revanchismo* de éstos, inoperante ya crónico para un espíritu luchador solitario, "comprometido" desde mucho antes, cual fue siempre el aragonés." (El subrayado es nuestro: F.C.).

Esto es lo que dice otro aragonés que, a pesar de haber escrito relativamente temprano sobre Sender en la sección de letras que desde tanto tiempo acá viene dirigiendo en "La Vanguardia" de Barcelona,[16] siempre me ha parecido que le habría prestado más atención, como crítico, a Sender, si éste se hubiera "hecho pasar" por más vanguardista. Y digo "hecho pasar" porque el sencillo, directo y natural clasicismo de Sender es un efecto óptico bajo el que cabe rastrear a lo largo de toda su obra toda clase de vanguardismos "de hecho:" dadaísmo, cubismo, impresionismo, expresionismo, deformismo, postismo y, sobre todo, superrealismo y/o realismo mágico. Pero la verdad es que no se—ni se le—ha presentado nunca como vanguardista. Ni en el prólogo a mi tesis sobre su "realismo mágico"—que yo postulo en ella—se da por enterado, demuestra más bien no haberme entendido (en francés), simplemente por no haberme leído, como después me confesó por carta.[17] Siempre ha dicho Sender que no le interesan las innovaciones formales ni de montaje y que todas sus novedades y originalidades no pueden ser más que de estructura profunda, aunque con eso de "estructura" creo que quiere referirse a los aspectos técnicos de composición, eslabonamiento y ensamblamiento de la novela, cuando yo estoy convencido de que sus cambios en profundidad se los da hechos su pensamiento en curso, o mejor: el curso de sus pensamientos que suele tener virajes y vuelcos de 180 grados y de campana, respectivamente. En un hombre apasionado y tan empeñado en sincerarse como Sender, lo que trabaja no es el esnobismo de las modas literarias ni el mimetismo de los maestros más brillantes que dan la nota, sino lo que tiene en el hígado (por decirlo más a la española, y no a la francesa: "dans le ventre"). Hay novelas suyas que tienen plan, sobre todo las históricas, por descontado; pero las hay que son el resultado de puras pulsiones de sostenida excogitación (a veces demasiado sostenida). En todo caso, tanto las medio planeadas como las brotadas sin remedio están escritas superrealísticamente en grande o pequeña parte. Siempre hay un momento en que suelta la rienda y galopa desbocada su pluma hasta perder aliento (diríase que se le siente el fallo del fuelle asmático—mal bromeaba sin malicia un amigo—). Y este dejarse ir, o mejor: este romper las compuertas del subconsciente, es la primera

---

[16] Véanse sus artículos "De un Ramón que vuelve a su sendero:" *La Vanguardia,* 27 enero 1967; y "Un novelista universal, el aragonés Ramón J. Sender," id., 22 mayo 1967. El fragmento transcrito proviene de "Réquiem por un novelista español. Un moralista aragonés," ed. 19-1-1982.

[17] "Si no he leído tu libro ha sido porque confío en los amigos, etc." carta de 17-11-1971.

nota del superrealismo. Pero además están las otras notas, aquellas que se confunden o convergen con lo que yo llamaba realismo mágico senderiano. Por eso me digo, a estas alturas, si no habría sido más acertado hablar de los elementos superrealistas en el realismo de Sender que de realismo mágico, con más razón a posteriori, tras la nutrida aplicación de este término a muchas y grandes obras de los autores del "boom" hispanoamericano, y en especial a *Cien años de soledad*, que parece haberse escrito para dar el más brillante, dorado y antonomástico ejemplo de mágico realismo (así, en epíteto ya).

Sender, como Machado, es de los que creen en el tiempo como "durée" bergsoniana en cuyo engranaje el arte se articula cíclicamente; o es de los que piensan (no hace falta creer) en el eterno retorno nietzcheano y no se preocupan de burbujas de moda que tan pronto revientan. Pero uno y otro—Machado y Sender—lo han hecho sin enristrar lanzas de antivanguardismo, aunque conscientes de que eran más avanzados que los vanguardistas, sólo que la suya era una vanguardia esencial, y no de las que chaquetean por obligación (u obligaciones bursátiles), que ahora son realistas, histórico-realistas, se cansan y pasan a ser lo contrario al compás de los bonzos de la crítica. Desde el primer libro al último de Machado y Sender están presentes todos los elementos que han hecho del primero uno de los más grandes poetas de la lengua española y del segundo uno de sus más grandes narradores trascendentes. Y a todo esto, sin inventar ningún canon métrico el primero ni modalidad alguna de montaje narrativo el segundo.

A la altura de estos tiempos, un crítico, y más un crítico literario, habría de haber aprendido que en arte no hay edad ni hay progresión. Y por lo tanto, que no se pueden establecer categorías ni calificaciones con criterios tales como 'antiguo' versus 'moderno,' o delantero/zaguero, etc. Porque, precisamente, el arte se distingue por su indatación e inubicación y se define por su unicidad fuera de serie, fila, rango, preeminencia o preterición. Toda obra empieza a ser de arte en cuanto se despega de su fecha y su localización. Pero, claro, los críticos, cuanto más esnobs, menos asideros tienen con Sender, todo él tan llano y natural. Porque ocurre que hay cosas difíciles en Sender, pero no presentan novedad formal, son cosas intelectualmente difíciles, y eso del intelecto esos críticos lo toman como el rábano. Se pueden escribir (lo peor es que se escriben) centenares de páginas con docenas de esquemas gráficos, tablas correlativas y estadísticas sobre la manera de interrumpir un discurso o de hacerlo guadianesco, de transitar por capítulos y artículos, de referir el relato a la lucha de clases, a la historia de la familia según Engels, a la noción de realismo histórico según Lukács, a la de estructura según Barthes y Lacan o a la de semiótica según Eco, etc. etc., pero no de filosofías. Aparte de que sería perder el tiempo, no es tarea de críticos, n'est-ce pas? Hay una papanatería tal entre los críticos literarios de aluvión (y todo esto no lo digo por E.G. de Nora) que este morbo constituye verdaderamente una peste que emponzoña los textos de la Academia. Y lo curioso es que a algunos les coge la semiotomanía o la estructurofilía de repente. De la noche a la mañana, un colega que escribía cosas banales pero con cierta naturalidad y honradez, te sale con un texto que no entiende nadie por no entenderlo él mismo, pero que tiene "visos" de científico, que eso es lo importante. Mas, volvamos a recoger el hilo.

Sender no es un "rezagado," a veces es lo contrario. En la última parte de mi breve estudio sobre su pensamiento,[18] indico algunos de sus "precursorismos," sin hablar ya a este propósito de que sus dos novelas más importantes de preguerra, *Siete domingos rojos* y *Mister Witt en el Cantón*, resultan ser (con o sin premeditación y alevosía) sendas preadmoniciones, la primera para la C.N.T. y la segunda para toda la España izquierdista-popular. Y eso sin contar hallazgos filosóficos como el que se me ocurre ahora mismo (del orden de los ya enunciados en el libro aquí en nota citado): esa insistencia senderiana sobre la necesidad de *disolver* los problemas mejor que *resolverlos*, fórmula que nos recuerda la del último Ludwig Wittgenstein ("la misión del filósofo no es la de "resolver" problemas generales, sino por el contrario: "disolverlos"). Pero, claro, todo esto es ir por delante en esencias, insisto, en visiones del subconsciente colectivo también y en actitudes de vida o muerte del hombre en cuanto conciencia y llevando las cosas hasta sus últimas consecuencias. De todo lo cual habla Eugenio G. de Nora con perfecta comprensión, porque es poeta, pero sin convicción... él sabrá por qué. Ultima certidumbre: que hasta para los buenos ha sido Sender un autor "a trasmano," eso sí, lo que es muy distinto a aquello de "rezagado."

Pasamos ahora a la primera obra standard de la crítica marxista sobre la novela española: *La novela social española. 1920-1971*, de Pablo Gil Casado (Seix Barral, B. 1968-1973, 398 pág.). No me explico cómo ha podido merecer una segunda edición libro tan mal escrito y con tantas contradicciones y torpezas, no sólo formales, sino de mera lógica y de semántica corriente y moliente: plagado de errores léxicos y de mime-

---

[18] In *La verdad de Sender*, (Leiden: Cinca) pp. 85-124; y ahora reproducido el trabajo en *Ramón Sender. In memoriam. Antología crítica*, Zaragoza, 1983, pp. 399-424.

tismos vulgares como está, no hay vez que lo consulte que no encuentre alguna enormidad mal formulada o alguna muestra de miseria mental. Cruces me hago de que críticos inteligentes citen ese engendro y hasta lo califiquen de 'estudio excelente'[19] o cosa parecida. Pero vayamos à nos moutons:

En la pág. 102 de ese desmanotado manual se lee:

Ramón J. Sender es el escritor que, partiendo del nuevo romanticismo, enlaza con el realismo crítico social de la generación del cincuentaicuatro. La evolución es (sic) a través de una serie de novelas sociales o parcialmente sociales, *Imán* (1930), *O.P. (Orden Público)* (1931), *Siete domingos rojos* (1932), *La noche de las cien cabezas* (1934), *El lugar del hombre* (1939), *El rey y la reina* (1942), y en cuya cúspide queda (sic) el impresionante *Don Millán* (1953)... Hasta 1936 son novelas[20] muy del nuevo romanticismo. La perspectiva[21] es decididamente proproletarista[22] y revolucionaria, pero su contenido social no es siempre suficiente, pues la realidad aparente no se presenta objetivamente...[23]

No, no, dejémoslo, dejémoslo, no hagamos injuria a nuestros lectores comentando una tras otra estas sandeces. Porque hay más y no acabaríamos nunca, como eso de la novela de asunto *abúlico* (subrayo yo, F.C., ¡y cómo!) cuando dice: "Los dos escritores que más se inclinaron a la novela de asunto *abúlico*, fueron Ramón J. Sender y, sobre todo y muy especialmente, Joaquín Arderíus."

Pasamos a Ignacio Soldevila Durante, quien si no es tan elegante escritor ni tan original analítico como de Nora, al menos escribe mejor, más claro y con más propiedad que el que acabamos de dejar por imposible. He de advertir que incluyo a Soldevila entre los marxistas por deducción, y no porque sepa en absoluto su ideología por confesión propia. Primero porque veo que se hace eco de dos

[19] Darío Villanueva en "El año literario 1978," por ejemplo, aunque de paso le dé un buen palo a la novela del crítico de marras *El paralelepípedo*.
[20] ¿Qué novelas?
[21] ¿Qué perspectiva?
[22] ¡Qué horror! Ser proletarista ya es ser malvado, porque significa ser partidario del proletariado como condición social y esta condición es peor que la de esclavo, pero ser "proproletarista" es reforzar ese sadismo. Pero aun concediendo que haya querido decir el inefable Gil que es "partidario de la causa del proletariado," ¿no sabe que el sufijo—"ista" ya significa ser partidario? Aparte lo horrísono de la cacofonía...
[23] Con textos así no pasa ni un estudiante de español en el extranjero la asignatura "Redacción en Lengua Española," desde luego.

comentaristas senderianos confesadamente marxistas notorios: Víctor Fuentes y Peter Turton. Como al primero ya le he contestado—creo—cumplidamente,[24] voy a atender a la fea acusación del segundo que he encontrado en varias partes disimulada como un áspid entre las matas y de la que se hace eco Ignacio Soldevila en el libro que nos ocupa: *La novela desde 1936—Historia de la literatura española actual—2—*, Alhambra, M., 1980, 482 páginas. Tengo que poner todo el contexto referido a este vidrioso asunto para que el lector juzgue más a sus anchas, y a quien pido perdón, por otra parte, de la extensa transcripción, con la nota correspondiente y todo, a fin de que quede todo clarito. Tiene la palabra Ignacio Soldevila Durante:

> Hay una tesis de maestría [?] del hispanista inglés Peter Turton dedicada *exclusivamente* (subraya F.C.) al análisis comparativo de las diferentes ediciones de la *Crónica del alba* (Universidad Laval, 1968). Desde su primer viaje a España y la atribución del Premio Planeta a su obra *En la vida de Ignacio Moret* (*sic*, ¿error de imprenta?) (1969), el culto rendido a Sender por los medios de la oposición al franquismo ha ido decantándose hasta quedar en estos momentos reducido a la normal admiración por los grandes novelistas de su generación. Así se ha desvanecido el clisé del "campeón antifranquista" [¿qué fuente es la de este entrecomillado?] que injustamente lo idolizaba [¿no será "idolificaba"—con el afijo—"ific"—que significa convertir, realizar, hacer, como en "deificar," "mitificar" y no "deizar," "mitizar" y demás horrores por el estilo?], como hubo de ocurrir antes con Casona, para reducirse a las dimensiones normales del escritor profesional.[81]
>
> NOTA 81: Sigue inédita por voluntad propia la tesis doctoral del hispanista inglés Peter Turton, *La trayectoria ideológica de R.J.S. entre 1928 y 1961*, en la que se pone en evidencia la faceta más débilmente humana del escritor. Fue presentada en la Universidad Laval, de Québec, en 1970.

Parémonos, primero, en los detalles, para atacar luego el racimo de mala uva que todas esas alusiones encierran. El adverbio "exclusivamente" lo he subrayado para patentizar la contradicción con el trabajo que se inserta en el libro ya citado *Ramón Sender. In memoriam...* (1983, pp. 445-463) del mismo Turton, titulado "Los cinco libros de Ariadna" y con el significativo subtítulo: "La puntilla al minotauro comunista." En este artículo se confrontan ingenua,

[24] En mi "La verdad de Sender," págs. 67-84.

obvia—por no decir boba—mente *Contraataque* y *Los cinco libros de Ariadna*. Luego, no todo es seguir y reseguir *Crónica del alba*, ¿verdad? Otra pequeña contradicción observo entre estos dos libros: la tesis la presenta Turton en 1968, según I. Soldevila, y en 1970 según el mismo Turton enviara a Mainer, bajo cuyo cuidado y dirección se ha editado en Zaragoza el voluminoso libro ya citado. En fin, ¿de dónde sale eso de que los medios antifranquistas rindiesen culto a Sender? Yo he vivido en esos medios durante dos períodos de militancia en la clandestinidad y sus respectivas estancias en la cárcel, dentro de España, y durante unos 25 años como refugiado político fuera de España, y cuando emprendí mi tesis sobre Sender tenía más bien una sensación de trabajar por una recuperación y no sobre terreno consagrado; precisamente porque se le tenía "injustamente" relegado y olvidado adrede, al autor por mí escogido como tema académico.

No entiendo la comparación con Casona, quien siempre ha sido un buen republicano y un buen liberal, pero jamás hombre activamente comprometido como lo fuera Sender, tanto combatiendo al rey y a Primo de Rivera, como en el grupo "Espartaco" de la F.A.I. o en la brigada de Líster, y en todos sus cuantiosos escritos publicados (novelas, cuentos, poesía, teatro, ensayos y artículos) antes, durante y después de la guerra civil española.

Recuerdo perfectamente lo del viaje de Sender a España por no sé qué Sociedad mediterránea y la Bankunión financiado. Lamentable. Más lamentable que el del poeta catalán Josep Carner, porque Sender aun no estaba tan anciano valetudinario y se esperaba más de él, aunque no tanto como podría hacer creer esa hipérbole de "campeón antifranquista" que no sé de dónde habrá sacado I.S.D. Ese viaje fue la causa de una temporada de enfriamiento en nuestra correspondencia, cuya crisis salvó el mismo Sender en carta liquidadora de resquemores por malentendidos, afanoso como yo de reanudar nuestras amistosas relaciones epistolares de siempre. Un detalle entre otros para probar que también exagera José-Carlos Mainer cuando, en su "Resituación de Ramón J. Sender" con que prologa el libro a su cuidado (y sobre el que volveremos pronto) habla de mi "admiración sin fisuras." Porque tanto en mi tesis, como en mis posteriores trabajos, y sobre todo en mis cartas, no me he encogido jamás en escribir lo que buenamente he creído debía decir.

Otra cosa: Si quiere Soldevila una prueba de que no se ha "decantado" la admiración por Sender a su condición de escritor "profesional" (pero Sender, como casi todo escritor, tuvo que ejercer de profesor para vivir, porque a lo mejor no siempre habría podido ganarse los garbanzos "profesando" de escritor), que pase revista a los centenares de artículos necrológicos aparecidos después de morir el 16 de enero de 1982 en la prensa española y extranjera.

Y vamos ya a lo de Turton. Lo primero que escama es eso de que su tesis siga "inédita por voluntad propia." pero ya no es así, porque al menos en parte, y quizá la parte punta, está publicada como decíamos en el centón zaragozano (1983), páginas 445-464. La punta más acerada es la transcripción que hace Turton de las frases del libro de Líster *Nuestra guerra. Aportaciones para una Historia de una Guerra Nacional Revolucionaria del Pueblo Español. 1936-1939* (Ebro, París, 1966, páginas 75 y 82-83), a cuyos pasajes alude I.S.D. En primer lugar, prescindamos, al tratar de esa referencia turtoniana, de la intención caritativa que haya podido guiarle a un crítico literario para traer a colación un asunto tan poco literario transcribiendo esa cita "en la que se pone en evidencia la faceta más débilmente humana del escritor," como remacha no menos caritativamente I.S.D. Pues ahí es nada. ¿Por qué "evidencia?" ¿Porque lo dijo "el ángel exterminador" encarnado en Enrique Líster? Pues sí que estamos bien de procedimiento judicial. Esa "faceta," dicho en plata, se traduce por cobardía, ¿no? Y en términos de código militar: deserción, abandono del frente ante el enemigo. Fusilable. ¿Y por qué no lo denunció "el Jefe?" ¡Qué raro! Con la de desertores y seudodesertores, prófugos y seudoprófugos que mandó liquidar el héroe del Quinto Regimiento. Ricardo Sanz, el sucesor de Durruti en la columna de este nombre, a un jefe de brigada que había "chaqueteado," no por ser comunista lo hizo liquidar, pero lo paró y le dio un par de bofetadas delante de todos los presentes, mandándolo de nuevo a la línea. Un buen juicio sumarísimo, infinitamente más humano, pero juicio al fin. Hay cosas que no se pueden dejar así, en la impunidad, y menos en tiempos de guerra. Por eso es tanto más raro en jefes como Líster que tanto empeño tenían en igualarse a los militares prusianos de los de "kadaver-disziplin." Pero concedamos que hubiese tenido miedo (que no es lo "más débilmente humano," sino muy fuertemente humano, en todo caso una *debilidad humana*), miedo al enemigo, miedo a Líster y los suyos. Si fuera lo primero, no se trataría del primer comunista que echara a correr, ni menos aún el primer intelectual a quien se le hayan aflojado los esfínteres. En esto del valor (de este que por algo se llama 'físico') la formación intelectual no interviene. Pero o poco conozco a Sender, o no lo creo capaz de ese miedo, y menos siendo Jefe de Estado Mayor (otros dicen Jefe de

Brigada, lo que sería peor para el caso). Más bien me inclinaría por la segunda hipótesis, porque eso de que te maten los de la propia chabola es un martirio poco envidiable. A juzgar por lo que ha venido respirando por la herida debió de ser, aquella experiencia de Sender con los comunistas, tremenda. No he compartido nunca el anticomunismo de Sender, a pesar de haber estado enfrente en los sucesos del 2 de mayo de 1937 provocados por los comunistas para acabar de estrangular "oficialmente" (porque eso es lo bueno, que oficialmente quedaran ellos como los salvadores de la República) al Movimiento Libertario, a pesar de haber vivido de cerca la destrucción de las colectividades de Aragón por las fuerzas de Líster metralleta en mano, a pesar de haber visto a "El Campesino" cazando soldados con un tanque por el llano de Zaidín-Lérida y a pesar de haberme llevado al puro matadero al frente de mi compañía el general Kleber mandándome atacar a mediodía una posición a pecho descubierto... (jamás ha saltado tanto seso y sangre a borbotones a mi alrededor). Y todo porque era una compañía de la 119 Brigada de la 26 División. ¡Y a tipos así se les ha llamado genios de la guerra! ¿Se sabrá algún día lo que le hicieron a Sender? Por los episodios que narra relativos a situaciones así, en *Los cinco libros*..., en los dos últimos libros de la *Crónica*... sobre todo el último "La vida comienza ahora," en *Una virgen llama a tu puerta, El superviviente* y en alusiones de todo su ciclo zodiacal, se puede deducir no poco. Pero averígüese o no lo que pasó exactamente, eso ya no es incumbencia de la crítica literaria, porque la obra no cambiará por eso. Y de la obra literaria se trata.

En la pág. 102 hay también un desliz de pretensiones apodícticas excesivas cuando Ignacio Soldevila Durante pontifica:

> Lo cierto es que, tal como la concemos, [la novela *Historias de una historia* de Manuel Andújar, que también podría ser la que lleva el título *Cita de fantasmas*] significa la culminación de esa constante búsqueda de la perfección, esa persistente huída del fárrago que daña, por ejemplo, la producción torrencial de R.J. Sender.

Es curioso que sea el mismo Andújar quien lo desmienta repetidamente, puesto que es este gran novelista andaluz[25] quien escribe: "Admiran en *Mexicayotl* la *médula* poética, trasvasada, de la prosa, la armonía que infunde su *contención* náhuatl al participado, monumental *esquematismo* prehispánico."

[25] ¿No es significativo que haya tanto escritor andaluz defensor de Sender? R. Cansinos Asséns, Julia Uceda, Manuel Andújar...

Los subrayados míos hablan por sí solos. En el ensayo del que extraigo la frase,[26] prodiga Manuel Andújar términos tales como "nudo," "descarnado," "sustancioso," etc., antónimos todos ellos del vocablo "fárrago."[27]

Menos mal que, por fin, I.S.D. le llama a Sender "gran maestro," siquiera sea indirectamente, en la pág. 296, línea 2 de la citada obra.[28]

Y acabamos este somero repaso crítico de monografías y manuales de inspiración marxista con la *Historia social de la literatura española*, en tres volúmenes, de tres autores: Carlos Blanco Aguinaga, Julio Rodríguez Puértolas e Iris Zavala. De Sender se habla en los tomos II y III. Para estos autores (¿o es cosa del coordinador exclusivamente?) si Sender no se hubiera movido de la línea de *Contraataque* o se hubiese mantenido siquiera en la de *Réquiem*... en esta historia se habría llevado Sender la parte más leonina de su reparto en extensión y loas, porque quién le puede pasar la mano al aragonés en obras de denuncia social, en novelas de protesta, en artículos de compromiso político, incluso. Pero Sender ha tenido la desgracia de haber sido compañero de viaje en uno breve de ida y vuelta, y si Sender hace novela histórica es evasión de la realidad, mientras que si la ha hecho Aragon es "reflexión de una conciencia social actualizada," etc. Y si se le alaba *Imán* es para mejor decir que se traiciona después, falseando de paso el final que no puede ser más fatalista, con intenciones catárticas, posiblemente, pero fatalista al fin:

[26] "Ramón Sender y el Nuevo Mundo," in *Ramón Sender. In memoriam, etc.* (Zaragoza, 1983)

[27] "Fárrago: aglomeración desordenada y confusa de cosas superfluas." Puede parecer pesado Sender cuando detiene por las bridas el corcel de su relato y se pone a caracolear, corvetear y piafar su montura reflexionadora, soñadora e introspectiva, o cuando se le encabrita y blasfema o se arrodilla y reza, o se revuelca y delira en voz alta. Pero, ¿por qué se ha de tolerar todo eso en otros y no en Sender? ¿Porque al ser más viejo no le sientan chiquilladas o desahogos juveniles?

[28] Ignacio Soldevila Durante, *La novela desde 1936. Historia de la Literatura Española Actual.* 2 (Madrid: Alhambra, 1980): Al hablar, el autor, de la novela de Antonio Ferres, *Con las manos vacías* (1964); y compararla con *El lugar de un hombre* de Sender, por tener ambas el mismo tema, empieza diciendo en la pág. 295: "Cualquier anécdota de cualquier injusticia social hubiera servido para construir la novela de Ferres, mientras que esa anécdota, específicamente, era indispensable a la simbolización de Sender. Basta con ello para disipar cualquier acusación de plagio que, sin duda, hubiera llenado de asombro a nuestros clásicos del Siglo de Oro, para quienes [y estamos ya en la pág. 296] era prueba de grandes cualidades literarias el atreverse con la misma anécdota utilizada por otro gran maestro."

No por ello [*Imán*] es una novela pesimista, ni nihilista, ni representa—una vez más—el mito de Sísifo. Todo eso vendrá después en la obra de Sender. *Imán* es una novela-denuncia en el más riguroso sentido de la palabra: se basta a sí misma la realidad captada y narrada con precisión, con sensibilidad, casi sin huídas filosófico-morales. Una de las pruebas—por si hiciera falta—de que "realismo" no tiene por qué ser sinónimo de torpeza narrativa ni de dogmatismo demagógico. Notable ejemplo de las posibilidades de una manera de novelar que, desgraciadamente, quedó trunca en 1939 (II, p. 350).

Sin comentarios. ¿Para qué? El que tenga ojos, vea. Porque en el tercer tomo se vuelve a hablar de Sender (pág. 159-164) de cuyo comentario extraigo esta otra perla crítico-literaria (!) a propósito de *El rey y la reina*:

Tal como se plantea la historia de amor-odio en el contexto de la guerra, el resultado bien podía haber sido una gran novela. Lamentablemente la novela deriva hacia una vulgar y algo grotesca idealización de la relación odio-amor, a la que, por lo demás, responde plenamente el título. Por idealización entendemos aquí que el narrador resulta incapaz tanto de profundizar en la psicología de los personajes como en las posibles contradicciones de la realidad histórica que, en todo momento y de diversas maneras, rodea y penetra su "palacio" privilegiado. En vez (*sic*) *el sentido de la obra se diluye en una fácil abstracción simbólica sobre la que flotan las más tradicionales y alegóricas alusiones del amor cortés (Y un rechazo explícito, por lo tanto, de Lady Chatterley's Lover?).* Ello permite, claro está, la deshistorización total de la que podría haber sido interesante historia. Y con la deshistorización, inevitablemente, el más ideológico y trivial filosofar sobre el amor y la "tragedia" humana, por ejemplo en las conversaciones finales de Rómulo y la duquesa, en las que el jardinero habla ya, en verdad, como cultísimo y refinado "rey" de leyenda. (III, p. 350)

¿De qué ha servido, pues, el precioso análisis que hace de esta obra el fino crítico literario Domingo Pérez-Minik? El que ha hecho ese comentario no ha entendido nada, pero nada, de esa novela única. O no ha querido entender, que para el caso es lo mismo. Pero el colmo es ese paréntesis con el que se pasa de listo, porque, ¿acaso no sabe que Sender ha sido siempre un gran admirador y amigo de David Herbert Lawrence? Si es marxista como dice, el crítico manualista (quien sea de los tres) tendría que haber captado el mensaje último que encierra esa novela sin par en nuestra literatura: el fin de las alienaciones de clase, de estado y del Estado, el ansiado fin de la historia de la alienación, de la historia tout court; o la comunión en el respeto entre los sexos y sin determinismos sociales, en la libertad y la igualdad máximas posible, en la soberanía de cada mujer y cada hombre—que eso significa Rey y Reina. En fin, un intento de alcanzar la radicalidad del ser hombre/mujer por medio de la fábula hasta tocar su unicidad.[29]

En fin, conociéndolos y sabiéndolos personas inteligentes, está uno tentado a creer que estos tres autores de esta "Historia social de la literatura española" se han entregado a un juego impertinente, pertinazmente, más que a conciencia. Allá ellos.

Ya hemos dicho que a la muerte de Sender se precipitó poco menos que una avalancha de artículos "in memoriam" en la prensa española (y no sin movilizar asimismo los teletipos de las agencias internacionales, corresponsalías por vía telefónica, etc., como tuve constancia en las salas de redacción de la radio internacional holandesa). Claro está que no podemos hacer un repaso de todo ese alud gacetillero, que además se repite mucho. Abriré sólo dos trípticos de colaboraciones meritorias: el de "El País" de Madrid, martes, 19 de enero de 1982, y el de "La Vanguardia" de Barcelona del mismo día—ambos en sus respectivas secciones literarias, naturalmente.

En la plana de "El País" tenemos tres firmas que ni elegidas para el caso: la de un erudito profesor que desde hace tiempo se ha dignado inclinarse—entre sus grecolatines y éuskeras—sobre la obra de Sender, Antonio Tovar; la de un crítico literario "de profesión"—si tal horror se admite para entendernos pronto—, Rafael Conte; y la de un filósofo y escritor polifacético con los "ulls al vent" de toda actualidad cultural y especialmente literaria, Fernando Savater. Antonio Tovar dice de la obra de Sender:

> Su fecundidad asombrosa, la variedad de su obra, los amplios horizontes de su creación, su mismo afán, a lo largo de su vida,

[29] Aun tengo todavía tiempo de poner aquí en nota la aparición del artículo de José-Carlos Mainer (que se publica como contribución al Libro—Homenaje a José Manuel Blecua en Gredos—ofrecido por sus discípulos, colegas y amigos—) con el título: "Antropología del mito: *El Rey y la Reina*, de Ramón J. Sender," (pág. 389-403). Aquí encontrarán ejemplo, los autores del manual que llevamos entre manos, de crítica enjundiosa, pertinente y fundada. Por algo es, el autor Mainer, uno de los que mejor ha criticado dicho manual "troikista."

de renovarse y sorprender al lector, no tienen rivales en la narrativa contemporánea.

Qué se puede decir más para colmar una vida de escritor? Para Tovar, la *Crónica del alba* es lo más logrado. Y califica de "grises," libros como las *Novelas teresianas, Criaturas saturnianas, El pez de oro*, etc. Todo es relativo. Porque, precisamente, a estas dos últimas novelas les ha dedicado el fino poeta y agudo crítico Pere Gimferrer, en la revista barcelonesa "Destino" (1976), un breve pero suculento artículo, en el que, bajo el título "El zar y los misterios del Logos," escribe, entre otras cosas, sobre la novela *El pez de oro*, lo siguiente:

> Se suscita así un peculiar género de relato poético [el de la novela histórica de Sender] que debe muy poco a los modelos de novela histórica conocidos hasta ahora y configura una de las aportaciones más originales de Sender a la narrativa contemporánea.

La necrológica dedicada a Sender de Rafael Conte tiene el acierto de empalmar la primera con la última novela de nuestro autor (a través del protagonista de *Imán*, Viance, cuya sombra desalada y desolada pasa por el escenario de *Chandrío en la plaza de las Cortes*—1981—). pero tiene, para mí, el desacierto de decir esta media verdad:

> Su talante rabiosamente individual, personal hasta la destrucción, rompió sucesivamente todos sus compromisos: le impidió profundizar en el pensamiento libertario al que instintivamente se veía destinado...

Eso de "personal hasta la destrucción," conociendo su filosofía, habría que decirlo al revés: "antipersonal..." Y en cuanto al hecho de que se haya privado de "profundizar en el pensamiento libertario," ¿acaso ha hecho otra cosa a lo largo de toda su obra? Siempre que se trate de pensamiento, cuidado, y no de propaganda. Titula Conte su artículo—y lo titula muy bien—"Una larga reflexión sobre España." Y siendo así, no puede ser más que una reflexión sobre lo libertario, que es, en definitiva, el supremo distintivo de lo español. Pero si siempre ha sido intelectual como novelista, nunca ha sido novelista como intelectual. O sea, siempre reflexión hecha arte, y el arte jamás es programa ni sistema, menos consigna y norma.

Por fin, Fernando Savater, que titula su "columna" "Elogio de un novelista." No me resisto al imperativo de transcribir el principio y el fin de esta "estela" incisiva que tan bien contesta a tantos y tantos que le han reprochado a Sender su facundia (¿o es 'grafundia?') y productividad. Y de paso subrayo lo más notable:

Hay un tipo de honradez característica, un detestar la palabrería oratoria, un amor por la abundancia y prodigalidad de temas, una fluidez vigorosa de acciones y pasiones que caracterizan al novelista de pura sangre... *Tras Valle-Inclán y Baroja, Ramón J. Sender ha sido el novelista español de más* clase, *el de raza más indiscutible y enérgica*(...) De Sender, pensando sobre todo en cosas de sus últimos años, dirán: escritor *desigual,* demasiado prolífico; y será momento de recordar la defensa que ante acusaciones similares hizo de Alejandro Dumas su biógrafo Maurois: *"Le reprocháis vicios de generosidad, pero ¿acaso le hubierais preferido monótono o avaro?"*

También de "La Vanguardia" me gustaría dejar constancia de otros tres artículos publicados en la misma fecha que los de "El País" y con la misma intención necrológica. Primero, de un artículo de Juan Ramón Masoliver, quien ya se había ocupado de Sender en otras ocasiones con su tino acostumbrado y con todo el peso de su calidad de erudito francotirador. Por lo menos desde 1967, que yo sepa. Titula su escrito Masoliver "Réquiem por un novelista español. Un moralista aragonés." Curioso es su comienzo, asociando Sender a Pla (Josep Plá). Y no le falta razón, manteniéndose en el terreno en que lo hace:

... ahondando en las peculiaridades de solar nutricio, haciéndose intérpretes de la idiosincrasia y talante de sus gentes, ambos se han cimentado como los prosistas más universales de la España de hoy.

Pero a efectos de contraargumento para todos los que le han tildado a Sender de "farragoso," he aquí cómo continúa Masoliver:

Con otra voluntad que los mancomuna: la de expresarse en lenguaje desnudo y directo que al verbo otorga su carga determinante y acierta a dar con el adjetivo exacto y plástico, sin perderse en inútiles retóricas, igualmente alérgicos a las transitorias escuelas literarias.

Luego toca Masoliver un punto que ya hemos rozado y que tiene un interés especial para la historia de la literatura española. Porque del mismo modo que los monopolios llamados "Generación del 98," "del 14" y "del 27," eclipsaron a docenas de buenos novelistas y excelentes escritores de entre siglos y de entre guerras,[30] así los

---

[30] Cfr. mi estudio "Sorprendente balance de la novela española de preguerra. 1898-1936," en *Década, Cuadernos de la Universidad de Leiden,* (1980),

monopolios de editores y de los que han llevado la voz cantante en la crítica literaria española (liberales, marxistas y vanguardistas) han excluido sistemáticamente a Sender porque no encajaba con ninguna de esas corrientes que han tenido la sartén de la edición y la crítica por el mango. Y a este respecto, afina conceptos Masoliver a la intención de los historiadores de la literatura española:

> La verdad es que Sender, como ningún otro de nuestros narradores en exilio, aseguró sin descanso esta continuidad. Por lo mismo que el Sender anteguerra—el de *Imán* y *Siete domingos rojos* y la galardonada *Mr. Witt en el Cantón*, ajeno al gusto de su generación por la estetizante novela deshumanizada, que la guerra dejó obsoleta, no tenía que buscar nuevos moldes para su furia creadora. Que ésta su función de puente no fuera aireada por los órganos culturales del exilio, es cargo que debe hacerse *a revanchismo* (cursiva mía: F.C.) de éstos, inoperante ya crónico para un espíritu luchador y solitario, "comprometido" desde mucho antes, cual fue siempre el aragonés. Y que de fronteras adentro no hubiese mayor constancia de esa continuidad, por obra de la censura imperante, tampoco invalida el hecho. Bien lo probó el éxito fulgurante de la memoriosa *Crónica del alba*, en cuanto los Aymá tuvieron la valentía y acierto de incluirla en su catálogo (1965). Y en otra clave, la hispana zumba de la literatura de evasión que era *El bandido adolescente* (Destino), de casi inmediata aparición.

El segundo trabajo es de Jesús Vived Mairal, otro aragonés que vive y trabaja en Barcelona como el anterior, hombre éste de ciencia y letras como lo fue el llorado Luis Martín-Santos. Al despedirse de su paisano y admirado autor, Vived pone de relieve—y con razón que le sobra—un sustancial aspecto del sustanciado Sender:

> Yo en estas líneas de urgencia quisiera apuntar alguna de las claves más significativas de la creación senderiana, que no es otra que la reiterada atención que Sender muestra por el hombre de pueblo, por el campesino, concretamente. 'Yo, en el fondo, soy un campesino aragonés—mi zona cultural—; es decir, un hombre de una sencillez natural, que come pan, bebe vino y dice la verdad,' escribió en *Una virgen llama a tu puerta*.

págs. 27-73, donde demuestro que, de 112 autores con sus 684 novelas en total, sólo el 19% es novela "deshumanizada." Mucho ruido y pocas nueces, pues, lo de la famosa deshumanización orteguiana.

Ya más adelante acierta también, a mi entender, Jesús Vived, dilucidando así este principio: "Cuando Sender cala en los tipos de pueblo, se romonta al hombre universal por cuya dignificación aboga en un tramado de esencialidad que le brinda generosa su propia raíz."

Y el tercero y último panel del tríptico de "La Vanguardia" se lo reservo a Joaquín Marco, otro catalán que, como el nombrado antes, Pere Gimferrer, acumula los cargos de poeta y crítico (sólo que Marco es también profesor) y el mérito de desempeñarlos de excelente modo. Titula Marco su contribución a la plana "In memoriam Sender" con una expresión que viene a confirmar la nuestra de "autor a trasmano:" "Un novelista marginado." Hacia el final propone Marco, refiriéndose a Sender, que "habrá que redefinir su personalidad," pero justamente para esa tarea no se pueden mezclar ciertas cosas, como él hace antes en el mismo artículo:

> Cuando regresó a España y en 1969 obtuvo el Premio Planeta con su obra *En la vida de Ignacio Moret (sic),* cuando apareció frecuentemente en la prensa con sus colaboraciones de carácter marcadamente anticomunista y conservador, se produjo como una decepción ante sus iconoclastas lectores que descubrieron, de pronto, que el autor que admiraban(...)no se correspondía con el personaje real.

Porque ahora que ser comunista es ser tan conservador, ser anticomunista podría ser todo lo contrario, pero paralogismos aparte, creo yo también que en algunos aspectos de actualidad política internacional se declaró en términos objetivamente reaccionarios; pero no en sus declaraciones esenciales. Por ese camino se ha llegado a decir que Sender había ayudado al "maccarthismo" de los años 50 (!), cuando ni conocía a McCarthy ni lo conocía prácticamente nadie para ejercer influencia ninguna en ninguna parte; e incluso se ha lanzado la descabellada idea de que Sender habría contribuido a "atizar los rescoldos de la guerra fría," como escriben los autores de la ya tratada "Historia social de la literatura española" (1979, III, p. 38), y uno se pregunta otra vez si están en sus cabales esos autores o si nos quieren tomar el pelo, porque, vamos, si se dice eso en serio es para dudar del todo de su sindéresis. Es como lo del Premio Planeta, que si se lo dan a Manuel Vázquez Montalbán no lo echan por eso del mando del PSUC, pero si lo obtiene Sender es un acto de venalidad y qué sé yo de qué crapulosa laya burguesa o pequeño-burguesa, consumista, etc., como si no quisiera todo autor ser publicado. Empero, el final del artículo de Joaquín Marco vale la pena de transcribirlo—como hicimos antes al hablar de la crítica en España, ya a las primeras de cambio, en el primer párrafo de este trabajo, que también ratificamos de lleno—:

> El resultado, no cabe dudarlo, será la reapreciación de un narrador de fuste, independiente y hasta arbitrario en sus juicios, pero magnífico creador de mundos. Un aragonés que supo ser siempre universalista en sus mejores obras partiendo de un deliberado enraizamiento en su tierra.

Y a propósito, siendo nuestro autor aragonés, sería injusto dejar de lado a la prensa aragonesa, y al voluminoso libro que han editado In memoriam Sender las más altas instituciones aragonesas. De lo primero no podemos recoger más que una muestra, si bien vale todo el muestrario. Y con lo segundo y último cerraremos tienda, que ya es hora, porque nos ha salido este trabajo exactamente el doble de la extensión que habíamos planeado. Una vez más se demuestra que la planificación es un mal de principio.

El artículo de prensa a que nos referimos es el mejor que conozco como crítica de la crítica, escrito con tanta punta como desgarro y sin contemplaciones, por el joven profesor Javier Barreiro, y publicado en "El Día" el 16 de enero de 1983, al año justo de la muerte de Sender. El artículo de Barreiro se encabeza así: "Sender en el infierno," título que aclara su autor (de cuyo "Pandemonium" ya hablábamos más arriba) de inmediato en unas frases que nos sirven como de muestra de su gracejo y su "empuñadura" de escritor:

> No se trata del infierno al que le han condenado muchos de sus enemigos, entre los que caben personajes tan diversos—¿o no?—, como Emilio Romero y Enrique Líster (toco madera). La biografía de los mismos puede ser su mejor defensa. 'Nada más eficaz ni más fácil que el insulto en letras de imprenta. Dios nos preserve'—escribió ha poco Sender—. Tampoco el infierno del desterrado, pues, como él reflexionó en alguna ocasión, 'el hispano desarraigado desarrolla un instinto de supervivencia y una humildad, difícil de cultivar en un país de soberbios, que le hacen sobresalir con más facilidad en el exterior.' Se trata del infierno de sus malos comentadores y de tanto indocto, indocumentado o cantamañanas que, hablando de oídas, extenúa orejas ajenas con despropósitos que se hacen ley. Como aquí no leen más que cuatro despistados, tres abueletes, dos bujarrones y un canónigo sordo, el lugar común es rey en cuestiones literarias: que si Baroja

escribe mal, que si Juan Ramón adolece de amaneramientos, que si las novelas de Pérez de Ayala no aborrecen a los batracios, que si Sender bla, bla, bla... Con ello vamos.

Y siguen dos planas de diario de gran formato a seis columnas cada una, salvo el espacio que se arroga la iconografía con sendos retratos fotográficos, uno de joven, muy visto, y otro de anciano, con un pie que debería ser cabeza, cabecera, sacado de una frase del artículo: "La actitud *libertaria* de Sender es incontrovertible." Lo triste del caso es que, como tal, como escritor libertario, no puede tener adictos, porque en España no hay crítica libertaria; pues que, como ya decíamos, sólo hay tres bandos criticógrafos: el de los liberales, el de los vanguardistas y el de los marxistas, pero éstos son los que más cunden, como en todas partes, ya es sabido. En otro trabajo mío,[31] creo haber demostrado que, incluso en su fase soidisant comunista, Sender se expresaba fundamentalmente más en términos bakuninianos que marxianos. Pero sin andarnos ahora con tiquis-miquis, es evidente que toda su literatura es un inmenso clamor libertario.

Javier Barreiro va demoliendo con altura, horra de inquinas y contragolpes bajos, uno tras otro, los principales prejuicios que se han venido repitiendo hasta la saciedad sobre Sender:
—'Volubilidad ideológica'
—'Escritor de hitos aislados' (es decir, aquello de "irregular," desigual"...).
—'Inanidad de su producción última' (lo que Javier Barreiro pulveriza realzando el valor eximio de una de las últimas obras de Sender: *Album de radiografías secretas* (¡1981!); como en otro lugar demuestra José-Carlos Mainer las excelencias de *Monte Odina* (anterior a ése de un año, total)
—'metafísica banal o arbitraria' (después de transcribir una cita de Sender en que expresa su "desprecio de la apariencia" y que acaba con estas frases:

> Sólo el tonto no duda nunca. De ahí la tontería implícita de regímenes como el fascista o el comunista. O en doctrinas como el existencialismo. Porque la desesperación sistemática es desorientadora y culpable (*Album*..., pág. 171-172),

---

[31] "Curriculum del pensamiento senderiano," título de mi conferencia en el ciclo organizado por el Ayuntamiento de Zaragoza para celebrar la obra de Sender, en el mes de mayo de 1982, a poco de la muerte de nuestro aragonés universal.

Javier Barreiro advierte: 'No se confunda, pues, duda con mutabilidad, ya que en Sender hay continuidad desde *Imán* hasta su pintoresco ciclo zodiacal)'.

—'Estilo desmañado' (habría que transcribir ahora las 155 líneas magistrales que le dedica Javier Barreiro a este apartado, cosa aquí imposible)

—'Actitud naturalista'...

Si quieren hacerme caso los que estiman, o están dispuestos al menos a estimar/reestimar a Sender, no se dejen pasar este artículo. Lo recomiendo seguro de no defraudar. Y a pesar del escéptico/cínico/sarcástico final que invita a remedar a Dante ("Lasciate ogni speranza"):

> Hay que advertir que con la relación de los tópicos aquí señalados y, en parte, refutados, no se trata de romper lanzas en la testuz de ningún molino ni debe verse un empeño por rebatir a quienes dedicaron estudios meditados a nuestro autor(...)sino de dar la vuelta a tanta adocenada trivialidad que circula con la soltura familiar con que lo hace la simpleza. Pero cuando hasta en las solapas de sus libros se sigue repitiendo el error de la fecha y lugar de nacimiento y cuando hemos de seguir oyendo el apellido Sender pronunciado como palabra llana contraviniendo todas las reglas de la prosodia, quizá no sea demasiado ocioso ejercer la voluntarista táctica de la puntualización. Por descontado, sin ninguna confianza en el éxito de la empresa. Aunque les aullases en las orejas no se enterarían.

Y a lo último que pasamos revista aquí es al ya citado libro *Ramón J. Sender. In memoriam—Antología crítica,—edición al cuidado de José Carlos Mainer* (Zaragoza, 1983, 500 páginas). Nunca mejor empleado eso de "al cuidado," porque era ponerlo en buenas manos confiar el libro a las cuidadosas de Mainer. Y aun, si he de ser sincero, diría que ha habido hasta demasiado cuidado. Me explico. Con ese segundo subtítulo de "Antología crítica" parece quererse hacer alarde de imparcialidad y distanciamiento, lo que a mi gusto le quita calor al volumen conmemorativo. Creo que ha temido demasiado Mainer a que se le tilde de panegirista, por un lado a causa de regionalismo y por otro de correligionarismo, de coparticipación de las ideas, criterios literarios y gustos senderianos de los que se distancia. Y si me equivoco, que Mainer me perdone. Pero esa es mi impresión. Claro está, una impresión es lo opuesto al (presunto) empeño que le atribuyo a Mainer, de quien siempre he admirado la sagacidad de análisis, la capacidad de implantación e integración de un tema en un todo orgánico (espacio/tiempo, medio/historia) y la exhaustividad máxima con que trata un asunto desde la doble vertiente científica de la investigación y la interpretación. Y la última prueba de todo esto es su precioso trabajo sobre *El rey y la reina*, de que ya he dado nota en su lugar más arriba. Pero en este caso del mamotreto "In memoriam"—así lo veo yo—, no se trataba de racionalizar una obra—por lo demás tan reacia a la racionalidad y tan cargada de otros elementos de acceso y enriquecimiento cultural no racionales—como la de Sender. Se trataba de reunir en un libro de *homenaje* tributado a un escritor *admirado* (que se quiere *admirable*) todas las facetas luminosas que componen la piedra preciosa de su obra para exponerla a la *admiración* de los demás. Y Mainer ha querido hacer una especie de autopsia. Algo que te hiela la sangre. Bueno, ahora a lo mejor exagero por el otro lado. Quede sólo la alusión, o el temor a que pudiera darse esa alusión.

Claro que la "Resituación" con que introduce el libro Mainer está muy bien. Aun cayendo en aquello de señalar "deficiencias" (subrayado por el mismo J.C.M., p. 15) ha tratado de darles la vuelta y "resituarlas" como *Virtudes*. Quizá con la intención de hacer honor, de paso, a una de las más felices imágenes de Sender del navegante a vela que aprovecha los vientos contrarios para avanzar, o la otra de que todo reverso puede ser efigie positiva.

Tal vez, pues, por ese mismo prurito de imparcialidad y *pro-contraísmo* o careo—cuasi policial—, se ha insertado una parte de la tesis de Peter Turton como un foco de pus entre los bálsamos que tratan de salvar a Sender de la muerte eterna. ¿Me puede decir el antólogo qué aporta de interés ese capítulo? Primero trata de abrir una puerta ya abierta de par en par: comparar las diferencias de contenido de un escrito influido por una ideología determinada con otro sin ideología, no se le ocurre más que al que asó la manteca. Y dejar caer esa paletada de porquería listeriana sobre el homenajeado me parece impropio. Si se quiere ventilar ese asunto, que se haga en juicio y no a puerta cerrada. Y entonces se juzgará a un hombre. Pero jamás a una obra, que es de lo que se trata. No se mezclen trapos sucios en el tendedor de ropa limpia crítica (y nunca mejor dicho, porque la crítica es limpiar y tender). Esta era mi salvedad. Y que me perdone el amigo Mainer, pero noblesse oblige.

Por lo demás, me ha dado grandes satisfacciones, este libro. Y la primera, por inesperada, es la valiosísima aportación tan original de Manuel Andújar. Primero porque es un gran escritor, segundo porque aborda muy completamente un tema tan poco visto y , tercero, porque lo toca como los ángeles. Esa capacidad demostrada por Sender de transculturación artística merecía una glosa tan brillante como la de Andújar.

Otra inmensa satisfacción es ver reunidos los trabajos de Cansinos Asséns y Pérez-Minik, verdaderos monumentos para nuestro objeto en los dos sentidos del término: por su valor ya arqueológico y por su calidad descomunal. Siempre he dicho que Cansinos Asséns ha sido maltratado por críticos más engloriados y de peor calidad, como los Guillermos de Torre. Y de Pérez-Minik ya he dicho que es el maestro de nuestra mejor crítica. Y el de mayor formato internacional, sin la menor duda.

Así como me satisface enormemente la presencia de críticos que hace tanto tiempo vengo siguiendo: Eoff, Uceda, King, Palley, Bosch, Olstad, Peñuelas, y más recientes aún: Collard, Alcalá, Ressot...

Y para terminar del todo, una coletilla de mi cosecha.

El merito más grande de Sender

Sender es el autor español que se ha *inspirado* por lo menos tanto como el primero en el pueblo español (no creo que haya literatura en el mundo que se haya inspirado tanto en su pueblo como la española), pero es el que *más ha conspirado* con él, contrariamente a la inmensa mayoría que le ha dado la espalda una vez la ha absorbido el establishment.

Apenas se ha apuntado el mayor mérito que, al menos para mí, se ha ganado Sender en nuestra literatura: y es el de ser, prácticamente, el único gran escritor y novelista de talla universal que se haya inclinado sobre el fenómeno más privativo y fascinante, más genuino y aleccionador de toda la historia de España: el libertarismo (llámese anarquismo, acracia, anarcosindicalismo comunismo libertario). Otros—Pío Baroja el primero—han tomado ese movimiento, que ha zarandeado de abajo arriba todo el país durante más de medio siglo, como tema de novela, pero Sender lo ha "tomado a pecho." Y según su fondo y (dis)curso de pensamiento, sin ser materia aplicable a una praxis anarquista, la obra de Sender no puede ser más que inspiradora de libertarismo. Por eso ha tenido tanto admirador entre los lectores cenetistas. Y por eso espero que Sender sea cada vez más el autor de los españoles, porque España o será cada día más libertaria, o no será.

LEIDEN (HOLANDA)

La crítica suscitada en los Estados Unidos por la obra senderiana

L. Teresa Valdivieso

He pasado horas gratísimas de trabajo de investigación y de no menos grato recuerdo de Ramón José Sender preparando este estudio, el cual se suma a otros para rendir homenaje a la egregia figura de la novelística española, Ramón Sender.

Si bien la bibliografía crítica sobre Sender es extensísima, la existente sobre la crítica norteamericana en concreto, no lo es ni mucho menos en la medida que la obra de Sender lo merece.

Es bien sabido que Ramón Sender, a pesar de haber nacido en España, fue llevado al exilio por los vientos de la derrota de la segunda República española en 1939. Tras un largo peregrinar de exilio—primero Francia, luego Guatemala, México—finalmente llegó a los Estados Unidos en donde "respirando un aire prestado y pisando un suelo también prestado"[1] fueron concebidas sus grandes novelas *La esfera*, *Crónica del alba*, *Réquiem por un campesino español*, etc. Con motivo de su muerte, el 16 de enero de 1982, se han dedicado a Sender muchas páginas y es precisamente con este mismo motivo, y a manera de homenaje, que he tratado de escudriñar entre los estudios senderianos para presentar un comentario sobre la crítica norteamericana ante la obra de Sender, trabajo que creo indispensable para tener una visión completa del escritor y su obra.

No cabe duda que la literatura sólo puede florecer en una atmósfera donde los escritores sean objeto de una inteligente y objetiva crí-

---

[1] Julia Uceda, "Ramón José Sender," *Ínsula*, 424 (1982), 3.

tica de sus obras. Con la proliferación de la obra senderiana en este país, surgió un venero de crítica publicada en Norteamérica, crítica que hoy nos proponemos reexaminar. Personalmente pienso que la crítica americana es realmente valiosa puesto que continuamente se modifican los presupuestos de lectura; si bien, y a pesar de todo, todo crítico se debate entre la similación de lo tradicional y la creación de lo nuevo. Y este es el caso que se nos presenta al colocar en el banquillo los trabajos críticos aparecidos en los Estados Unidos, los cuales presentan la obra senderiana desde muchas perspectivas, tantas como métodos de ordenación del discurso narrativo existen. El criterio que nos ha servido para diferenciarlas ha sido primeramente distinguir entre una crítica lineal, cuyo método consiste en *recoger y sistematizar*, y otra crítica creativa, cuyo método consiste en *descubrir*.

Al primer grupo se integraría la obra bibliográfica sobre Sender. La figura más destacante es la de Charles L. King quien en 1976 publicó la mejor bibliografía senderiana con que contamos como fruto no sólo de sus trabajos de investigación, sino también como ampliación y profundización de dos trabajos bibliográficos anteriores, uno aparecido en *Hispania* en 1967 y otro publicado por *The American Book Collector* en 1970.[2] Otras dos bibliografías de menor trascendencia han contribuido a la divulgación de los estudios senderianos; me refiero a la de Dena Domenicali publicada en 1951 en el *Bulletin of Bibliography* y la de Benito Milla aparecida en *España libre* en 1960 y que quizá sirvieran de punto de arranque a la gran obra de King.

Gran dificultad se le presenta al investigador bibliográfico cuando intenta ahondar en la crítica creativa. Por una parte siempre es difícil penetrar una obra tan compleja como la de Sender y, por la otra, el pluralismo crítico, y entiendo por pluralismo crítico en frase de Gullón "la aceptación de diversos modelos de lectura y valoración de la obra literaria,"[3] hacen que el espectro de la crítica sea sumamente complicado. En efecto, la obra de Sender ha sido estudiada desde muy diferentes puntos de vista: como obra autobiográfica, filosófica, religiosa, política, de realismo mágico, poética, social, simbólica, y así podríamos continuar la lista de posibilidades. Así, pues, no pretendo presentar a través de un breve estudio un panorama exhaustivo del impacto de la crítica norteamericana sobre Ramón Sender; tampoco se trata de un

---

[2] Cuando este trabajo se hallaba terminado aparece una nueva adición a la labor bibliográfica de King, "A Partial Addendum (1975-82) to Ramón J. Sender: An Annotated Bibliography (1928-74)," *Hispania*, 66 (1983), 209-16.

[3] Germán Gullón, "Problemas del pluralismo crítico: Pérez Galdós *Fortunata y Jacinta*", *Hispanic Review*, 49, 2 (1981), 184.

análisis global ya que, dado el título de este trabajo, he establecido como metacriterio someter a análisis solamente aquellos estudios publicados en los Estados Unidos, ya sea bajo forma de libro, de revista académica o tesis doctoral. Bien sé que con ello se despoja a algunos críticos de una parte notable de su obra solamente por el hecho de que su publicación tuvo lugar fuera de los Estados Unidos. Por ejemplo, los estudios brillantes de Marcelino Peñuelas no han sido considerados por haber sido publicados en España y, del mismo modo, la labor bibliográfica de Elizabeth Espadas tampoco se menciona por haber aparecido en revistas españolas, pero me cabe la confianza de que los trabajos de investigación bibliográfica de esos países recogerán y valorarán sus aportaciones.

Mi objetivo, pues, es bien definido: exponer algunos de los rasgos significativos de aquellos segmentos de la crítica que podrían ser considerados como los más representativos.

La pregunta crucial que todos los lectores nos formulamos es la siguiente: ¿qué interés habrá despertado la obra de un español, tan español como Sender, en los Estados Unidos? Baste decir que el número de reseñas sobre sus obras, por mí recogidas, sobrespasan las doscientas y que las tesis doctorales—nótese que no se incluyen las tesinas de maestría—son más de veinte.

La trayectoria crítica de estas tesis doctorales es muy diversa. Si partiéramos del terreno autobiográfico, veríamos como, a través de ellas, los protagonistas senderianos son delineados como *alter egos* protagonizados. Es patente la manifestación de la angustia que arranca de la nueva dimensión de la vida del escritor como exiliado en América; se subraya el tema de la soledad y el aislamiento así como el concepto de muerte como última solución al enigma de la vida.

Este tema de la muerte alcanza un mayor desarrollo en una disertación de la Universidad de San Luis[4] en donde se esboza la visión senderiana como un movimiento dialéctico entre la vida y la muerte, poniendo de manifiesto la ambivalencia de la muerte, ya que ésta significa adquisición de la vida verdadera para aquél que ha logrado una individualidad esencial; pero, para aquel otro cuyo carácter es predominantemente personal, la muerte es una frustración de la esperanza de conservar esa individualidad esencial. Fácilmente se podría establecer la conexión de este tema con la tesis de Rafael Pérez Sandoval[5] sobre el pensamiento religioso de Sender. El crítico insiste en decir

[4] Rose M. Marino, "Death in the Works of Ramón J. Sender," *DAI*, 30 (1968), 1569A (University of St. Louis).

[5] Rafael Pérez Sandoval, "El pensamiento religioso de Ramón J. Sender," *DA* 29 (1968), 2273A (University of Southern California).

que el hombre de Sender no es solamente un producto social, sino un ente que trasciende lo material en pos de lo absoluto. Es notoria, en este punto, la influencia del filósofo Spinoza, sobre todo en cuanto a la posición de considerar al hombre como "una parte integrante del intelecto infinito de Dios."

Al mencionar la filosofía de Spinoza no se puede omitir el citar no sólo la tesis doctoral, sino la obra crítica sobre Sender que la intelectualidad le debe a Mary Seale Vásquez,[6] organizadora de este homenaje, y que comprende estudios profundos sobre *Imán, Hipógrifo violento* y *El verdugo afable* y que abarcan desde el análisis del tema de la personalidad—tema tan sentido por Sender—hasta la descripción de los retablos tan pronto goyescos como buñuelescos que presiden algunas obras senderianas.

No falta en el espectro de las tesis doctorales los estudios que tratan de resolver la paradoja del realismo fantástico de Sender. En efecto, sus relatos están rígidamente escindidos en dos campos semánticos cómplices y complementarios, aún cuando antitéticos por principio; sin embargo, es ese contrapunto entre realidad y fantasía el que lleva al lector a poder integrar una realidad total. Permítaseme citar a Mary O'Brien,[7] quien siguiendo muy de cerca los estudios de Francisco Carrasquer sobre el realismo mágico senderiano, arranca de *Imán* para internarse luego en aquellas obras en donde la fantasía constituye un elemento importante: *Siete domingos rojos, O. P., El verdugo afable, Epitalamio del prieto Trinidad* y *La esfera*. Parte de *Imán* por lo que tiene de realista, de secuencia cinematográfica, de cuadros de un realismo atroz; en resumen, cuadros de guerra escalofriantes. Se podría decir que, adoptando la terminología de William E. Harkins,[8] O'Brien considera *Imán* como un entretejido de recursos "poéticos, fantásticos, simbólicos, epicocósmicos," de tal modo que la crítico llega a afirmar que la novela está escrita en un *estado poético* que nace de la temática huma-

---

[6] Consúltense Mary S. Vásquez, "The Problem of the Individual in Sender: A Formal and Thematic Approach," *DAI*, 33 (1972), 328-29A (University of Washington); así como sus estudios aparecidos en *Hispanófila*, 73 (1981), 43-67 y en *La Chispa 1981: Selected Proceedings, February 26-28, 1981*, ed. Gilbert Paolini (New Orleans: Tulane University, 1981), 353-60.

[7] Mary E. O'Brien, "Fantasy in the Fiction of Ramón J. Sender," *DAI*, 31 (1970), 2931A (University of Colorado).

[8] William E. Harkins en su "Slavic Formalist Theories in Literary Scholarship," *Word*, VII (1951), s. p. Citado por Francisco Carrasquer en *"Imán" y la novela histórica de Ramón J. Sender* (Amsterdam: Universiteit van Amsterdam, 1968), 43.

nista y metafísica del autor. Estas afirmaciones vienen a ser corroboradas por Julián Reyna,[9] quien al estudiar las dimensiones líricas de *Crónica del alba*, asevera que el toque lírico deriva precisamente del uso del realismo mágico.

Otros temas dignos de mención, dentro del conjunto de disertaciones, serían los derivados del problema de la personalidad[10] tales como la culpabilidad que corroe al hombre cuando su ser social—*persona*—no le permite conservar el ser esencial—*hombría*. Otro tema importante es el machismo mexicano, el cual, según la crítica, no es más que una muestra de la *hiperpersona* hallándose, por lo tanto, muy alejado del ser esencial. A este respecto, cabría mencionar el estudio comparativo de Janet Barber[11] entre el *Epitalamio del prieto Trinidad* y *La muerte de Artemio Cruz* de Carlos Fuentes. Ambos autores coinciden en decir que el machismo lleva a la enajenación, a la propia subestimación y, sobre todo, a la pérdida de la libertad.

No faltan tampoco los estudios de corte feminista, como, por ejemplo, el de Elsa Alvarez[12] sobre los personajes femeninos en la obra de Sender. Tomando como punto de partida la filosofía junguiana, la autora clasifica a los personajes femeninos en pluridimensionales y unidimensionales. Es de notar cómo sitúa en la primera clasificación a figuras de mujer como la Milagritos de *Mister Witt en el cantón*, la Duquesa de *El rey y la reina* y, desde luego, a la santa Teresa de *Tres novelas teresianas*.

Al penetrar en el reino de las publicaciones académicas debo destacar que los logros de la crítica norteamericana sobre Sender se sitúan en un espacio determinado por dos polos: uno en el cual se concentran aquellos estudios que se refieren al Sender de antes del exilio y otro que nos presenta el trabajo de un Sender que ha sido testigo de una guerra entre hermanos, que ha sentido el fracaso de la derrota y que

---

[9] Julián Reyna, "Dimensiones líricas en *Crónica del alba* y obras poéticas de Sender," *DAI*, 36 (1975), 1563A (University of Southern California).

[10] A este respecto consúltense las disertaciones doctorales de Manuel Béjar Hurtado, "La personalidad en la novela de Ramón J. Sender," *DA*, 31 (1970), 4150A (University of Utah); William Franklin Day, "A Profile of the Senderian Protagonist," *DAI*, 35 (1974), 4510A (Florida State University); and Robert McLain Cartwright, "Guilt in Selected Novels of R. J. Sender," *DAI*, 37 (1975), 2217A (University of St. Louis).

[11] Janet Barber, "Mexican *machismo* in Novels by Lawrence, Sender, and Fuentes," *DAI*, 33 (1972), 3630A (University of Southern California).

[12] Elsa Alvarez D., "La obra de Ramón Sender (Estudio de los personajes femeninos)," *DAI*, 32 (1971), 5216-17A (Michigan State University).

desde su soledad de exilio hacer nacer "obras deshuesadas del cuerpo social en que se desarrolla su existencia, puro esqueleto de lo humano, más cerca en todo caso de la muerte que de la vida, haciéndose más eco de lo esencial que resuena en el interior que de lo contingente y externo."[13] Tal vez todas estas formulaciones se entiendan mejor si las vemos a la luz de una crítica que no se reduce a información, sino a descubrimiento.

Lo primero que llama la atención es la carencia de estudios monográficos pues el de Peñuelas, como ya se dijo, fue publicado en España, el de Josefa Rivas en México, el de Francisco Carrasquer en Amsterdam,[14] reservándose la crítica norteamericana en esta línea únicamente el estudio de Charles L. King de la colección "Twayne's World Authors Series."[15]

Entre las obras senderianas de antes del exilio, preocupan a los críticos sobre todo *Imán, Siete domingos rojos* y *Contraataque*, habiéndose dicho de esta última que es la mejor obra de anteguerra. Sobre *Imán* corresponde destacar el estudio de Mary S. Vásquez titulado "Sender's *Iman* Narrative Focus in a Portrayal of Horror."[16] Se diría que es la obra que mejor define las conquistas estéticas y técnicas logradas por Sender para realizar la pintura cruda y realista de situaciones de horror hasta tal punto que se nos antoja una obra herida, pero sostenida admirablemente por la técnica del escritor.

La crítica, en general, señala la falta de preocupación de Sender por los problemas formales que se plantean los artistas. La denuncia de tal circunstancia me parece importante ya que permite suponer que las inclinaciones estéticas de Ramón Sender estaban desconectadas de todo formalismo y que, por el contrario, se perfila de forma concreta una actitud ante la sociedad que le lleva a un realismo. En efecto, el realismo a lo Sender es algo asociado a la idea de vida, de presente, de progreso, de porvenir, de autenticidad y es precisamente en su ensayo "El realismo y la novela"[17] donde se esbozan los conceptos que más obsesionan al escritor: *hombría* frente a *persona*.

[13] Carrasquer, op. cit., p. 16.
[14] Marcelino Peñuelas, *La obra narrativa de Ramón J. Sender* (Madrid: Editorial Gredos, 1971). Josefa Rivas, *El escritor y su senda* (México: Editores Mexicanos Unidos, S. A., 1967). Para el estudio de Carrasquer véase la nota número 8.
[15] Charles L. King, *Ramón J. Sender*, (New York: Twayne Publishers, Inc., 1974).
[16] Véase la nota número 6.
[17] Publicado en *La Libertad*, número 3994, 6 de enero 1933, p. 1.

No puede ni debe pasar inadvertido el trabajo de Rafael Bosch[18] sobre *Imán*, ya que éste comprende el análisis de las dimensiones poéticas de esta primera novela. Es el mismo Sender el que dijo, hablando de *Los cinco libros de Ariadna*, que ese libro, como otros libros suyos, había sido escrito *sub specie poética* y recalca el escritor que, ya pasada la juventud, le parece comprobar que su acento natural es la poesía. Según Bosch, la razón trascendente por la cual *Imán* cala tan hondo es, precisamente, su carácter poético.

Una mayor novedad encontramos en el estudio comparativo de *Imán* y la obra de Erich Maria Remarque *All Quiet on the Western Front (Sin novedad en el frente)*, estudio realizado por Charles Olstad.[19] Los propósitos estéticos en ambas obras son similares: presentar la bestialización del soldado condicionado por el clima de la guerra, pintar el horror, la confusión que ésta engendra; asimismo en ambas obras se nos entrega la narración en tiempo presente y en ambas también el narrador se inmiscuye en la narración y se pone de relieve el esfuerzo técnico por transmitir en una especie de monólogo interior el tormento sicológico del protagonista. Sin embargo, no todo son semejanzas, ya que el mismo Olstad señala algunas diferencias, sobre todo en cuanto a la técnica, para concluir diciendo que *Imán* representa la protesta de un hombre victimizado por otros hombres. Es la negación del sentido más elemental de humanidad, por eso, su tema es la justicia, no el pacifismo; mientras que en la obra de Remarque es el pacifismo el que se contrapone al humanismo senderiano.

Otras obras que atraen la atención de la crítica en ese período de antes del exilio son *Mr. Witt en el cantón* y *Siete domingos rojos*. Señala el crítico Marshall Schneider[20] que Sender en *Los cinco libros de Ariadna* tocó un problema central en su corpus novelístico: el problema de política y arte. Sender cree que las ideas del poeta y las del político son opuestas. El mismo Sender insiste en llamarse apolítico. No obstante, esta aseveración del escritor cambia de aspecto al juzgar las dos obras antes mencionadas. Ambas diferentes en tono y estructura, pero similares en cuanto buscan la reconciliación de política y arte. Dice Luis Ponce de León (Schneider, p. 30) que las novelas de Sender son políti-

---

[18] Rafael Bosch, "La 'species poética' en *Imán* de Sender," *Hispanófila*, 14 (1962), 33-39. Reimpreso en *La novela española del siglo XX*, del mismo autor, tomo II (New York: Las Américas, 1971), 259-66.

[19] Charles Olstad, "Sender's *Imán* and Remarque's *All Quiet on the Western Front*", *Revista de Estudios Hispánicos* (Alabama), 11, 1 (1977), 133-40.

[20] Schneider, Marshall J., "Politics, Aesthetics and Thematic Structure in Two Novels of Ramón J. Sender," *Hispanic Journal*, 4, 2 (1983), 29-41.

cas en el sentido de que la política está presente en ellas, pero al mismo tiempo son antipolíticas pues en ellas se ve el interés por el hombre y su libertad y dignidad como valores superiores a los partidos políticos.

Este carácter politizante sirve para comprender la evolución dicotómica del anarquismo senderiano. Según Michiko Nonoyama,[21] hay una fuerte evolución desde la exaltación apasionada del Sender de antes de la guerra, defensor de la literatura proletaria y del materialismo dialéctico, hasta un Sender abismado en un esceptismo pesimista, y esto da como resultado el que sus obras de postguerra, aunque rezumen ideales anarquistas, exhiban una tan amarga decepción. Así, pues, cabría hablar de un Sender anarquista solamente en el campo metafísico, pero en el político, no.

La crítica senderiana sobre su obra en el exilio, vista en su conjunto, constituye un fenómeno excepcionalmente valioso y variado. Así la publicación del libro *Proverbio de la muerte* en 1939, primera obra del exilio y primera versión de la mucho más extensa novela *La esfera*, representa un difícil hito en la plena labor intelectual de Ramón Sender. No debe entenderse que se trata de cambios bruscos, hay elementos que se mantienen—los contenidos biográficos que informan y condicionan obras como O. P. se sostienen—pero sí de una fuerte evolución que hace que la crítica se tiña de diferentes tonos, desde las interrogaciones que para el crítico González-Arauzo[22] despierta *La aventura equinoccial de Lope de Aguirre* hasta el análisis de la presencia de la niñez en la novela de postguerra. En efecto, tal como se desprende del estudio de Phyllis Zatlin Boring "The World of Childhood in the Contemporary Spanish Novel,"[23] la disyuntiva es muy clara, o escribir sobre España y acerca de un presente hipotético o escribir acerca de un pasado recordado. Y esto último es lo que hace Sender en obras como *Crónica del alba* y *Réquiem por un campesino español* particularmente. Con ello Sender se suma a una fuerte corriente de inspiración española ya que es hecho conocido y sumamente comentado que en la novela española de la postguerra existe una tajante insistencia en la rememoración de los hechos de la guerra. Conviene aquí señalar que aunque la guerra haya terminado, no han desaparecido las heridas

---

[21] Michiko Nonoyama, "El anarquismo en las obras de Ramón J. Sender," *DAI*, 35 (1974), 7917A (University of Illinois Urbana-Champaign).

[22] A. Gonzáles-Arauzo, "Ramón J. Sender, La aventura equinocial [sic] de Lope de Aguirre. Antiepopeya," *Revista Iberoamericana*, 33 (1967), 156-60.

[23] Aparecido en *Kentucky Romance Quarterly*, 23 (1976), 467-81.

causadas material y espiritualmente por ella y es precisamente por esa razón que, aunque haya pasado la época del social realismo de los años cincuenta y haya cambiado el enfoque de la temática, la guerra sigue estando presente en muchos escritores aunque actualmente se expresen con una conciencia estética más acusada. De ahí, y siguiendo esa línea crítica, se podría decir que Sender se constituye en el gran cronista de su época puesto que respetando la historia en sus líneas más destacadas, su obra es un revivir de la historia, un darle nueva vida al material inerte que llamamos historia.

Así, sobre la armazón de unos hechos históricos, se edifica la obra de Sender en el exilio y en esta etapa de la producción senderiana las contribuciones académicas giran alrededor de obras como *La esfera, Crónica del alba, Hipógrifo violento, El lugar de un hombre* y *Réquiem por un campesino español*. Quisiera destacar el estudio arquetípico que de *Crónica del alba* hace Margaret Jones[24] al analizar la figura del protagonista, Pepe, como un héroe mítico que atraviesa los diferentes mitemas señalados por Joseph Campbell en su revelador estudio *El héroe de las mil caras*, a saber: el viaje, la entrada en el reino de la noche, las pruebas y victorias de la iniciación, la vuelta y el cruce del umbral. La misma crítico se enfrenta también con la obra *Epitalamio del prieto Trinidad* y nos ofrece un estudio estructuralista y simbólico. Así, pues, si se considera como núcleo de la temática el hombre en búsqueda de un ideal, esa búsqueda se realiza a diferentes niveles: religioso, filosófico, mítico y sociológico; de tal manera, que serán las mismas ideas filosófico-metafísicas las que presentadas en dicotomías tales como materia/espíritu; idealismo/realismo; culpabilidad/inocencia lleven la novela a su conclusión.

Con una actitud exploradora Helena Mellado de Hunter[25] se lanza a descubrir similaridades y contrastes entre *Muertes de perro* y *El fondo del vaso* de Francisco Ayala y la obra de Sender *Epitalamio del prieto Trinidad*. Desde los títulos, nos dice, están saturados de la ironía y el humor grotesco que sirven de tono a estas acciones novelescas. Refiriéndose a Sender, marca el carácter conflictivo de su novela, conflicto entre "epitalamio" que significa composición lírica para la celebración de esponsa-

---

[24] Margaret Jones, "Saints, Heroes and Poets: Social and Archetypal Considerations in *Crónica del alba*," *Hispanic Review*, 45 (1977), 385-96. Véase también el artículo de la misma autora "A Positive Geometry: Structural Patterns and Symbols in Sender's *Epitalamio del prieto Trinidad*," *Symposium*, 29, 1-2 (1975), 117-30.

[25] Helena Mellado de Hunter, "Estudio comparativo de dos novelistas españoles actuales: Francisco Ayala y Ramón Sender," *Asomante*, 26, 1 (1972), 24-33.

les y el mundo macabro que sirve de marco a la novela. Señala que los dos autores han escogido un escenario americano y que las tres novelas comparten un tema principal: el ser del hombre y su puesto en el mundo.

La admiración de Sender por el hombre, la veneración que siente por el ser esencial, le llevan a escribir obras como *El lugar del hombre* que la crítica analiza con entusiasmo, señalando ya sea el humanismo revolucionario de Sabino—como en el estudio de Olstad—ya sea concediéndole una dimensión filosófica al estudiar el lugar del individuo no sólo en la sociedad, sino también en el universo, como lo hace Charles L. King.[26]

Tampoco le han faltado a esta novela los estudios comparativos y George Elliot[27] nos ofrece la comparación de esta obra con *The Horseman on the Roof* de Jean Giono. La base para la comparación es el desprecio estético que ambos autores muestran ante el espíritu del tiempo, el célebre *Zeitgeist* alemán.

Una obra de la creación en el exilio ha merecido una atención muy especial por parte de la crítica, *Réquiem por un campesino español*. El hecho de que haya despertado tanto interés no parece ser una casualidad. La razón de tal interés hay que buscarla en la atracción que ejerce la figura del cura de aldea Mosén Millán, figura que dio título a la obra en su edición príncipe de 1953. La crítica sobre esta obra alude a la injusticia social, al anacrónico sistema rural de las décadas de los veinte y los treinta y a la deficiencia de la iglesia para cumplir sus propósitos espirituales. Sin embargo, es casi inconcebible que buena parte de los estudios pasen por alto la proyección universal de Paco, el protagonista; él no es simplemente un campesino español, dice el crítico Busette[28] en su trabajo "Religious Symbolism in Sender's Mosén Millán," sino un hombre con todas las esperanzas pisoteadas, con todos los deseos rotos. Paco el del Molino representa para Busette ese indomable espíritu español del que Sender es parte. Paco murió, pero quizá, para Sender, su espíritu siga vagando por España buscando siempre esa conciencia española como una irrealizada posibilidad de renacimiento.

[26] Charles Olstad, "The Rebel in Sender's *El lugar del hombre*," *Hispania*, 47 (1964), 96. También véase Charles L. King, "The Role of Sabino in Sender's *El lugar de un hombre*," *Hispania*, 50 (1967), 95-98.

[27] George P. Elliot, "Two Good Novels and an Oversized God," *Conversions* (New York: Dutton, 1971), 28-36.

[28] Cedric Busette, en *Romance Notes*, 11, 2 (1970), 482-86.

Otro elemento destacado por la crítica es el gran número de imágenes animalescas que pueblan la obra de Sender: las manadas de cuervos atraídos por el olor de la carne putrefacta en *Imán;* el gallo provocador de *Siete domingos rojos;* el búho de *Los cinco libros de Ariadna* proclamando en su guh, guh... la carencia de conciencia entre los hombres; así Sender, dice Schwartz[29] salpica su narrativa de animales, ya sean las gaviotas de pureza aparente de *Mr. Witt en el cantón,* el ratoncillo gris de *Orden Público* o el silencioso desdén del gato en *Los cinco libros de Ariadna.*

Un aspecto final digno de mención es la aproximación crítica a la realidad senderiana. En efecto, la realidad de Sender se encuentra asociada al espacio temporal por él acotado. Un tiempo cuyos límites enmarcan unas veces un hecho histórico; otras, una circunstancia momentánea que el autor contempla sobre apoyaturas temporales. A este respecto comenta Diana Morelli[30] el cuento "El buitre" en el cual, Sender, partiendo de una anécdota tan simple como la de un buitre hambriento que, viendo el cadáver de un hombre, tras vencer su primer miedo, se arroja sobre él para devorarlo, se vale de la conjunción de elementos como el viento, las sombras—que se asocian a la idea de la muerte—y el sol—la luz, la vida—para reflejar el paso del tiempo. Luz y sombra, equilibrio entre la vida y la muerte, realidad que tiene sus raíces en lo eterno y universal.

El tiempo pasado, la historia revivida, son teorías que Sender repite, hasta el extremo de que en obras como *El verdugo afable,* nos dice Carole Adam,[31] Sender se plagia a sí mismo. En verdad, no es exactamente así, aunque algo de eso se trasluzca en su obra; lo que acontece es que, siguiendo la técnica del plano síquico único y multiplicado, las mismas preocupaciones filosóficas se encarnan en sus criaturas de ficción, criaturas que buscan y alcanzan así su mejor expresividad literaria.

Podríamos referirnos, a partir de aquí, a una determinada poética vital, una especie de *Weltanschauung,* una visión propia del mundo, un mundo que para Sender es un mundo absurdo, un mundo que no

---

[29] Schwartz, Kessel, "Animal Symbolism in the Fiction of Ramón Sender," *Hispania,* 46 (1963), 496-505.

[30] Diana Morelli, "A Sense of Time through Imagery," *Romance Notes,* 12, 1 (1970), 36-40.

[31] Carole Adam, "The Re-use of Identical Plot Material in Some of the Novels of Ramón J. Sender," *Hispania,* 43 (1960), 347-52. Sobre esa misma obra véase también el estudio de Donnie D. Richards, "Sender's *El verdugo afable*: A Blend of Realities," *Crítica hispánica,* 3, 1 (1981), 75-87.

vale. En este sentido el *Epitalamio del prieto Trinidad* es una parábola de la culpabilidad colectiva; *El lugar del hombre* es una postura de la angustia y así caminando sobre temas como la angustia, lo absurdo, la libertad que nos obliga a escoger, la responsabilidad en la elección ya que nuestros actos nos juzgan, se llega a un existencialismo senderiano.[32]

Si a este panorama crítico le añadiéramos los estudios sobre obras como *Los laureles de Anselmo*, *El fugitivo*; sobre el ensayo "Unamuno, sombra fingida;" sobre el libro *Valle-inclán y la difficultad de la tragedia* y otros muchos que formarían una lista quizá demasiado amplia para la envergadura de este estudio,[33] tendríamos un repertorio crítico extraordinario en el cual se manifiesta la voluntad de vivir de una sociedad, la de la España de Sender, que está experimentando un dramático proceso social y político.

ARIZONA STATE UNIVERSITY

---

[32] Julián Palley, "Existentialist Trends in the Modern Spanish Novel," *Hispania*, 44 (1961), 21-26.

[33] Para el lector interesado en las publicaciones más recientes, anotamos éstas que aparecen cuando este estudio ha sido concluido: Angel Iglesias Ovejero, "Estructuras mítico-narrativas de *Réquiem por un campesino español*," *Anales de la literatura española contemporánea* 7, 2 (1982), 215-36. Fernando Samaniego, "La estructura espiral en *Epitalamio* de Sender," *Selecta*, 3 (1982), 134-40. Marshall J. Schneider, "Politics, Aesthetics and Thematic Structure in Two Novels of Ramón J. Sender," *Hispanic Journal*, 4, 2 (1983), 29-41. Raymond Skyrme, "On the Chronology of Sender's *Réquiem por un campesino español*," *Romance Notes*, 24, 2 (1983), 116-22.

Sender
o la polémica

Marcelino C. Peñuelas

Siempre a contrapelo de su entorno artístico, político, social, Sender podía ser a veces un hombre de trato muy difícil, contradictorio e imprevisible. Directo, agresivo, amable, irritante, brutal, afectuoso, arbitrario, consecuente, abstraído, exuberante. Luchador infatigable por su elusiva "verdad" de anarquista, marxistoide, antimonárquico, contrarrepublicano, anticomunista, antifranquista, monarcófilo. No es extraño que lograra confundir a quienes han intentado encasillarle, y que se enemistara con mucha gente de todas las tendencias, atrayendo frecuentes ataques personales y políticos, sobre todo de la derecha e izquierda extremas.

Por consiguiente, la polémica alrededor de Sender se ha politizado y deformado, casi siempre. Comenzó de forma violenta al romper definitivamente con los comunistas durante la guerra civil, después de unos años de relaciones cordiales. La ruptura parece justificada ya que su vida estaba seriamente amenazada por sus antiguos camaradas, teniendo que salir de España antes del fin de la guerra para salvar su piel. Esta explicación, que Sender ha dado repetidamente, es sencilla y convincente, sobre todo para los que conocemos los conflictos políticos, a veces feroces, en el seno del ejército republicano provocados frecuentemente por grupos stalinistas que querían dominar y controlar la dirección de la guerra. Conflictos que contribuyeron a provocar la catástrofe final.

Continuó la polémica al publicar *Los cinco libros de Ariadna*, virulenta y agresiva novela en donde Sender desahoga, con una especie de "lírica del odio", su violento, visceral desprecio por todos los regímenes totalitarios, tanto de signo fascista como comunista. El paralelo que establece entre las esperpénticas figuras de Stalin y Franco indignó naturalmente a miembros de una y otra secta. Paralelo que nadie libre de fanatismos políticos puede negar.

Más tarde se agudizaron los ataques cuando regresó a España. Entre comentarios más o menos desafortunados, más ingenuos que otra cosa, cometió el pecado imperdonable de decir públicamente que vivía muy a gusto en Estados Unidos. Se le acusó entonces de traición y "conversión" a ideologías conservadoras y hasta reaccionarias.

Se habían suavizado por entonces los ardores revolucionarios de su juventud, pero Sender no fue nunca, ni podía ser, un conservador. Su obra nos queda como claro testimonio irrefutable de lo contrario, de una de las más vigorosas posturas revolucionarias de la literatura de nuestro tiempo. Sólo hay que recordar narraciones como *Viaje a la aldea del crimen* (1934), *Imán* (1930), *El lugar de un hombre* (1939), *Réquiem* (1953). La postura de Sender frente a los problemas humanos y sociales fue siempre de alto valor ético. El problema de la libertad y la dignidad humanas en una sociedad injusta ocupó siempre el centro de sus preocupaciones personales y artísticas.

Desafortunadamente, la polémica alrededor de su persona ha afectado mucho, demasiado quizá, la imagen pública del escritor, y de rechazo su obra, no sólo entre gente que no la conoce bien sino también entre críticos más o menos serios, influídos casi siempre por motivos ideológicos. El propio Sender complicó el problema al final de su vida al escribir descuidadamente una excesiva serie de narraciones de baja calidad que no debía haber dado a la luz.[1] Según Charles King, en el suplemento a su excelente y completa bibliografía, durante los siete últimos años, entre 1975 y 1982, Sender publicó 27 libros, 19 novelas entre ellos. Teniendo en cuenta que su salud entonces era muy precaria, con ataques frecuentes y agotadores de asma y que bebía en exceso—aunque nunca parecía emborracharse—además del peso inexorable de los años (tenía 81 al morir) se puede comprender el bajón considerable de sus facultades creativas. Pero, con una falta extraña

---

[1] En mi opinión, la última obra valiosa que publicó es *Tanit*, en 1970, una especie de juego, con ribetes de alarde literario. A punto de cumplir los 70, Sender en esta obra se muestra todavía con pleno dominio de su arte narrativo, aunque por esta época comenzaba ya a publicar demasiado. Desde entonces, lo que escribió hasta su muerte es mejor olvidarlo. Se salvan trozos de algunas narraciones donde asoma todavía el escritor de genio, como en *La efemérides* (1976) que da la impresión del borrador de un fascinante proyecto de novela de corte muy senderiano; y también algún libro de memorias como *Monte Odina* (1980) y *Album de radiografías secretas* (1982).

de sentido autocrítico, parece ser que no se daba cuenta de ello. Cuando más esmero y tiempo hubiera necesitado dedicar a sus narraciones incomprensiblemente las descuidaba más.[2] Escribía probablemente por inercia, por hábito, por una especie de necesidad—sólo unas tres horas diarias, según él mismo repetía cuando se le indicaba que no escribiera tanto—y publicaba lo que salía de su máquina sin reescribir, sin pulir, primeros borradores que con razón desorientaban y decepcionaban a los lectores que, atraídos por su nombre, se asomaban, quizá por primera vez, a sus páginas.

El resto de su obra por su calidad, variedad, riqueza y hondura es inabarcable. Se nos escapa sin remedio. Con notables altibajos, inevitables en una producción tan abundante, rebasa los esfuerzos de todos los que nos hemos acercado a ella con ánimo de aprisionarla con los rudimentarios instrumentos de que "la crítica" dispone. Es muy fácil, sin embargo, seleccionar una docena de narraciones magistrales. Cada lector puede hacer su propia lista pues las hay para todos los gustos. Obras que colocan a Sender, como he afirmado en otra ocasión, al frente de la novela de nuestro tiempo, dentro y fuera de España. A pesar de que la crítica española—no la extranjera—ha sido poco generosa con él, por las razones indicadas entre otras, es inevitable que en el futuro, con algo más de distancia y de objetividad, se le hará justicia.

Los ensayos recogidos en el presente libro son un buen principio.

UNIVERSITY OF WASHINGTON

---

[2] Tuve la oportunidad de ver el manuscrito que Sender había enviado a la imprenta de *Una virgen llama a tu puerta*. Sentía curiosidad de ver cómo escribía y corregía sus manuscritos hacia 1972. Me envió por correo copia del primero y único borrador, escrito directamente a máquina con algunas correcciones e inserciones a mano. Por teléfono le dije que me parecía una defectuosa narración, que no debía publicarla sin reescribirla con cuidado. Replicó, algo molesto, que la novela era buena y que los profesores no entendíamos de esas cosas. A los pocos días me llamó y me dijo que había releído el manuscrito y que, efectivamente, la novela necesitaba más trabajo. Pero no la mejoró. Unos meses después, en 1973, la publicó "Destino" con algunas correcciones y adiciones hechas en las mismas páginas del primer borrador.

Senderian

Bibliographies

Sender's Column, "Los libros y los días," 1975-1982: An Annotated Bibliography

CHARLES L. KING

N JANUARY 3, 1953, the American Literary Agency, a syndicating agency founded in 1948 by Joaquín Maurín, a Spanish Republican exile in New York City, distributed the first manuscript of Ramón Sender's journalistic-literary column, "Los libros y los días," for publication in Spanish-language newspapers throughout the Western Hemisphere. During the next twenty-nine years there followed an unbroken flow of manuscripts with an average length of about 1,000 words. Upon the author's death, January 16, 1982, roughly 825 articles or "columns" had appeared in "Los libros y los días," distributed by the American Literary Agency until the death of Maurín in 1974 led Maurín's widow, Jeanne, to sell the Agency to Arturo Villar, who renamed it the Agencia Latinoamericana (while maintaining the same initials, ALA) and continued to syndicate Sender's column. In my *Ramón J. Sender: An Annotated Bibliography, 1928-1974* (Metuchen, N.J.: The Scarecrow Press, 1976) 663 entries for "Los libros y los días," are annotated, 412 by me and 246 by Rafael Pérez Sandoval, all from the period 1953-1974. The present work reviews and critically annotates an additional 140 articles for the period, January 1, 1975 until the release of the last manuscript on January 19, 1982. Unfortunately, an estimated twenty-three entries, from December 15, 1980 until early January of 1982, remain to be examined and annotated, in addition to four or five for the period, 1975-December, 1980. In a letter to me dated May 25,

1984, Joaquín Roy of the University of Miami wrote that Arturo Villar, director of the ALA, had donated the entire collection of Senderian manuscripts to the University of Miami and that a search for the missing columns was underway. Locating and getting copies of them would be only a "cuestión de tiempo."

For the first six years of its existence, 1953-1958, "Los libros y los días" appeared four times a month. From then on the column appeared only twice a month.

In the entries that follow the date given after the title of each article is that of its release by the Agency to the newspapers or other publications subscribing to the service. During the period covered by this bibliography there were, of course, changes in the subscribers to the column as well as variations in the degree of regularity with which periodicals printed the column. As of December 31, 1980, newspaper-subscribers to the column, according to the Agencia Latinoamericana, were the following:

SIGLO DE TORREÓN	(Torreón, Coahuila, México)
EL PORVENIR	(Monterrey, México)
EL DIARIO DE YUCATÁN	(Mérida, Yucatán, México)
EL INFORMADOR	(Guadalajara, México)
LA PRENSA	(San Pedro Sula, Honduras)
EL DIARIO DE HOY	(San Salvador, El Salvador)
LA ESTRELLA DE PANAMÁ	(Panamá, Rep. de Panamá)
EL HERALDO	(Barranquilla, Colombia)
EL UNIVERSAL	(Caracas, Venezuela)
PANORAMA	(Maracaibo, Venezuela)
EL UNIVERSO	(Guayaquil, Ecuador)
PRESENCIA	(La Paz, Bolivia)
EXPRESO	(Lima, Perú)
DANILO ARBILLA	(Montevideo, Uruguay)
NOTICIAS ARGENTINAS	(Buenos Aires, Argentina)
EL CARIBE	(Santo Domingo, República Dominicana)
LA OPINIÓN	(Los Angeles, Calif., U.S.A.)
DIARIO LAS AMÉRICAS	(Miami, Florida, U.S.A.)

In my annotations I have attempted to synthesize very briefly the content of each column or at least to express its leading idea. Sometimes that purpose seemed best served by a direct quotation from Sender. A perusal of the entries which follow reveals persistent Senderian themes and concerns: his enduring enmity towards the

Soviet leaders whom he regarded as betrayers of their own people, his concern over the possibility of a nuclear holocaust, his preoccupation with the growing dangers of dehumanization in a technological society, his passionate desire for a peaceful transition to greater political freedom in Spain after the demise of General Franco, his abiding interest in animals, his avid and enthusiastic curiosity about the latest advances of science, his acquaintance (often personal) with the leading literary figures of the twentieth century, his longtime fervent admiration for Picasso, for Chaplin, etc.

A small grant-in-aid from the Council on Research and Creative Work of the University of Colorado facilitated the preparation of this bibliography.

(1975)

1. "Víspera del caos," Jan. 7, 1975.

    Sender reviews Joseph Heller's novel, *Something Has Happened*. Its portrayal of the disintegration of a family in New York leads Sender to speculate on man's growing disharmony with his surroundings, a phenomenon which he relates to H. G. Wells' gloomy predictions of coming historical chaos.

2. "Los tupamaros y el embajador," Jan. 23, 1975.

    A review of *Surviving the Long Night* (1974), a book by Sir Geoffrey Jackson, the British Ambassador to Uruguay, in which he tells of his 244 days as a prisoner of the Tupamaros. Sender considers the book's chief merit to be its "objetividad minuciosa y exacta."

3. "De la utopía al infierno," Feb. 7, 1975.

    Descriptions of the Soviet Union by visiting writers from the West during the last decades have run the gamut from that of Utopia to that of Hell. Publication of Arturo Uslar Pietri's impressions of his recent visit to Russia (in the New York edition of *ABC*) inspires Sender to comment on the sorry state of Soviet literature since 1917.

4. "Todavía Kafka," Mar. 11, 1975.

    The English translation of Kafka's autobiography, *I Am a Memory Come Alive* (1974), Sender insists, neither adds to nor subtracts from Kafka's "duradera gloria." Sender defines the Czech writer as "un fracasado glorioso."

5. "El escándalo como mercancía," Mar. 21, 1975.

   Truly creative books enrich the reader more than the publisher. "En la literatura, se engañan los que creen que el escándalo tiene algún valor. Puede tenerlo como reclamo y publicidad barata." Sender laments the publication and promotion of scandalous works for commercial, non-artistic reasons.

6. "Freud y sus secuaces," Apr. 3, 1975.

   A review of Paul Roazen's book, *Freud and His Followers* (1974). With his "nueva mitología sexual con su terminología nueva," Freud created a church, according to Sender, who regards the Austrian as a "poeta y no como hombre de ciencia."

7. "El día de los tontos," Apr. 22, 1975.

   Comments on Martin Gardner, best-selling author of *Relativity for the Millions* (1962, 1st ed.) and the need for playfulness on the part of scientists. Many important discoveries "se han hecho jugando." Though Gardner is a clown of the sciences, he is, affirms Sender, to be respected as "un payaso serio," i.e., as one to be encouraged, not denigrated (as the magazine *Time* seems to do).

8. "La revolución de Frieda," May 6, 1975.

   Sender calls Frieda Lawrence "partidaria del matriarcado, autoritaria, decidida, y sin prejuicios en ningún sentido," and recalls his two visits with her in Taos, New Mexico.

9. "La segunda plaga," May 23, 1975.

   Stupidity and tedium plague humanity. The second can be overcome by reflecting on "el hecho milagroso de estar vivos todavía" (in view of man's present capacities for self-destruction) and realizing the singular value of the comforts and pleasures within our reach.

10. "De un extremo al otro," June 5, 1975.

    A discussion of *Dear America* (1975), a new book by Karl Hess, one-time speechwriter for Barry Goldwater, who renounced political conservatism to espouse an anarchist view, a case of "conversión al revés." Sender agrees with Hess that the only possible solution to social problems is "la conciencia viva de los valores relativos y la imposibilidad de las soluciones totalitarias."

11. "Canibalismo," June 11, 1975.

Having seen a TV movie based on H. G. Wells' novel, *Time Machine*, first published in 1895, Sender finds the movie prophetic of what could happen should a nuclear war be consummated. Hence, the title, "Canibalismo."

12. "Los rebeldes autores rusos," July, 1975.

Upon the granting of the Gulliver Prize for 1974 to the Russian writer Edward Kuznetsov (for his *Diary of a Condemned Man*), Sender reflects on the lack of liberty in Russia. "Los escritores rusos de algún talento están en contra del régimen.... El maravilloso pueblo ruso no ha conocido nunca la libertad."

13. "¿Una epopeya hindú?," Aug. (?), 1975.

Reflections on the possible inundation of Europe with refugees from the Third World, especially from India, suggested by a reading of Jean Raspail's novel, *The Camp of the Saints* (1975), "una broma lúcida e inteligente," and surprising "por el fondo de humildad francesa a la cual no estábamos acostumbrados."

14. "Escritores y políticos," Aug. (?), 1975.

Observations on good and evil, on Solzhenitsyn, Dostoyevski, and Kafka. "... [C]arezco de ideas políticas, de afiliaciones de grupo y bandera," affirms Sender, adding that he has a "conciencia social" and that he considers "inseparables el socialismo y la democracia."

15. "Los Renoir y las artes visuales," Sept. (?), 1975.

Reviews Jean Renoir's latest book, *My Life and My Films* (1974), and comments on the same author's earlier book, *Renoir, My Father* (1962, 1st American ed.).

16. "Teoría de la dificultad," Sept. (?), 1975.

Sender disagrees with theories propounded by Brian Crozier in his book, *A Theory of Conflict* (1974), asserting that Crozier confounds terms and "trata los problemas políticos con argumentos morales."

17. "Con motivo de una traducción," Dec. 3, 1975.

Praises the English translation (1975) of Francisco de Moncada's "Expedición de los Catalanes y Aragoneses Contra los Turcos y los

Griegos," 1620, by Frances Hernández, a former student in classes taught by Sender. Moncada's work in Spanish was the principal source for Sender's novel, *Bizancio*.

18. "Tres siglos de desnudo," Dec. 15, 1975.

In an exhibition of nudity in Anglo-Saxon art entitled "Three Centuries of American Nudity," Sender finds not only "la historia de la pintura americana," but also that of Puritanism, eroticism, and "hasta de la hipocresía social defensiva."

(1976)

19. "Entre Chaplin y Frankenstein," Jan. 7, 1976.

Sender reflects on differences between the Hispanic and the Anglo-Saxon worlds in the custom of handshaking, inspired by reading Janet Flanner's *London Was Yesterday, 1934-1939* (1975 ed.). In Charlie Chaplin's practice of never shaking hands there was "una tendencia grotesca a la deshumanización," Sender affirms and laments. As the habit of handshaking declines in the "Super-powers," nervousness and suspicion increase.

20. "La paranoia como factor histórico," Jan. 19, 1976.

Sender fears the proliferation of nuclear weapons. The possession and use of such weapons by an unscrupulous group or government could lead to catastrophe for mankind.

21. "Faraones de ayer y de hoy," Feb. 3, 1976.

Just as the Pharaohs of Ancient Egypt ruled over millions of slaves, so do the rulers today in the Soviet Union. Comments inspired by Bryan M. Fagan's *The Rape of the Nile* (1975).

22. "Las poetisas suicidas," Feb. 17, 1976.

Discusses four American poetesses who committed suicide during the last half century: Alfonsina Storni (with special attention to her), María Monvel, Delmira Agustini, and Sylvia Plath.

23. "Otro espejo infausto," Mar. 1, 1976.

Reading Hedrick Smith's book on his life in Russia from 1971 to 1974 (*The Russians*, 1976) should, opines Sender, destroy "las últimas sombras de esperanza revolucionaria de los que alguna vez hemos simpatizado con Rusia, en nuestra lejana juventud." Again, Sender affirms that he *never belonged to the Communist Party*—though at one period he was "un simpatizante fogoso y ruidoso" (emphasis added).

24. "Una generación lograda," Mar. 22, 1976.

Comments upon the current revisionism of a "generation" of British writers, all now dead for four decades or more: Kipling, Wells, Shaw, Chesterton, and others.

25. "California, espejo cosmopolitano," Apr. 19, 1976.

The author reports upon his participation in a Meeting of Hispanic American Women Writers in San José, California, a Conference which he found stimulating and properly focused on literature rather than on "los aspectos sociales y políticos."

26. "Todavía Trotsky," Apr. 29, 1976.

Inspired by Joel Carmichael's new book, *Trotsky: An Appreciation of His Life* (1975), Sender calls the current power struggle in Moscow between the bureaucrats and the technocrats ideological in nature and "el producto natural de las dictaduras." He finds the internal dissension in the French and Italian Communist parties in the long run possibly "saludable" for the French and Italian people.

27. "Tres Emilias geniales," May 17, 1976.

Comments on Emily Dickinson and Emilia Pardo-Bazán with bare mention of a third Emily, Emily Brönte, with primary attention on Dickinson, and "gossip" the author heard about her during the academic year he lived next to the house which had been her home in Amherst, Massachusetts.

28. "Don Juan y 'Ellas,'" May 25, 1976

Reflections on Don Juan, his place in literature, and efforts to understand him as "un carácter completo y satisfactorio." Sender prefers Zorrilla's version to that of Tirso.

29. "El baile como forma de expresión," June 14, 1976.

Reflections on dancing, from popular to ballet, as an art form. Sender reminisces on native dances he has witnessed in Madrid and in his native Aragón, and finds the dance to be the art form which most powerfully stimulates man's imagination in "direcciones positivas."

30. "Memorias 'no escritas,'" July 6, 1976.

Thomas Mann's widow, Katia, writes *Unwritten Memories* (1975, tr. from German by H. and H. Hannum) at age ninety-two, and inspires Sender to speculate on "la relación de la bondad natural con la longevidad" (positive), and to make random comments about both the German writer and his surviving widow, Katia.

31. "Un genio endemoniado," July 17, 1976.

A discussion of Celine with reference to Patrick McCarthy's book, *Celine* (1976), "¿Estaba loco, Celine? Un poco."

32. "La ciudad de los muertos," July 19, 1976.

A review of Herbert Lieberman's somber book on New York City, *The City of the Dead* (1976), which Sender calls "una inmensa morgue," the same as New York City.

33. "Anónimos orales y fecales," Aug. 2, 1976.

Though during his recent visits to Spain Sender received some anonymous letters ("orales y fecales"), all from Aragón, he expresses great satisfaction with the warm and laudatory reception generally accorded him by Spaniards.

34. "El hijo del sacristán," Aug. 18, 1976.

A discussion of Martin Heidegger (who died about two months before this column's date) and his unsystematic philosophy. "Yo no tengo nada de existencialista," writes Sender, although he finds reading Heidegger "interesante y apasionante."

35. "Los izquierdistas de ayer y de hoy," Aug. 31, 1976.

"Los extremistas de 'izquierda' españoles siguen en los años treinta, como si desde entonces no hubiera pasado nada," whereas the younger generations in Eastern European countries "han madurado mucho después de la última guerra mundial."

36. "Miedo, ¿A qué?," Sept. 29, 1976.

The reportedly widespread fear among the Spanish people and among European industrial and financial corporations demoralizes and could, in Sender's opinion, lead to dangerous decisions and tragic consequences.

37. "El profeta pasmado," Oct. 4, 1976.

Reading Paul J. Stern's book, *C. G. Jung—the Haunted Prophet* (1976), leads Sender to discuss the psychologist's marital life, manner of thinking and possible reasons for the separation in today's world between man's consciousness and his unconsciousness, dimensions which he believes at one time "eran una sola."

38. "Los tres Juanes," Nov. 8, 1976.

Sender relates an incident in the Ateneo in which he, as a young man of 26, humorously attacked an idea being advanced by the aging Unamuno. Though Sender has always admired Unamuno "como ensayista," he could never tolerate him "como novelista, poeta ni autor teatral."

39. "Las ciudades, las naciones y los años," Nov. 11, 1976.

Comments on the recent discovery of remains of an advanced civilization in what is now Syria. Its capital, Ebla, now being uncovered, reveals that it flourished about 4,500 years ago.

40. "Trabalenguas y basiliscos," Nov. 29, 1976.

"La gran literatura no se hace con palabras, sino con una imaginación fértil a la cual las palabras se someten." Praises the work of Gabriel García Márquez and Mario Vargas Llosa, who through their literature are "deliteraturizing" Spanish America. Spanish-American letters are no longer "imitativas, sino originales."

41. "Excéntricos y genuinos," Dec. 27, 1976.

To be among the "genuinos," a writer must not lose his center of gravity or coherence with life; the "excéntricos" (and they are many) have succumbed to "sensacionalismo a base de sexualidad, escándalo, incoherencia y delirio de sí mismos." Saul Bellow, William Faulkner, John Steinbeck and "en menor grado" Ernest Hemingway—along with Sender himself—are among the "genuinos," opines Sender.

(1977)

42. "El obispo de los apaches," Jan. 17, 1977.

Comments on Bishop Jean Baptiste Lamy (whose diocese in New Mexico included Apache Indians) inspired by Paul Horgan's biography of the cleric, *Lamy of Santa Fe, His Life and Times* (1975).

43. "Gilmore, el poeta asesino," Jan. 28, 1977.

The execution in Utah of the murderer Gary Gilmore by a firing squad meets with Sender's disapproval, though his only arguments against the death penalty (society is guilty; more money should be spent on education, etc.) are singularly unconvincing, failing to address the problems of the individual responsibility of the criminal and the well-being of society.

44. "Picasso y el dandysmo," Feb. 17, 1977.

Comments on André Malraux's last work, an exhaustive study of Picasso. Sender, who calls Malraux "un presunto 'dandy'," obviously feels little sympathy for the French writer.

45. "La política de los apolíticos," Feb. 28, 1977.

"Ideas políticas las tengo," writes Sender, but, he adds, "sin la menor ambición ni la más ligera perspectiva de alcanzar forma alguna de autoridad como no sea la modesta autoridad de mis escritos." In his writing he seeks to influence "la cosa pública" in order to preserve the essential values of civilized society.

46. "Proliferación del esperpento," Mar. 17, 1977.

Comments on the growing tensions, problems, and violence in the world, which, if continued, may cause the world to resemble an "esperpento," i.e., become monstrous in nature.

47. "Correo secreto," Mar. 31, 1977.

As evidence of growing oppression in the Soviet Union, a grave threat to world peace, Sender quotes in its entirety (in Spanish) a letter from a Russian physicist, Orlov, recently jailed for political reasons.

48. "Los inventores del sexo," Apr. 18, 1977.

"Dejemos que los adolescentes sigan inventando el sexo y creyendo que nosotros [their parents] estábamos equivocados," writes Sender, deploring the exploitation of nudity in the arts—theater, movies, novels—for commercial reasons.

49. "El libro como mercancía," Apr. 27, 1977.

The market price of a perfectly preserved "ejemplar príncipe" of *Don Quijote* in Harvard University is over half a million dollars, a fact which Sender finds encouraging for art.

50. "¿Evitar lo inevitable?," May 19, 1977.

Sender, deeply concerned that Spaniards might revive the hates and fears of the Civil War, fervently hopes that Spain will be spared from taking such a course, a course which to him seems increasingly inevitable. To resurrect the past is to resurrect evil— "el mal éramos nosotros, los de un lado y del otro."

51. "Los dragones del cielo," May 24, 1977.

Sender fantasizes about beings (dragon-like creatures) on other planets who, though they approach the earth in spaceships, do not dare land, perhaps because they know men better than men know themselves.

52. "Palabras y tiempos críticos," June 10, 1977.

True communication among men has through the centuries been increasingly obscured by words, causing man to feel more and more isolated from others. As a possible step toward restoration of communication among men, Sender suggests a synthesis between science and human culture.

53. "Vencedores y vencidos," June 28, 1977.
Reporting his happiness upon learning of the results of the recent elections in Spain, Sender affirms that "La victoria ha sido del pueblo español...."

54. "Jefes hábiles," July 8, 1977.

Reflections on Presidents Carter and Kennedy and their reading of Dylan Thomas and Robert Frost, respectively. Sender finds their enjoyment of poetry in the midst of their grave responsibilities an admirable indication of their humanity and ability, "jefes hábiles."

55. "Misterios ardientes y brillantes," July 21, 1977.

Reflections on recent electrical "blackouts" in the U. S. and other countries and on the mystery of electricity (and of life). "[V]ivimos rodeados de misterios...."

56. "Un trece optimista," Aug. 8, 1977.

The new Spanish Constitution is, according to Sender, Spain's thirteenth since the first in 1812, hence, a "trece optimista." "Llamémonos todos de tú y que España conozca la paz y el progreso social que merece desde hace muchos siglos."

57. "El poeta militarizado," Aug. 26, 1977.

Comments on Heberto Padilla, the Cuban poet, and his poetry.

58. "Correo angélico," Sept. 8, 1977.

A letter to Sender from a sixteen-year-old French schoolgirl living in France on the Swiss border inspires the author with hope—as he imagines her innocent life in serene and beautiful surroundings. Serenity and harmony for most people in the world today, he asserts, "son casi imposibles."

59. "Un dios chiflado," Sept. 22, 1977.

Disagreeing with Robert Waite, who, in his biography of Hitler, calls the German leader intelligent, Sender insists that Hitler suffered from a kind of stupidity, delusions of grandeur, a "chifladura."

60. "La inquietante apariencia," Oct. 11, 1977.

Though Spain seems young in its exhuberant vitality it is in reality "una de las culturas más viejas de Europa," having enjoyed a "sabrosa y rica experiencia" which could be useful to neighboring countries. Spain's survival "ha sido y sigue siendo un milagro."

61. "Behetrías y federaciones," Oct. 25, 1977.

Strong, vigorous local governing units can be the foundation on which to build a strong Spanish Federation; once such units are fully established in Spain the next step ideally would be a Confederation of all Spanish-speaking nations. "El idioma es la patria."

62. "Unidad y diversidad," Nov. 8, 1977.

Sender argues for greater regional autonomies in Spain, i.e., a relaxation of a passion for national unity and its accompanying "centralismo." "La decadencia de España comenzó con la centralización inmovilizadora y burocrática del famoso don Felipe" [II].

63. "Diversidad del español," Nov. 19, 1977.

"Nuestra riqueza etnológica y nuestras diferencias antropomórficas [of Spaniards] son mayores que en ningún otro país occidental e incluso oriental."

64. "El opio del pueblo," Dec. 8, 1977.

"Sesenta años de 'revolución triunfante' no han dado a Rusia, es decir a los obreros rusos, sino sesenta años más de esclavitud." Citing Simone Weil, Sender agrees that revolution itself "es el opio del pueblo."

65. "Correo del diablo," Dec. 23, 1977.

An organization in Madrid attempts to dupe Sender into accepting from it an honorific title and a prize—apparently to use his name to secure contributions from unsuspecting people in Spain. Members of the organization were subsequently jailed for making similar fraudulent efforts with other writers.

(1978)

66. "Adiós a Chaplin," Jan. 9, 1978.

Anecdotes about Chaplin, whom Sender calls "sin duda alguna el actor más universal de nuestro siglo. ...un caso único en nuestro tiempo, como Picasso y Freud en sus campos."

67. "Los arquetipos," Jan. 23, 1978.

Castelar, Pi y Margall, and Salmerón of the First Spanish Republic "han quedado en nuestra historia reciente como arquetipos, es decir como figuras ejemplares." The Second Republic produced no such archetypes.

68. "Los ovnis," Feb. 9, 1978.

Tongue-in-cheek comments and speculations on unidentified flying objects (*ovnis*) inspired by reading the Spanish translation of Maurice Chatelain's book, *Nuestros ascendientes llegados del Cosmos (Our Ancestors Came from Outer Space*, 1978).

69. "Escritores en la cárcel," Feb. 24, 1978.

PEN Club International reports that currently (1977) 321 writers are imprisoned in 33 countries, almost all of them "países totalitarios." Decrying this shameful fact, Sender applauds PEN Club's intercessory efforts to free unjustly incarcerated writers.

70. "Kafka, la poesía y las universidades," Mar. 8, 1978.

Comments on Kafka's work and the adjectivization of his name, Kafkaesque, a term which connotes "la angustia de la negación" in a *new* way and, therefore, constitutes a literary enrichment of reality.

71. "Tiempo de los 'casi, casi'," Mar. 27, 1978.

Deploring the current tendency of critics, especially in Spain, to use political criteria in evaluating an author's work, Sender asserts that the members of the Generation of 1898 were *not* judged "por sus simpatías o antipatías religiosas o políticas." In the current politicization of criticism "todo el mundo sale perdiendo."

72. "Los señores asesinos," Apr. 10, 1978.

Reflections on political assassinations. Killing is, in the author's view, justified only "si es necesario en defensa de otra vida inocente y frágil," or in "las guerras defensivas."

73. "Una máquina perspicaz," Apr. 13, 1978.

A computer in Wisconsin indicates with remarkable accuracy which patients are more likely to commit suicide. Among the Greek epicureans and cynics, "no debía haber suicidas," writes Sender, suggesting the decisive importance one's philosophy of life can have.

74. "Eleanor, hija de alguien," Apr. 21, 1978.

Reflections on Karl Marx and members of his family, especially his daughter, Eleanor, inspired by Sender's reading of Yvonne Kapp's book, *Eleanor Marx* (1972).

75. "¿Enemigos o discípulos?," May 9, 1978.

Reflections on the stupidity and monstrous inhumanity of the bombing of Guernica in April of 1937 by German planes, and superlative praise for Herbert R. Southworth's book, *Guernica, Guernica!*, published by the University of California Press in 1977.

76. "El ser y el parecer," May 23, 1978.

Faulkner was an artist who did not "appear" to be one. Genuine artists, literary or otherwise, today, insists Sender, "no viven 'en artistas' ni quieren parecerlo." To "querer parecer artista" is a sign of "ominosa cursilería" and "lamentable ineptitud."

77. "El talento de ser felices," June 8, 1978.

Women have more talent for being happy than men. Madrid and London are masculine cities; "París y Nueva York dan la impresión de ser femeninos." New York has a talent for being happy, though it dissembles this talent.

78. "Semiutopías tentadoras," June 23, 1978.

Observations on differences in the Spanish spoken in various parts of the Hispanic world, concluding with the Utopian dream of "una sola patria hispánica caracterizada no política sino culturalmente.... Todos saldríamos ganando."

79. "Desarrollo del subdesarrollo," July 8, 1978.

Comments suggested by the author's reading of Michael Harrington's book, *The Lesser Evil?* (1977). "...Rusia es el mayor enemigo que tienen las corrientes revolucionarias en el mundo."

80. "Cosas más que raras," July 22, 1978.

"... [E]ra España desde la más lejana antigüedad la problemática Ultima Hesperia [death]." Comments on the Don Juan legend and its relationship to the cult of death. "Por desgracia somos los españoles los menos preocupados por aclarar las cosas más raras de nuestro pasado o nuestro presente."

81. "Los herejes preparan algún milagro," Aug. 7, 1978.

"En el mundo del pensamiento filosófico o literario las personas que mayor influencia tienen en nuestro siglo son Simone Weil y Kafka." Both were Jewish and "heretical."

82. "Entre Hamlet y Newman," Aug. 28, 1978.

Upon the eve of the election of a new Pope, Sender reflects that "la substancia básica del catolicismo y el simplicísimo secreto de su universalidad" is the Church's uninhibited acceptance of miracle. The Protestant Niebuhr brothers have tried to rationalize mystery too much, a task "superior a las fuerzas humanas," much as did Cardinal Newman, he adds.

83. "Guatizalema," Sept. 22, 1978.

The title, the Arabic name of a river in Upper Aragón on whose shores Sender, as a young man, spent summer vacations, leads to a discussion of the Arabic and Jewish heritage of Spain and the exceptional tolerance and understanding among the Arabs, the Jews, and Catholics during the Middle Ages in Spain.

84. "Chicanerías," Oct. 10, 1978.

Sender reviews a new book by M. C. Peñuelas: *Cultura Hispana en los Estados Unidos (Los Chicanos)*, 1978. Defining "Chicanos" as the Mexican minorities "que habitan en el suroeste del país [U. S. A.]," Sender supports their literary efforts.

85. "Academias y adalides," Oct. 24, 1978.

The recent deaths of Ramón Menéndez Pidal and of the American Hispanist, Carlos F. McHale, inspire Sender to praise the lifework of both, with more attention to McHale, who until his death in August, 1978, directed the American Academy of the Spanish Language (in New York City).

86. "La paz ha pasado de moda," Nov. 9, 1978.

Tolstoi, a man of peace, "se lee menos cada día. Su lugar quieren ocuparlo pícaros oportunistas, del provecho inmediato, gente del hampa publicitaria en pantallas grandes o chicas,..." Tolstoi's daughter, at age 94, states on television that her father "no podría vivir en el mundo de hoy, un mundo sin sentido de lo divino ni de lo humano."

87. "Una hermana peligrosa," Nov. 22, 1978.

The mass suicide in Jonestown (Georgetown, Guyana) was "pura locura. Pero la locura ha sido siempre hermana gemela de la razón. Una hermana peligrosa, como se ve." To commit suicide is to commit murder, a right no man has, Sender asserts.

88. "El que hacen periodístico," Dec. 8, 1978.

Sender defends "el periodismo literario" against those who regard it as "un género menor dentro de la literatura." The primary obligation of literary journalists is to help others to be human, "y tratar de serlo nosotros mismos."

89. "El chimpancé, el ángel y la gramática," Dec. 23, 1978.

A discussion of Wittgenstein's philosophy, "una filosofía de la decadencia," whose possible final end could be "la destrucción del instinto comunicativo." Sender states that he admires Wittgenstein "aunque a veces sus sutilezas me exceden... por la esterilidad de sus propósitos."

(1979)

90. "Los dragones del edén," Jan. 9, 1979.

Carl Sagan's book on the physiology of the brain, *The Dragons of Eden* (1977), inspires Sender to discuss man's brain as both "un edén" and the source of his capacity for destructive action, war.

91. "Milagros de cada día," Jan. 23, 1979.

Reflections on the astonishing work done by a man's heart every day of his life, and the constant replacement of the body's atoms by new ones through what one breathes, eats, and drinks. "¿No es fabuloso?," asks Sender.

92. "La escuela de Georgetown," Feb. 8, 1979.

Sender ponders the mystery behind the mass suicide at Jonestown, near Georgetown, Guyana, and the periodic mass suicide of whales, a phenomenon of continuing keen interest to him.

93. "Más ballenas y delfines," Feb. 23, 1979.

Though it appears, according to Sender, that "la llamada 'inteligencia genética'" of whales and dolphins is more powerful than that of men, both dolphins (occasionally) and whales (regularly) commit suicide. Why?

94. "Misterios de la tierra y del cielo," Mar. 6, 1979.

Reflections on Greek and Roman mythologies as Voyager I circles Jupiter. From remote planets is it possible, asks Sender, that creatures are viewing (through powerful telescopes) what happened on earth 100,000 years ago? Perhaps Prometheus bound to a rock?

95. "En qué mundo vivimos?," Mar. 21, 1979.

Sender speculates on a possible cataclysm which destroyed an ancient civilization on earth as a result of its enslavement to its advanced technology. Today man may be in danger of enslavement to technology and consequent cataclysmic self-destruction, i.e., a repetition of what may have occurred before.

96. "Plausible y sabia frivolidad," Mar. 30, 1979.

An appreciative survey of the life and work of the French novelist Gabrielle Colette (1873-1954), many of whose works Sender read during his "años veinte."

97. "Novedades en la tierra y el cielo," Apr. 9, 1979.

Sender's intuition of the sphere "como símbolo de totalidad" originated in his reading Einstein, not Jung. The greatest enigma of all remains "el de nuestra presencia [the presence of man] en el cosmos."

98. "El crimen del 'Times'," Apr. 23, 1979.

When Nazi planes bombed Guernica during the Spanish Civil War, Hitler's press office sought to charge the Spanish Republic with the bombing and the London *Times* with the "crime" of having published a truthful account of the event. The German efforts at falsehood, however, soon "boomeranged." Refers again to Southwork's book on Guernica (see 75).

99. "Pueblos castigados," May 8, 1979.

Comments on Russian exile Alexander M. Nekrich's book, *The Punished Peoples* (1978), which documents the gross violation by the Soviet government of the rights of entire peoples within its borders.

100. "Hablemos de poesía," May 21, 1979.

Absolute poetry cannot be achieved in life; perhaps it can in death, "con la cristalización de nuestra máscara (de nuestra persona) y con el regreso de nuestra humanidad elemental (polvo en el polvo), a sus orígenes," muses Sender. Has the Aragonese author now achieved absolute poetry?

101. "Flamenquismo y tauromaquia," June 8, 1979.

A discussion of differences between "cante hondo" and "baile y cante flamencos," of gypsies, and of bullfighting, all from the author's distinctively personal viewpoint.

102. "Escritores hispanoamericanos en España," June 8, 1979.

Comments on the many Spanish-American writers now living in Spain, including Cubans ("no desentonan en España"), a phenomenon of the time which Sender finds "confortadora."

103. "¿Cree Vd. en los monstruos?," July 6, 1979.

Speculations arising from photographs of the supposed "monsters" found in Loch Ness in Scotland. To learn more about them, dolphins are being trained to penetrate Loch Ness with radar, lights and cameras.

104. "Otra vez don Quijote," July 17, 1979.

"... [L]a transcendencia del Quijote... llega a integrarse en las complejidades del pensamiento filosófico moderno." Cervantes' humanitarianism saves the best from both feudalistic and bourgeois idealism while transcending both.

105. "Marcuse póstumo," Aug. 8, 1979.

A discussion of the thought of Marcuse, a month after his death. "Lo mejor de Marcuse está en 'Eros y la civilización' y en 'El hombre unidimensional'... " Sender admired the German thinker for his Marxist interpretation of Freud and psychoanalytic interpretation of Marx.

106. "Las poetisas se van," Aug. 24, 1979.

Upon the death of Juana de Ibarbourou, Sender affirms that nobody has gone further than Ibarbourou, Alfonsina Storni, and Delmira Agustini "en la consagración del amor físico y metafísico. Nadie. Ni Dante con Beatriz ni Petrarca con Laura."

107. "O sucumbes o mueres," Sept. 10, 1979.

A discussion of the possibilities of a nuclear holocaust. Ants which soon after the first atomic explosion in New Mexico began building their homes deeper in the earth have shown more wise foresight than have men (with their "cerebro reflexivo").

108. "Bailarines que saltan," Sept. 24, 1979.

When two dancers from the Bolshoi Ballet ask for political asylum in the U. S. A., Sender bemoans the growing distance between the Russian authorities and the Russian people.

109. "Actualidad candente," Oct. 8, 1979.

Comments on religious differences among the world's inhabitants. "Mi religión," Sender adds, "es una mezcla de cristianismo y panteísmo de la primera Hélade, con textos de Epicuro, de Démocrito, de Lucrecio y de los estoicos."

110. "El habla y el crimen," Oct. 22, 1979.

Reflections on the relationship between a people's skillful and accurate use of language and their crime rate.

111. "Iberia ferax venenorum," Nov. 8, 1979.

"Iberia fértil de los venenos," taken from Horace, refers to the vehemence with which Spaniards often express their discrepancies with their neighbors. The Basque terrorists (the ETA) are a case in point. Sender roundly condemns all terrorism.

112. "Dinosauros, sabios y ballenas," Nov. 23, 1979.

Paleontologists now report that the head seen on dinosaur skeletons in museums is not the true one; the true head, recently discovered, is much larger and proportionate to the large body. Whales, Sender opines, are descendants of ancient dinosaurs.

113. "Una anécdota explosiva," Dec. 10, 1979.

Upon the occasion of the recent death of Tomás Navarro Tomás, Sender recalls events from the life of the distinguished Spanish philologist (together with whom he sailed in exile to America in 1939).

114. "Epitafio para Mike Prokes," Dec. (?), 1979.

Comments upon the suicide of Prokes, a survivor of the Jonestown mass suicide in Guyana, immediately after being interviewed by the media. Sender considers his suicide an act of protest against the organization of human life in today's world.

(1980)

115. "Terremotos y camisetas," Jan. 8, 1980.

Sender visits Madrid [sic, i.e., New Madrid], Missouri, the scene of the most fearful earthquake in American history (early last century), and Madrid, New Mexico, and reflects on the uncertainties of life.

116. "Hostigadores del ángel anfibio," Jan. 23, 1980.

The author's excursion to see (and touch) whales off the coast of California leads him to reflect on an American law against abusive treatment of whales, on *Moby Dick,* and on man's relationship to wild animals. Respect for animals "debía ser una ley universal."

117. "En el zodíaco asiático," Feb. 8, 1980.

According to the zodiac in Japan, 1980 is the year of the monkey, 1979 was that of the sheep, etc. The Japanese zodiac moves in twelve-year cycles rather than yearly as in the West and "sus doce signos presiden y auguran diferentes fortunas o infortunios," writes Sender. The year of the monkey began with the invasion of Afghanistan and of the American embassy in Tehran.

118. "Olimpiadas y espartaquiadas," Feb. 25, 1980.

Reflections on the Soviet invasion of Afghanistan, "al estilo de Gengis Khan." Yet there remains in a nation "donde la esclavitud es la norma" a Spartacus: Dr. Sakharov.

119. "Rarezas evidentísimas," Mar. 8, 1980.

When a bank manager stupidly tells Sender that an error in his account was "a computer error," the author points out the elementary fact that machines do not err, that the capacity to err presupposes "una facultad humana," and lectures on the dangers of enslavement to machines.

120. "Sobre la violencia," Mar. 25. 1980.

Reflecting on possible dangers of violence in Spain, Sender concludes that "lo mejor que pueden hacer el monarca y el presidente Suárez es lo que están haciendo: esperar inteligentemente."

121. "Las fronteras movedizas," Apr. 6, 1980.

Comments inspired by a news story of Middle East Nomads who stole cars in Israeli territory and buried them in the sand. Once the international boundary shifted to put the burial area in Egyptian territory the Nomads sold the cars at "scandalous" prices in Egypt, duty free, thus demonstrating "capacidades nuevas en los niveles del alto comercio."

122. "Versos, tigres, y mujeres," Apr. 14, 1980.

"... [L]as épocas en que los hombres ofrecen tigres a la amada son épocas de plenitud y cuando ofrecen poemas son tiempos de decadencia, pero con los tigres o los versos lo que buscan es conquistar a la mujer..."

123. "La lírica y el caos," May 7, 1980.

Though in literature and politics Spain is currently suffering a period of chaos, the Nation has in this century produced three true poets: García Lorca, Rafael Alberti, and Miguel Hernández. "Los otros son... ecos de ecos de ecos por el lado nórdico y transpirenaico."

124. "¿Ha comenzado ya la guerra?," May 20, 1980.

A survey of the world's "operaciones militares" reveals that in a real sense war has already begun. One such "operation," the ETA in the Basque provinces, is supported by "dinero y armas foráneos," and "dirigida por extranjeros."

125. "Filosofía de los contactos," June 10, 1980.

A discussion on cultural differences in physical touching between people and whether such touching is beneficial to individual and collective health and well-being. Reading Dr. Virginia Satir convinces Sender that at least in orthopsychiatric cases close physical intimacy is health producing.

126. "Desagraviando a los osos," July 1, 1980.

A humorous attempt to rectify a typographical error in one of Sender's recent articles in which the author was made to say incorrectly that an Asturian bear killed and ate Attila (the Hun, dead centuries earlier), instead of Favila (father of Pelayo, defender of Covadonga) leads to a discussion of bears in history and folklore.

127. "Otra vez Picasso," July 17, 1980.

Random comments on Picasso, whom Sender knew personally and greatly admired, a man who painted "la suya [his reality] sin preocuparse de tendencias ajenas, de modas o de corrientes en boga."

128. "Hacia el final del siglo," July 23, 1980.

For Sender the twentieth century will be defined by five personalities in five different dimensions: Einstein in science, Gandhi in international politics, Freud in psychology, Picasso in the arts, and Chaplin in "la interpretación humorística de la humanidad." Briefly he states his reasons for each of his selections.

129. "Reflexiones sobre Sartre," Aug. 11, 1980.

Sender attacks Sartre (who died earlier in the year) as an opportunist who "trataba por todos los medios de hacerse visible y ostensible," and whose literary work "estaba mediatizada y debilitada por sus actitudes políticas."

130. "Seudo filosofía de las basuras," Aug. 25, 1980.

Eastern Germany, poor in natural resources but rich in imagination and in laboratories, has begun recycling all (or almost all) trash produced within its borders (bottles, cans, paper, etc.), all of which appears "más que razonable" to Sender.

131. "El suicidio y la felicidad," Sept. 8, 1980.

The more affluent young people in the United States suffer a much higher suicide rate than do the economically less advantaged; a kind of "aburrimiento transcendente" or mysterious *tedium vitae* frequently afflicts the former.

132. "Piden un nuevo mesías," Sept. 23, 1980.

The recent declaration of the Club of Rome that humanity needs a new Messiah draws Sender's satirical barbs. The most important thing is not a new Messiah but to change human nature, and for that Sender suggests reading good books.

133. "Los hindúes, también," Oct. 2, 1980.

Reflections upon India's successful orbiting of its first artificial satellite, some satirical, others matter-of-fact.

134. "Sentencias 'por algo' y 'por nada'," Oct. 23, 1980.

The sentencing to prison of Soviet citizens "por algo" and "por nada" still occurring in the Soviet Union reveals "ese satanismo orquestado para cocer a fuego lento a los amantes de la libertad." Today's column constitutes an angry cry against the Soviets' oppression of their own people.

135. "Las elecciones y Maquiavelo," Nov. 10, 1980.

Comments on Reagan's victory in the American presidential election revealing Sender's continuing biased and ill-informed views of the American political scene despite his longterm residence (38 years in 1980) in the United States.

136. "Los hijos de Saturno," Nov. 26, 1980.

Having photographed Saturn, the American satellite continues its journey deep into outer space, evoking tongue-in-cheek remarks on "Saturnine" influences in human rites, customs, and art since antiquity.

137. "La vida en las grandes ciudades," Dec. 8, 1980.

Comments on the current high cost of living in the major cities of Europe, and an anecdote from the author's travel in Switzerland "no hace mucho" when that country still experienced the world's highest cost of living.

(1981)

138. "A bordo de un avión," Feb. 3, 1981.

Anecdotes about Nancy Cunard, the deceased English heiress whom Sender came to know and admire during his stay in Paris in 1938 and in 1939, evoked by the author's recent flight in a plane owned by the Cunard enterprise.

139. "Quevedo y Sánchez Albornoz," Apr. 3, 1981.

Reacting to an article by the aged and well-known Spanish historian critical of Quevedo's biting satire, Sender vigorously defends the seventeenth-century's writer's "humor sarcástico" as evidence of the maturity of Spanish national culture at that time and as "un refinamiento de altísima calidad." Each line of *El Buscón*, insists Sender, "es un acierto de graciosa y original observación."

(1982)

140. "Ciencias y vírgenes trashumantes," Jan. 19, 1982.

Three days after Sender's death his last column was released to subscribing newspapers. A brief foreword announcing the author's demise stated that the ALA (American Literary Agency and later the Agencia Latinomericana) "está de luto. También lo están las letras hispanas,... " A book by Juan José Benítez provokes comments by Sender on recent scientific investigations of images reportedly discovered in the cornea of the eyes of the image of the Virgin of Guadalupe. Pondering the veneration of virgins in diverse times and places and "esos milagros comprobados en

Tepeyac" [those having to do with the Virgin of Guadalupe], Sender concludes that "aunque me he visto a menudo rodeado de milagros, se me hace cuesta arriba creer en ellos o al menos proclamarlos en público..."

La visión crítica de la obra de Ramón J. Sender: Ensayo Bibliográfico

Elizabeth Espadas

Contenido

Part I: Estudios sobre su obra en general

    A. Estudios bibliográficos

    B. Estudios biográficos, entrevistas y personalia

    C. Libros, artículos y tesis de orientación temática o panorámica

Parte II: Estudios sobre obras individuales

    A. Novelas

    B. Cuentos

    C. Teatro

    D. Ensayos

    E. Poesía

    F. Colecciones de artículos; miscelánea

Palabras Preliminares

EL ORIGEN DE este estudio bibliográfico data de 1973 cuando, al recibir varias peticiones estudiantiles rogándome que les ayudara a conseguir estudios críticos sobre la obra de Sender para nuestro seminario sobre la novela española en traducción, empecé a reunir fichas bibliográficas sobre el más famoso novelista español en el exilio. Al repasar estos artículos, me enteré de la reaparición de sus obras que había comenzado en los años 60 y que todavía continuaba en ese momento. También me di cuenta de que, a pesar de las varias bibliografías que habían salido a través de los años, ninguna se había publicado en España. Por lo tanto, el investigador español carecía de fuentes sistemáticas de información sobre la crítica senderiana publicada en su país o en el extranjero. Así, comencé mi proyecto con la esperanza de remediar esa laguna y en 1974 lo publicó *Papeles de Son Armadans*, coincidiendo casi exactamente con el primer viaje de Sender a España después de la Guerra Civil Español.[1]

Un resultado de esta publicación fue la oportunidad de disfrutar de un mayor contacto con especialistas senderianos por todo el mundo. Intercambié correspondencia con varios investigadores, entre ellos el profesor Francisco Carrasquer, autor de uno de los primeros libros sobre nuestro autor. En 1979, en la ocasión de su próxima jubilación de la Universidad de Leiden (Holanda), me pidió que actualizara mi anterior bibliografía para una colección de artículos que se publicarían en forma de libro, de modo que la segunda versión apareció en *La verdad de Sender*.[2]

El contacto profesional con otros especialistas en mi campo también me llevó a conocer a la doctora Mary Vásquez, quien a través de los años me ha animado mucho en mis esfuerzos bibliográficos y

---

[1] Apareció en tres partes. "Parte I: Estudios sobre su obra en general," se publicó en el número 220 (julio de 1974), 91-104. "Parte II: Estudios sobre obras individuales," salió en los números 221-22 (agosto-septiembre de 1974), 233-62. Un año después agregué el *Addendum* en los números 233-34 (agosto-septiembre de 1975), 247-59, que a su vez está clasificado en una parte general y una parte sobre obras individuales.

[2] *La verdad de Ramón J. Sender* (Leiden, Holanda: Ediciones Cinca, 1982). Les agradezco al profesor Carrasquer y a Ediciones Cinca el permiso de utilizar la bibliografía publicada en su libro en esta nueva actualización.

críticos. Al finalizar los planes para el presente homenaje a Sender, me pidió que volviera a actualizar la bibliografía para beneficio de los investigadores dispersos por todo el mundo. De este modo, volví a reunir, comprobar y anotar fichas para la tercera y más completa versión hasta la fecha.

El propósito de esta bibliografía es el facilitar un rápido aceso a la crítica relacionada con las obras o temas de mayor interés para el estudioso. Por esta razón, la materia bibliográfica está clasificada y dividida bajo varias categorías. La primera parte contiene estudios bibliográficos; artículos biográficos, entrevistas y *personalia*; libros, artículos y tesis de enfoque temático o panorámico. La segunda parte ofrece fichas sobre obras específicas, las cuales se clasifican primero por género y luego por orden cronológico. Así el investigador puede hallar inmediatamente las reseñas o artículos sobre cualquiera de las obras individuales a la vez que puede consultar los estudios más generales para ver si hay alguno relacionado con su tópico.

Quisiera aprovechar esta ocasión para expresar mi gratitud a todos los especialistas sobre Sender que han contribuido a este proyecto, tanto por su labor de investigación como por su apoyo moral. Aunque los que han tenido la gentileza de mandarme separatas de sus artículos son demasiado numerosos para incluir aquí, tengo que reconocer especialmente la ayuda e inspiración de varios individuos: Francisco Carrasquer, Charles L. King, Manuel Béjar, Manuel Andújar y Mary S. Vásquez. Sin su ayuda, la realización de este estudio hubiera sido imposible.

WESLEY COLLEGE

Parte I: Estudios sobre su obra en general

A. Estudios Bibilográficos

Amo, Julián y Charles Shelby. *La obra impresa de los intelectuales españoles en América, 1936-45*, 114-15. Alguna bibliografía y lista de traducciones, pero de utilidad reducida por limitarse a una sola década.

Domenicali, Dena. "A Bibliography of Works by and about Ramón J. Sender in the English Language." *Bulletin of Bibliography* (1950): 60-63; 21 (1951): 93.

Espadas, Elizabeth. "Ensayo de una bibliografía sobre la obra de Ramón J. Sender" *Papeles de Son Armadans*. Publicada en tres partes: I. Estudios sobre su obra en general 220 (1974): 91-104; II. Estudios sobre obras individuales 221-22 (1974): 223-62; *Addendum*, 233-34 (1975): 247-59. Una bibliografía clasificada y semi-anotada de la crítica sobre la obra de Sender.

―――. "Hacia una bibliografía sobre la obra de Ramón J. Sender" en Francisco Carrasquer, *La verdad de Ramón J. Sender* Leiden: Cinca, 1982): 125-77.

King, Charles L. *An Annotated Bibliography of Ramón J. Sender, 1928-1974*. Serie bibliográfica, II. Metuchen: Scarecrow, 1976.
  Reseña
  Espadas, Elizabeth. *The Modern Language Journal* 61, (1977): 443.

―――. "A Partial Addendum (1975-82) to *Ramón J. Sender An Annotated Bibliography (1928-1974)*." *Hispania* 66 (1983): 208-16.

―――. "Una bibliografía senderiana española (1928-1967)." *Hispania* 50 (1967): 630-45.

―――. "A Senderian Bibliography in English, 1950-68, with an Addendum." *American Book Collector* 20 (1970): 23-29.

'Ramón J. Sender: Bibliografía." *Ya* 20-I-1982: 50.

Valdivieso, L. Teresa. "La crítica despertada en los Estados Unidos por la obra senderiana." Ponencia inédita, Modern Language Association Annual Meeting (New York), December, 1983.

B. Estudios Biográficos, entrevistas, y personalia

Alcalá, Eduardo. "Sender: El Nóbel que nunca existió." *ABC* 19-I-1982, 35. Recogido en *ABC Internacional* 21-I/2-II-1982, 26. Breve comentario sobre su vida, persona y obra.

Amargo, Antón. "El rincón del confesor." *Insula* 332-33 (1974): 37-38. Anécdotas sobre el viaje de Sender a España.

Arauz de Robles, Santiago. "Sender." *Ya* 20-I-1982, 31.
Carenas, Francisco. *La vuelta de los cerebros.* Barcelona: Planeta, 1976 Incluye una entrevista con Ramón J. Sender
Carrasquer, Francisco. "Presentacion de Ramón J. Sender." *Norte* 14 (1973): 25. Recogida en *la verdad de Sender* Leiden: Cinca, 1982, 59-60.
Castillo, Othón. "Ramón Sender: el poeta, el escritor y el hombre." *Norte* 7 (1967): 109-12. Datos biográficos, críticos y profesionales.
─────. "Ramón Sender." *Letras de Ecuador* 149 (1971): 23. Esbozo biográfico.
Castillo-Puche, José Luis. "Ramón J. Sender: Un largo exilio que ha durado treinta y seis años." *Destino* 1920 (1974): 24-27. Sobre la visita de Sender a España en ese año y sus encuentros con los escritores españoles allí.
─────. "Un ciclón narrativo." *Ya* 19-I-1982, 50.
"Las cenizas de Ramón J. Sender, esparcidas en el Atlántico [sic]." *ABC Internacional* 3/9-II-1982, 28. Datos biográficos, primordialmente sobre sus matrimonios e hijos, en particular su segundo matrimonio e hijo antes desconocidos. Necrología y noticia del esparcimiento de sus cenizas en el Océano Pacífico.
Conte, Rafael. "Una larga reflexión sobre España." *El País* 19-I-1982, 35.
Díaz, Janet W. "Sender in Spain." *Hispania* 58 (1975): 394. Breve noticia sobre su viaje a España en 1974.
Diego, Enrique de. "Ramón J. Sender" *ABC* 19-I-1982, 33.
Duvivier, Roger. "Del cometa de Sender a la lápida de Froilán. Desandando el proceso de una leyenda autobiográfica." *Boletín de la Asociación Europea de Profesores de Español* 15.29 (1983).
─────. "Las mocedades de Ramón J. Sender en *La Tierra* de Huesca." Ponencia inédita, Modern Language Association Annual Meeting (New York), December 1983.
Fichter, William L. "Ramón J. Sender" en *Columbia Dictionary of Modern European Literature* New York: Columbia U. Press, 1947, 738-39. Datos biográficos, literarios y profesionales.
Fishman, Lois R. "Bittersweet Memories." *Américas* 36.6 (1984): 30-35. Breve mención de Sender en la discusión de los exiliados españoles en México.
García Serrano, Rafael. "Mi Sender." *El Alcázar* 19-I-1982, 27.
Gavilanes Laso, J. L. "Carta de España/Del alba a las cenizas." *Coloquio/Letras* (Lisboa) 67 (1982): 81-84.
Gutiérrez Gómez, Juan de la Cruz. Entrevista con Ramón J. Sender *Ya* 27-VI-1976.
King, Charles L. "Ramón J. Sender" en *Critical Survey of Long Fiction.* Ed. Walton Beacham. Englewood Cliffs: Salem Press, 1984.

―――. "Ramón J. Sender" en *Encyclopedia of World Literature in the Twentieth Century* New York: Ungar, 1971 III, 257-58. Edición revisada, IV, 1983. Datos biográficos y literarios.

―――. "Ramón J. Sender Don Quixote Rides Again." *American Book Collector* 206 (1970): 17-22. Vida, obra y filosofía del escritor.

"Ramón J. Sender, 1901-1982." *Hispania* 65 (1982), 439. Necrología, con datos biográficos, literarios y profesionales.

―――. "Ramón J. Sender, Una reseña biográfica." *Destino* 1.911 (1974: 48-49.

―――. "Sender: Aragonese in New Mexico." *Modern Language Journal* 36 (1952): 242-44. Breve descripción de su vida y obra.

Kunitz, Stanley J. y Hermann Kesten, eds. *Twentieth-Century Authors*. (New York: Wilson, 1942), 1262-63. Véase también el *First Supplement* a esta obra (1955), que pone al día la biografía y crítica, 892-93.

Mainer, J-C. "Visita al Sender que nos visita." *Camp de l'Arpa* 12 (1974): 27-30. Sobre el viaje de Sender a España en 1974.

Mann, Klaus y Hermann Kesten, eds. *The Best in Modern European Literature* (Philadelphia: Blakiston, 1945), 958. Datos biográficos y críticos.

―――. *Heart of Europe*. (New York: Fischer, 1943), 958. Datos biográficos y críticos.

Martínez Ruiz, Florencio. "Sender, en la órbita del Nobel." *ABC*, 21-VI-1979, 20. Recogido en *Edición Semanal Aérea de ABC*, 21-VI-1979, 20. Discute la posible candidatura de Sender para el premio Nóbel, comentando el apoyo del Hispanic Institute y de varias universidades norteamericanas. Menciona *Solanar, Imán, Contraataque, Monte Odina*.

Masoliver, Juan Ramón. "De un Ramón que vuelve a su sendero." *La Vanguardia*, 27-I-1967.

―――. "Un novelista universal, el aragonés Ramón Sender8' *La Vanguardia* (Barcelona), 22 de junio de 1967.

Medina, Tico. "Ramón J. Sender tal vez mañana." *Los domingos de ABC*, 18-II-1973, 18-24. Entrevista con el escritor en San Diego.

Milián Mestre, Manuel. "Redescubrir, o el ser de otros españoles.' *El Noticiero Universal* (Barcelona) 17-II-1967.

O'Brien, M. E. "Interview with Ramón J. Sender" *Hispania* 58 (1975): 967-69. Sobre las impresiones de Sender de su viaje a España en 1974.

Palomino, Angel. " 'A nivel' de muerto." *El Alcázar* 19-I-1982, 27.

Pedro, Valentín de. "Adolescencia y juventud de poeta." *La Prensa* (Buenos Aires), 1960.

Peñuelas, Marcelino C. *Conversaciones con Ramón J. Sender* (Madrid: Magisterio Español, 1970), 291 págs. Extensa entrevista, con discusiones interesantes de varios temas literarios.
Reseñas
King, Charles l. *Hispania* 54 (1971): 601.
Mainer, José-Carlos. *Insula* 281 (1970): 8-9.
Montón Puerto, Pedro. *Amanecer* (Zaragoza) 6-IV-1972, 13.
Murciano, Carlos. *Estafeta Literaria* 442 (1970): 298.
Torre, Esteban. *Archivo Hispalense* 167 (1972): 161-62.
———. "Diálogos con Ramón J. Sender" *Estafeta Literaria* 394 (1968): 10-12.
———. "Diálogos con Ramón Sender: El novelista 'social.'" *Insula* 257 (1968), 1 y 4.
———. "La novela del futuro." *Asomante* 24.2 (1968): 24-28. Entrevista con Sender sobre el futuro del genero.
———. "Sender, una vida agitada." *Indice* 256 (1969): 22-23. Nota biográfica y entrevista.
Porcel, Baltasar. "Encuentro con Ramón J. Sender." *Destino* 1857 (1973): 25-26. Relata sus impresiones de Sender y resume las ideas del autor sobre el teatro español, el exilio, el estilo, elementos oníricos y surrealistas en la literatura catalana.
Prats y Beltrán, Alardo. "Ventanal de las letras (Entrevista con Sender)." *La Libertad* 3858 (1932): 9.
"Recuerdo de Ramón J. Sender" Sección de Literatura, Ateneo de Madrid, con la intervención de Manuel Andújar, Francisco Ayala, Rosa Chacel, José Prat y Francisco Ynduráin, 8-III-1982.
"Ramón J. Sender, Propuesto para el Nóbel por el Spanish Institute de Nueva York." *Edición Semanal Aérea de ABC* 24-V-1979, 20.
"Ramón J. Sender." *Diario 16* 18-I-1982, 38-40.
Rueda de prensa de Ramón J. Sender *La Vanguardia Española*, 9-VI-1974.
Sánchez Vidal, A. "Un catalizador." *Andalán* (Zaragoza) 350 (1982): 32-33.
Savater, Fernando. "Elogio de un novelista." *El País* 19-I-1982, 35.
"Sender, imprescindible en la literatura del siglo XX." *ABC* 19-I-1982. Presenta las opiniones de varios escritores sobre la vida y obra de Ramón J. Sender
"Sender: Viviré definitivamente en Mallorca." Entrevista realizada por *Blanco y Negro* 3343 (1976): 54-55.
Tovar, A. "Un novelista de primer orden." *Gaceta ilustrada* (1963): 43.
———. "La vida, la fama, la guerra y el exilio." *El País:* 19-I-1982, 35.
———. "La vuelta de Sender." *Gaceta Ilustrada* 15-IX-1968.

Watts, Luz C. de. *Veintiún días con Sender en España.* (Barcelona: Destino, 1976, 193 págs.) Capítulos: I. Primeros contactos en Barcelona: II. El río Cinca y viaje a Zaragoza; III. El Ateneo, la Aljafería y el Pilar; IV. Huesca y el perdón de Sender; V. Camino de Madrid; VI. Conferencias y Feria del Libro; VII. Regreso y Televisión Española.
Reseña
King, Charles L. *MLJ* 61 (1977): 63-64.
Who's Who in America, 1952-53. (Chicago: Marquis, 1952), 2963. Datos biográficos y profesionales.

C. Libros, artículos y tesis de orientación temática o panorámica

A. B. C. "Sender vuelve a España." *España Libre* (Nueva York) 6-VI-1966. Sobre el regreso de las obras senderianas a España.

Abellán, José Luis, ed. *El exilio español de 1939.* (Madrid: Taurus, 1976). Tomo I: pp. 18, 143 y 194; Tomo II: p. 93; Tomo III: pp. 18-19, 57, 60-64, 67, 74, 84-86, 144, 207-08, 228; Tomo IV: pp. 124-28. Tentativa de division de su obra, datos biográficos, breve enumeración y descripción de obras principales.

Acker, Robert. "Gustav Regler and Ramón Sender: A Comparative Study of their Mexican Exile" in Ed. Hans-Bernhard Moeller. *Latin America and the Literature of Exile.* (Heidelberg: Winter, 1983), 311-22.

Adam, Carole Anne. "The Novel of Ramón J. Sender, 1952-59." Tesis (M. A.), University of Tennessee. (Knoxville: SAMLA Publication 41, 1959).

———. "The Re-use of Identical Plot Material in Some of the Novels of Ramón Sender" *Hispania* 43 (1960): 347-52. Trata principalmente *El verdugo afable, Orden Público, La noche de las cien cabezas* y *Viaje a la aldea del crimen.*

Adams, Nicholson B. *España: Introducción a su civilización.* (New York: Holt, 1947), 314-15.

———. *The Heritage of Spain*, Rev. ed. (New York: Holt, 1959), 297-98. Biografía, crítica y bibliografía.

———. "Some Recent Novels on Revolutionary Spain." *Hispania* 20 (1937): 81-84. Breve comentario sobre *Siete domingos rojos* y otras obras de pre-guerra.

Alborg, Juan Luis. *Hora actual de la novela española*, (Madrid: Taurus, 1962), II, 26-73. Discusión de las características de su obra, con comentarios sobre casi todas sus novelas hasta esa fecha y algo sobre sus ensayos y poesía.

Alcalá, Angel. "Sender y sus novelas, y su Aragón." *Circular informativa No 7 del Instituto de Estudios Sijenenses Miguel Servet*. (Villanueva de Sijena, 1979), 13-28. Recogido en J.-C. Mainer, *Ramón J. Sender: In Memoriam*. (Zaragoza, 1983), 177-88. Trata la influencia de Aragón en la formación y obra del autor: las virtudes y los vicios aragoneses; coincidencias entre Sender y Miguel de Servet; conservación de lo aragonés a pesar del largo exilio; escenarios aragoneses en sus obras.

Alvarez, Elsa Delia. "La obra de Ramón J. Sender Un estudio de sus personajes femeninos." Tesis inédita, Michigan State University (Julia Uceda, directora), 1970-71. Abstracto publicado en *Dissertation Abstracts International* 32 (1971): 5216A-17A. Trata primordialmente a los personajes femeninos principales—la Duquesa de *El rey y la reina*, Ariadna, Santa Teresa, Valentina, Elvira, Lucha, la Princesa María de *Bizancio* y Lizaveta de *Las criaturas saturnianas*—con un capítulo sobre los personajes femeninos secundarios.

Alvarez Palacios, Fernando. *Novela y cultura española de postguerra* (Madrid: Cuadernos para el diálogo, 1975.) Sobre Sender, véase pp. 20, 34, 36, 67, 86, 98, 101, 102, 110, 111, 113, 115, 171, 174, 189, 199, 206, 207, 212, 214, 225, 233, 246, 251, 340.

Amor y Vásquez, Jose. "Presencia de México en tres escritores españoles: Jarnés, Moreno Villa, Sender." *Actas del Tercer Congreso Internacional de Hispanistas* (México: Colegio de México, 1970), 77-88. Incluye comentarios sobre *El problema religioso en México, Proverbio de la muerte, El lugar de un hombre, Hernán Cortés, Epitalamio del prieto Trinidad, Mexicayotl, Novelas ejemplares de Cíbola*.

Andújar, Manuel. "Ramón J. Sender y el Nuevo Mundo" en *Grandes escritores aragoneses en la narrativa española del siglo XX* (Zaragoza: Heraldo de Aragón, 1981), 95-155. Reproducido en J.-C. Mainer, *Ramón J. Sender In Memoriam* (Zaragoza, 1983), pp. 189-240. Aunque hay comentarios sobre la obra producida en España, la mayor parte del articulo se concentra en la obra producida en el Nuevo Mundo y que trata de éste: *Mexicayotl, Jubileo en el Zócalo, Lope de Aguirre, El bandido adolescente, Túpac Amaru, Epitalamio, El extraño Sr. Photynos, Novelas ejemplares de Cíbola, Los tontos de la Concepción, Relatos fronterizos, Novelas del otro jueves, La efemérides*.

Aub, Max. *Discurso de la novela española contemporánea.* Jornadas 50. (México: Colegio de México, 1945), 103-04. Crítica negativa; le falta a Sender poesía interior y autenticidad, pero no talento.

Ayala, Francisco. "Problems of the Modern Novel, with Special Reference to Spain." *West Virginia University Philological Papers* 24 (1977): 16-

24. Incluye discusión de la novela sociopolítica en Sender (*Imán, Siete domingos rojos*) en los años 30, que considera lo mejor de Sender. Comentarios sobre su producción prolífica y prestigio actual.

Ayala, Jorge M. "Ramón J. Sender, un proyecto ético-estético." *Camp de l'Arpa* 14-15 (1981): 121-35.

Barea, Arturo. "Spanska Realister." *Bonniers Litterära Magasin* (Stockholm), Feb. 1949, 114-23. Discusión de Baroja, Sender y Valle-Inclán como novelistas; comentarios sobre *Imán, El viento en la Moncloa, Viaje a la aldea del crimen, Siete domingos rojos, La noche de las cien cabezas, Mr. Witt en el cantón*.

Baroja, Pío. "Tenemos entre los jóvenes un poeta: Garcia Lorca. Y un novelista: Sender." *La Nación* (Buenos Aires), 1933.

Béjar, Manuel. "Personality in the novels of Ramón J. Sender" Tesis doctoral inedita, University of Utah (Luis Lorenzo-Rivero, director), 1970. Abstracto publicado en *DAI* 31 (1970): 4150A. Trata *Imán, La noche de las cien cabezas, Siete domingos rojos, Proberbio de la muerte, La esfera*.

―――. "Sender: Pensador, testigo y poeta." *ABC* 5-I-1983, 18. Reproducido en el *Heraldo de Aragón* 9-I-1983. Intento de encontrar el foco de convergencia de las manifestaciones ideológicas de Sender, que tiene como intuición base el ser. Discusión del uso de conflictos sociopolíticos españoles como punto de partida para la exploración de preocupaciones metafísicas que aumentan su universalidad. Menciona brevemente *Imán, O. P., Siete domingos rojos, Mr. Witt en el canton, El rey y la reina, La noche de las cien cabezas, Proverbio de la muerte, Ariadna, El verdugo afable, Mosén Millán, Viaje a la aldea del crimen, El lugar del hombre, La esfera*.

―――. "Unidad y variedad en la narrativa de Sender." *Revista de Occidente*, año 1982 (mayo): 117-23. Discute la preocupación del autor por los problemas intrínsecos del ser humano a lo largo de su novelística, que le lleva a una "fórmula compositiva" que se aplica a los personajes. Discusión de la recreación de personajes en sus novelas históricas. Obras tratadas: *Proverbio, Ariadna, La esfera, Siete domingos, La noche de las cien cabezas, Mr. Witt, El rey y la reina, El verdugo, Viaje a la aldea, La tesis de Nancy, Los laureles de Anselmo, Epitalamio, La hija del doctor Velasco, Lope de Aguirre, D. Juan en la mancebia*.

Bello, Luis. "Ramón J. Sender" en *Enciclopedia Universal Ilustrada*, Apéndice IX, (Madrid: Espasa-Calpe, 1933), 1230. Discusión extensa de *Imán* y breves comentarios sobre *Siete domingos rojos, El problema religioso en México, El verbo se hizo sexo* e *Historia social de América*

Benavides Lillo, Ricardo. "Arraigo y exilio en el novelar español contemporáneo" en *Lengua-Literatura-Folklore, estudios dedicados a Rodolfo*

Oroz. (Santiago: Universidad de Chile, 1967), 37-51. Menciona *Imán, Crónica del Alba, El rey y la reina* y *Novelas ejemplares de Cíbola*.

Benavides Smith, Abe. "Religion and Fantasy in Selected Novels of Ramón J. Sender" Tesis inédita (M. A.), North Texas State University (J. L. Gerding, director) 1974. 108 págs.

Benito de Lucas, Joaquín. *Historia de la literatura II*, tomo VI. Madrid: University Nacional de Educación a Distancia, 1980. Véase sobre Sender y otros de la preguerra "La novela hasta 1950."

Bertrand de Muñoz, Maryse. "La guerre civile espagnole et la littérature." *Mosaic* 3 (1969): 62-79. Menciona *El rey y la reina* y *Los cinco libros de Ariadna*.

Blanco Aguinaga, Carlos, Julio Rodríguez Puértolas e Iris Zavala, eds. *Historia social de la literatura española (en lengua castellana)*. (Madrid: Castalia, 1978), II, 348-51. Discute *Imán, Siete domingos rojos, Orden público, Mister Witt en el Cantón, Los cinco libros de Ariadna, La noche de las cien cabezas*; III, 1979, 160-64 trata *Epitalamio del prieto Trinidad, La tesis de Nancy, Las criaturas saturnianas, El rey y la reina, Requiem por un campesino español* y *Crónica del alba*.

B[leiberg], G[ermán]. "Ramón J. Sender" en *Diccionario de Literatura Española*, 4ª ed. (Madrid: Revista de Occidente, 1972). Datos biográficos, profesionales y breves comentarios sobre algunas obras.

Borsi, Emilia E. "Symbolism in the Post-War Novels of Ramón J. Sender" Tesis inédita (M. A.), Columbia University, June 1967, 137 págs. Dedica más atención a *Ariadna*.

Campos, Jorge. "Sender, escritor proletario." *Insula* 424 (1982): 4-5. Trata las obras de la década 1930-40: *O. P., Siete domingos, Viaje a la aldea, Carta de Moscú, Proclamación de la sonrisa, La noche de la cien cabezas, Mr. Witt, Contraataque*. También habla de la influencia de Baroja, el impacto de su experiencia periodística, además de las posturas de Sender hacia la literatura ("Su compromiso con la literatura que exige el momento") y su alineación con lo proletario.

Cano, José Luis. "Un texto de Ramón J. Sender sobre su ideología." *Insula* 332-33 (1974): 31. Reproduce una carta de Sender fechada en 1955, en protesta de que la revista *Ateneo* le hubiera llamado escritor comunista.

Cansinos Assens, Rafael. "Ramón Sender y la novela social." Colección Balagué. Madrid, 1932. Recogido en *Los novelistas sociales españoles, 1928-1936* Ed. José Esteban (Madrid, 1977), 79-88 (Partes I y II únicamente). Serie de articulos publicados originalmente en *La Libertad* (Madrid) con motivo de la aparición de *Siete domingos rojos*.

Carrascal, José Mª. "Ramón J. Sender y el hombre." *ABC* 17-I-1982, 32. También recogido en *ABC Internacional*, 20-26-I-1982, 24. Comenta la fascinación de Sender por el hombre y el lugar preeminente de éste en su obra y su perenne curiosidad.

Carrasquer, Francisco. "La crítica a rajatabla de Víctor Fuentes." *Norte* 14/2-4 (1973): 43-55. Réplica al artículo de Fuentes en el mismo número de la revista, en la que defiende a Sender como artista por encima de todo. Recogido en *La verdad de Ramón J. Sender* (Leiden Cinca, 1982), 61-84.

———. "¿El derecho de autor frente al deber de enmienda?" *Camp de l'Arpa* 17-18 (1975), 18-20. Recogido en *La verdad de Sender* (Leiden: Cinca, 1982), 49-57.

———. *'Imán' y la novela histórica de Ramón J. Sender—Primera incursión en el 'realismo mágico' senderiano.* Tesis doctoral, U. de Amsterdam, 1968. Para consideraciones generales, véase la Introduccion, 7-17; "La novela histórica," 75-91; y las Conclusiones, 253-80. Estudios sobre obras específicas se darán en la Parte II de esta bibliografía. Publicada: Londres: Támesis, 1970. Véanse el prólogo de Sender, ix-xiii; Introducción, 1-2; Perfil de Sender, 3-11; La novela histórica, 67-86; Conclusiones, 252-80, y la Bibliografia, 281-96.

Reseñas

Connell, G. *Bulletin of Hispanic Studies* 50 (1973): 310-11.
Hempel, Wido. *Romanische Forschungen* 83 (1971): 654-59.
King, Charles L. *Hispania* 53 (1970): 151.
Kronik, John. *Modern Language Notes* 88 (1973): 491-95.
Mainer, José-Carlos. *Insula* 277 (1969): 9.
Ressot, Jean Pierre. *Bulletin Hispanique* 71 (1969): 432-33.
Rivas, Josefa. *Hispania* 56 (1973): 504.
Rothe, Arnold. *Zeitschrift für Romanische Philologie* 87 (1971): 675.
Tovar, Antonio. *Gaceta Ilustrada* IX-1968; recogida en *Novela española e hispanoamericana* (Madrid-Barcelona: Alfaguara, 1972), 14-15.

———. "Samblancat, Alaiz y Sender: tres compromisos en uno." *Papeles de Son Armadans* 228 (1975): 211-46. Vida, visión panorámica de su obra, analogías y diferencias respecto a los tres autores, con especial énfasis en Sender. Un avance de este articulo apareció en *Andalán* 53 (15-XI-1974): 16; posteriormente fue recogido en *La verdad de Sender*. (Leiden: Ediciones Cinca, 1982), 13-42.

Cartwright, Robert McLain. "Guilt in Selected Novels of Ramón J. Sender." Tesis doctoral inédita, St. Louis U. (R. R. Mazza, director), 1976. Abstracto en *DAI* 37 (1976): 2217A. Estudia este tema en *La esfera, El fugitivo, El rey y la reina, Mr. Witt en el Cantón* y *El verdugo afable*.

Castañar, Fulgencio. "Apuntes sobre Ramón J. Sender" *Cuadernos Americanos* 2 (1981): 342-52. Trata en particular el problema del exilio para Sender, el desconocimiento de sus obras en la España de postguerra, la mitificación de los autores transterrados y la desilusión al verlo de vuelta en España en 1974. Repasa sus obras, centrándose en las producidas durante los 1920 y durante la República, tanto las periodísticas como las literarias.

Castro Calvo, José María. *Historia de la literatura española*. (Barcelona: Crédito Editorial Sánchez, 1965), II, 283. Muy breve, limitándose a señalar sus obras principales.

Castro Delgado, Enrique. *Hombres made in Moscó* (Barcelona: Luis de Caralt, 1963), 206-383.

Cerezales, Manuel. "Sender." *ABC*, 20-XI-1969.

53 escritores a Ramón J. Sender. Prólogo de Angel Alcalá (Zaragoza: Heraldo de Aragón 1980), 106 págs.

Collard, Patrick. "Escribir para salvarse. Un tema en la obra de Ramón J. Sender" *Revista de Literatura* 43 (1981): 193-99. Discusión del acto de escribir como acto de solidaridad que encierra una contribución al conocimiento de lo esencial humano, específicamente elucidando la definición entre el bien y el mal. Trata las dimensiones ejemplares de *Novelas ejemplares de Cíbola, Tres ejemplos de amor y una teoría, Nocturno de los 14* y *Crónica del alba*. Tópicos presentados: la obra como paradigma de la vida del autor, la nostalgia de los orígenes del hombre, significancia del suicidio, la esquizofrenia del escritor, y presencia del doble en José Garcés.

————. "Las primeras reflexiones de Ramón J. Sender sobre el realismo." *Actas del VI Congreso Internacional de Hispanistas* (Toronto, 1980), 179-82. Recogido en J.-C. Mainer, *Ramón J. Sender: In Memoriam*. Zaragoza, 1983, 87-94. Trata las obras del período 1930-1936, entre *Imán* y *Mr. Witt*, de tipo periodístico, evaluando sus comentarios sobre el realismo.

————. *Ramón J. Sender en los años 1930-1936. Sus ideas sobre la relación entre literatura y sociedad*. (Ghent: University of Ghent, 1980.) 236 págs. Revisión de una tesis doctoral de la Universidad de Gante, Bélgica (Director: Prof. Paul Rémy). Para consideraciones generales, véanse los siguientes capítulos: I. De los artículos de Sender (y su importancia para obras ulteriores a la guerra civil): II. Ramón Sender y la República; III. Ramón Sender y la novela social española en los años treinta; IV. Ramón Sender y la cultura española; V. Un realismo para la novela y el teatro. También véase Cap. VI, 205-208, Libros anunciados pero no publicados; Conclusiones y Bibliografía.

Reseñas

King, Charles L. *Hispania* 65 (1982): 309.

López de Abiada, José Manuel. "Sender y su labor periodística anterior a la guerra civil." *Los cuadernos del Norte* (enero-febrero 1983): 100-01.

Peñuelas, Marcelino C. *Hispanic Review* 50.3 (1982): 368-70.

Sánchez Lobato, Jesús. "Dos notas bibliográficas." *Cuadernos Hispanoamericanos* 382 (1982): 194-95.

Trippett, Anthony M. *Bulletin of Hispanic Studies* 59 (1982): 159.

―――. "Ramón J. Sender y la Segunda República." *Insula* 424 (1982): 1 y 12. Exploración de las dimensiones de la experiencia de Ramón J. Sender con el anarquismo y la C. N. T. Influencia de Angel Checa en *Crónica del alba*; Rosa Luxemburgo como modelo y objeto del poema de Ramón J. Sender "A Rosa Luxemburgo;" el encarcelamiento de Ramón J. Sender por su conspiracion contra Primo de Rivera; conocimiento de obras de Marx y Engels; decepción ante las izquierdas republicanas (*Siete domingos, Postal Política*); Azaña y *Casas Viejas*; actitud hacia Rusia (*Madrid-Moscú, Ariadna*); muerte de su mujer; exilio.

Conte, Rafael. "La odisea narrativa de Ramón J. Sender Principios y finales de su novela." *Insula* 363 (1977): 5 y 10. Un repaso de su obra desde los primeros tiempos hasta los más recientes. Para él, "el fondo senderiano es la búsequeda rabiosa de la identidad; la identidad personal y la colectiva, la del hombre y la de su patria, bañadas por la luz cruda de un anarquismo teórico que en ocasiones desciende a los más profundos abismos del nihilismo, mientras que otras se eleva en las fantasías más utópicas e idealistas." Termina con comentarios sobre *La efemérides* y *El pez de oro*, ambas obras de 1976.

Corrales Egea, José. "Entrando en liza. Cinco apostillas a una réplica." *Insula* 152-53 (1959): 26-27. Réplica al artículo de Juan Goytisolo sobre el tópico de una literatura nacional y popular. Menciona *Mr. Witt en el Cantón* y *El rey y la reina* como ejemplos.

Chabás, Juan. *Literatura española contemporánea, 1898-1950*. (La Habana: Cultural, 1952, 576-77). Comparte la opinión de Aub sobre Sender.

Chandler, Richard E. y Kessel Schwartz. *A New History of Spanish Literature* (Baton Rouge: Louisiana State U. Press, 1961), 40, 150, 247, 251-55, 257, 262, 266. Datos biográficos y breve panorama de su obra.

Day, William F., III. "A Profile of the Senderian Protagonist." Tesis doctoral inédita, Florida State U. (José Angeles, director), 1974, 162 págs. Abstracto en *DAI* 35 (1975): 4510A. Después de la introducción, estudia los siguientes temas: atavismo: hombre vs. persona; los procesos del pensamiento; la acción esencial; la angustia; soledad, asilamiento y muerte—la única solución; perfil sintético del protagonista senderiano; bibliografía.

Devlin, John. *Spanish Anticlericalism: A Study in Modern Alienation* (New York: Las Américas, 1966, 168-83). Véase cap. 4: "Anticlericalism in 'Belles Lettres' in the Era 1931-1936," 161-92. Tópicos: (1) el llamado anticlericalismo de Sender; (2) anticlericalismo antirreligioso en su obra; (3) sus pensamientos sobre el problema religioso. Principales obras tratadas: *Contraataque, La esfera, El rey y la reina, Epitalamio del prieto Trinidad, Requiem por un campesino español, Siete domingos rojos* y *Crónica del alba*.

Díaz, Janet W. "Spanish Civil War and Exile in the Novels of Aub, Ayala, and Sender" in *Latin America and the Literature of Exile*. Ed. Hans-Bernhard Moeller (Heidelberg: Winter, 1983 207-31).

Domingo, José. *La novela española del siglo XX*, II. (Barcelona: Labor, 1973, 70-76). Datos biográficos, panorama de su obra hasta 1971. Recoge juicios criticos, principalmente de Pérez Minik, Peñuelas, Mainer y Alborg.

Duvivier, Roger. "El acercamiento a la muerte propia en la obra reciente del difunto Ramón J. Sender" *Bulletin de la Société Belge des Professeurs d'Espagnol* 28 (1982): 5-14. Obras tratadas: *La mirada imóvil, Cronica del alba, Monte Odina*.

———. "Del cometa de Sender a la lápida de Froilán. Desandando el proceso de una leyenda autobiográfica." *Boletín de la Asociación Europea de Profesores de Español* 25 (1983).

———. "Les Premises de l'oeuvre autobiographique dans la première époque de l'écrivain Ramón J. Sender" en *L'Autobiographie en Espagne. Actes du IIe Colloque International de la Baume-les Aix* (Aix-en-Provence: Université de Provence, 1982). Traducido y recogido en J.-C. Mainer, *Ramón J. Sender: In Memoriam* (Zaragoza, 1983, 137-54). Incluye *Imán, Crónica del alba, Viaje a la aldea del crimen, O. P., La noche de las cien cabezas, Siete domingos rojos, Contraataque, Proverbio de la muerte, La esfera, Ariadna*, y *El fugitivo*.

Embeita, María. "Max Aub y su generación." *Insula* 253 (1967): 1 y 12. Entrevista con Aub, quien da algunos juicios sobre Sender y otros de su generacion. Obras senderianas mencionadas: *Crónica del alba, Orden Público, Siete domingos rojos, Mosén Millán, Los cinco libros de Ariadna* y *El rey y la reina*.

Espadas, E. "Motivos folklóricos en la obra de Ramón J. Sender" Ponencia inédita, Sesión de Literatura en Español del Suroeste de los Estados Unidos, Modern Language Association Annual Convention (Nueva York), Diciembre de 1978. Incluye *Novelas ejemplares de Cíbola, El bandido adolescente, Los tontos de la Concepción* y *Donde crece la marihuana.*

———. "Ramón J. Sender y la novela social." Ponencia inédita, Sesión de Literatura Española del Siglo XX, Rocky Mountain Language Association, Denver (Colorado), October 1975. Trata la evolución de la postura de preocupación social que comienza con *Imán* y que continúa en formas diversas a lo largo de su obra. Obras tratadas: *Requiem por un campesino español* y *Túpac Amaru.*

Ferreras, Juan Ignacio. *Tendencias de la novela española actual, 1931-1969* (París: Ediciones Hispanoamericanas, 1970). Véanse págs. 55-56, 59-62, 65, 67, 71, 74, 83, 102, 104-06, 110-12, 126, 130, 149, 195, 201-02, 218 y 256. Datos biográficos, panorama de su obra, su valor como novelista, el efecto del exilio.

Fletcher, Madeleine de Gogorza. *The Spanish Historical Novel, 1870-1970* (Londres: Tamesis, 1973). Recogido en J.-C. Mainer, *R. J. S.: In Memoriam* (Zaragoza, 1983, 155-75). Incluye discusión de sus obras de pre-guerra, 107-11; obras de la post-guerra, 111-15; Novelas del pasado lejano, 115-26, y Novelas autobiográficas, 126-28.

Fuentes, Víctor. *La marcha al pueblo en las letras españolas, 1917-1936* (Madrid: Ediciones de la Torre, 1980). Para consideraciones generales, véase la 2a parte: "Narrativa de avanzada: Arderíus, Díaz Fernández y Sender."

Reseña
Aznar Soler, Manuel. *Bulletin of Hispanic Studies* 60 (1983): 78-80.

———. "La narrativa del primer Sender." *Norte* 14 (marzo-agosto de 1973): 35-42. Trata el período de la pre-guerra, etapa de la literatura popular, obrero-revolucionaria. Lo contrasta con el Sender de hoy, aunque ve el germen de su actual postura en ese tiempo. Obras mencionadas: *Imán, Orden Público, Siete domingos rojos, Viaje a la aldea del crimen, La noche de las cien cabezas, Mr. Witt en el Cantón* y *Contraataque.*

———. "La novela social en los años 1928-1931." *Insula* 278 (1970): 1, 12-13. Breve comentario sobre *Imán,* tratando además obras de Arderíus, Díaz-Fernández, Zugazagoitia y Acevedo.

———. "La novela social española (1931-1936): temas y significación ideológica." *Insula* 288 (1970): 1 y 4. Obras tratadas: *Orden Público, Siete domingos rojos, Viaje a la aldea del crimen, La noche de las cien cabezas.* Discusión de Carranque de los Ríos, Arderíus, Arconada y Benavides, además de Sender.

García López, José. *Historia de la literatura española*, 7a ed. (Barcelona: V. Vives, 1962), 670-71. Señala a Sender no sólo como el mejor novelista en el exilio sino como la "figura cumbre de nuestra novela actual." Comentarios sobre su estilo, con ejemplos de *El verdugo afable*.

Garosci, Aldo. *Gli intellettuali e la guerra de Spagna* (Torino; Giulio Einaudi, 1959), 160-78. Incluye comentarios sobre *Mr. Witt en el Cantón, Viaje a la aldea del crimen, Siete domingos rojos, Contraataque, Crónica del alba, El rey y la reina* y *Los cinco libros de Ariadna*. Alaba la novela senderiana, sobre todo por los valores líricos y el lenguaje directo.

Gaston, Enrique. "El procedimiento humorístico de Ramón Sender" *El Heraldo de Aragon* (Zaragoza), agosto de 1963.

Gil Casado, Pablo. *La novela social española (1942-1968)* (Barcelona: Seix Barral, 1968), xxxvii-xxxviii. 10, 123, 272 y 302. Relaciona a Sender con la novela social de la pre-guerra y con el realismo crítico de la post-guerra. Menciona varias de sus obras.

Guillén, Sid D. "La obra americana de Ramón J. Sender" Tesis doctoral inédita, Purdue U. (J. L. Alborg, director), 1974, 381 págs. Examina la interpretación y la temática de las siguientes obras: *Mexicayotl, Hernán Cortés, Los tontos de la Concepción, Lope de Aguirre, El bandido adolescente, Relatos fronterizos, Novelas ejemplares de Cíbola, La tesis de Nancy*. Abstracto en *DAI* 35 (1974): 3740A-41A.

Homenaje a Ramón J. Sender. Departamento de Lengua y Literatura, Facultad de Ciencias de la Información, Universidad Complutense, Madrid, España. Ciclo de Conferencias, Clases monográficas, Mesa Redonda y Coloquio, Marzo de 1982. Clases de enfoque general o temático: Francisco Fuentes, "Los últimos relatos de Sender;" Mercedes Gómez del Manzano, "El mundo hispanoamericano en la narrativa de Sender;" Diego Martínez Torrón, "La evolución narrativa de Sender;" Manuel Mourelle, "La comunicación verbal en un periodista y anarquista documentado;" Pilar Palomo, "La estructura alegórica en las novelas de Sender." Manuel Andújar, "Significación de Sender en la narrativa del exilio" (conferencia); Mesa Redonda, con la intervención de Manuel Andújar, José Luis Castillo-Puche, Rafael Conte, Pablo Corvalán, Pilar Palomo, Santos Sanz Villanueva y Joaquín M. Aguirre.

Iglesias, Ignacio. "Acercamiento a Ramón Sender." *Mundo Nuevo* (París) 39-40 (1969): 97-116. Discute la situación de la literatura de los exiliados y los esfuerzos de los criticos en España de hacerla conocida entre el público español. Sender el hombre y el novelista. Panorama de su obra.

———. "Sobre Ramón J. Sender" en *Los escritores y la guerra de España*, Eds. José Corrales Egea, Manuel Tuñón de Lara, et al. 1a edición española (Barcelona: Libros de Monte Avila, 1977), 213-20. Visión panorámica de sus primeras obras (*Imán, O. P., Siete domingos, Viaje a la aldea, La noche de las cien cabezas, Mr. Witt*), destacando su compromiso con el hombre y los problemas sociales. Discute *Contraataque* como obra de propaganda en el extranjero a favor de la causa republicana y analiza el efecto de la muerte de su esposa y familiares en Sender y en su obra. Panorama de su obra en el exilio: *Proverbio, La esfera, Crónica del alba, El rey y la reina, Requiem, Ariadna, El lugar del hombre*.

Iglesias Laguna, Antonio. "La narrativa española en 1970." *Estafeta Literaria*, 459 (1971): 18-21. Juicios sobre *En la vida de Ignacio Morel, Tánit, Zu, el ángel anfibio*.

———. *Treinta años de novela española, 1938-1968*. Madrid: Prensa Española, 1969. Especialmente útil por la lista de fechas de publicación de las obras americanas en los años 60 en España.

Jassey, William. "A Handbook for Teaching Spanish Civilization Through Ramón Sender's *Réquiem por un campesino español* as Selected Literature in the First Term of Fourth-Year Spanish in High School." Tesis inédita (Ed. D.), Columbia U., 1962, 270 págs. Resumen en *DAI* 23 (Nov. 1962): 1703.

Jones, Margaret E. W. "Sender, Dramatist." Ponencia, Mountain Interstate Foreign Language Conference, October 1978. Ampliada y recogida en *Homenaje a Antonio Sánchez Barbudo: Ensayos de literatura española moderna* Eds. Benito Brancaforte, E. R. Mulvihill, y Roberto G. Sánchez (Madison: University of Wisconsin, 1981), 309-21. Panorama de sus obras dramáticas, en el que se establecen tres categorías: (1) teatro político; (2) obras inspiradas en el pasado español, y (3) obras que utilizan un modo poético para tratar los problemas universales de las relaciones humanas. Discute el uso del debate dramático. Incluye resúmenes y comentarios sobre todas las obras dramáticas. Otros temas: importancia del drama clásico español en su obra; influencias principales; sus ideas sobre la literatura. Las notas ofrecen informacion sobre la publicación, las adaptaciones y la cronología de su drama.

King, Charles L. "An Exposition of the Synthetic Philosophy of Ramón J. Sender" Tesis doctoral inédita, University of Southern California (Dorothy McMahon, directora), 1953, 473 págs. Abstracto en *Abstracts of Dissertations*, University of Southern California Press, 1953, 57-60. Contiene: Biografía, estudios especiales de *La esfera* y *El rey y la reina* con respecto a su contenido filosófico, discusión de su filosofía en general; conclusiones.

———. "The Philosophical and Social Attitudes of Ramón Sender as Revealed in His Representative Novels." Tesis inédita (M. A.), U. of Southern California, 1950, 97 págs. Trata la protesta en *Imán, Siete domingos rojos, Contraataque, Mr. Witt en el Canton, El lugar del hombre, Crónica del alba, Epitalamio del prieto Trinidad* y *La esfera.*

———. "Ramón Sender's Literary Evolution Re-examined" in *Studies in Language and Literature,* Proceedings of the 23rd Mountain Interstate Foreign Language Conference. Ed. Charles Nelson, (Richmond, KY: Department of Foreign Languages, Eastern Kentucky University, 1978), 289-93.

———. *Ramón J. Sender.* New York: Twayne, 1974, 196 págs. Para consideraciones generales, véanse el Prefacio, Cronología, y los siguientes capítulos: I. Biografía; II. Aragón, España y más allá; III. Las novelas del período anterior al exilio, 1930-1938; IV. Aragón desde el recuerdo: tres novelas; VII. Otras novelas, 1939-1971; VIII. Otros géneros; IX. Resumen; Bibliografía.

Reseñas

Choice, 11 (12 February 1975), 17.

Espadas, Elizabeth. *Cuadernos Hispanoamericanos* 317 (1976): 467-70.

Jones, Margaret W. *Hispania* 59 (1976): 172.

Mendicutti, Eduardo. *Estafeta Literaria* 557 (febrero 1975): 1991-92.

Navarro, Judith Kurfehs. *Modern Fiction Studies* (1975): 316-22.

Olstad, Charles. *Books Abroad* (1975): 295.

Peñuelas, Marcelino C. *Modern Language Journal.* 59 (1975): 308.

Kolker, Marielena Zelaya. "Testimonios americanos de los escritores transterrados de 1939." Tesis doctoral inédita, U. de Maryland, 1979. Abstracto en: *DAI* 40 (1979): 3334A. Incluye discusión de la obra de Sender relacionada con el Nuevo Mundo.

Lord, David. "This Man Sender." *Book Abroad* 14 (1940): 352-54. Trata el hombre, su vida y obra (menciona *Imán, Mr. Witt en el Cantón, Orden Público, Contraataque* y discute brevemente *Proverbio de la muerte*).

Lo Ré, Anthony G. "Social Conflicts in the Early Works of Ramóm J. Sender." Tesis inédita (M. A.), Louisiana State University, 1949, 63 págs. Trata *Imán, Orden Público, Siete domingos rojos, Viaje a la aldea del crimen* y *Contraataque.*

Losada Jávega, Rosario. "Algunos aspectos de la novela española en la emigración: Ramón J. Sender." Tesis doctoral inédita, Universidad de Barcelona (J. M. Blecua, director), junio de 1964. Resumen en *Universidad de Barcelona*: Secretaría de Publicaciones, 1966.

Lluis y Navas, Jaime. "Los sentimientos edípicos en la novelística de Ramón Sender" *Boletín del Instituto de Medicina* (Barcelona) 5 (1963): 9-10, 12-17, 19-20 y 22-23.

Mainer, José-Carlos. "Actualidad de Sender." *Insula* 231 (1966): 1 y 12. Trata principalmente las *Novelas ejemplares de Cíbola, El bandido adolescente* y *Crónica del alba* (tomo I).

―――――. "La culpa y su expiación: dos imágenes en las novelas de Ramón Sender" *Papeles de Son Armadans* 161 (1969): 117-32. Trata este tema en *El verdugo afable, Los cinco libros de Ariadna, Las criaturas saturnianas* y *Jubileo en el Zócalo*. Recogido en *Ramón J. Sender.: In Memoriam* (Zaragoza, 1983, 127-35).

―――――. *Literatura y pequeña burguesía en España (Notas 1890-1950)* (Madrid: Ediciones Cuadernos para el diálogo, 1972). Sobre Sender, véanse págs. 21, 23, 24, 111. Menciona brevemente *Siete domingos, Teatro de masas, Proclamación, Contraataque, El lugar de un hómbre*.

―――――. "La narrativa de Ramón J. Sender: la tentación escénica." *Bulletin Hispanique* 85 (1983): 325-43.

―――――. "Ramón Sender elementos de topografía narrativa." *Andalán* (Zaragoza) 350 (1982): 20-21.

―――――. *Ramón J. Sender: In Memoriam. Antología crítica*. (Zaragoza: Diputación General de Aragón, Ayuntamiento de Zaragoza, Institución "Fernando el Católico, y Caja de Ahorros de Zaragoza, Aragón y Rioja, 1983). 499 págs.
Reseña
Quintana, Juan. *Cuadernos Hispanoamericanos* 406 (1984): 149-52.

Malagón, Javier. "La España peregrina en los Estados Unidos de América." *Diálogos* 16. 95-96 (1981): 32-35. De Sender, menciona brevemente *Imán* y comenta el gran número de traducciones que se han hecho de sus obras.

Marco, Joaquim. "En torno a la novela social española." *Insula* 202 (1963), 13. De Sender menciona *Imán* y *Contraataque*.

―――――. "Ramón J. Sender y la novelística española." *Destino* 5-XI-1966. Discute su producción novelística de post-guerra.

Marino, Rose Marie. "Death in the Works of Ramón J. Sender" Tesis doctoral inédita, St. Louis University (R. R. Mazza, director), 1968, 178 págs. Abstracto en *DAI* 30 (1969): 1569A.

Martínez, Carlos. *Crónica de una emigración (la de los republicanos españoles en 1939)*. (México: Libro Mexicano, 1959, 211-14 y 283-84). Reseña *Hipogrifo violento* y *Mosén Millán*, transcribiendo reseñas de otros críticos sobre *El rey y la reina, Epitalamio del prieto Trinidad* y *Mexicayotl*.

Martínez Cachero, José Maria. *La novela española entre 1939 y 1969. Historia de una aventura* (Madrid: Castalia, 1973, 11, 17, 18, 28, 61, 225, 229, 248 y 258). Menciona *Contraataque, Mr. Witt en el Cantón, En la vida de Ignacio Morel* y *La aventura equinoccial de Lope de Aguirre*, en el contexto de los premios literarios y el retorno de los exiliados.

Martínez Ruiz, Florencio. "Réquiem por un novelista español." *ABC* 17-I-1982, 33. Recogido en *ABC Internacional* 20/26 de enero de 1982, 25. Comentarios sobre Sender como hijo del siglo XX. Menciona *Mr. Witt*; sus novelas históricas *Carolus Rex, Bizancio* y *Ariadna*; el período 1939-60, como su gran época en la que produce *Crónica del alba, La esfera, El verdugo afable, El lugar de un hombre, El rey y la reina, Lope de Aguirre*. Considera *Mosén Millán* como su auténtica obra maestra y testamento. Comenta brevemente su última etapa: *En la vida de Ignacio Morel, La mirada inmóvil, Solanar y lucernario aragonés, Monte Odina*.

Marra-López, José Ramón. *Narrativa española fuera de España, 1939-1961* (Madrid: Guadarrama, 1963, 341-409). Contiene: biografía; discusión de las obras de pre-guerra; el exilio; obras del exilio, su clasificación y contenido; comparación con otros exiliados; elementos biográficos en su obra; la etapa de intelectualismo y abstracción. Reproduce trozos relativamente extensos de varias obras. Bibliografía.

———. "Ramón Sender novelista español." *Insula* 209 (1964): 5. Repaso de sus primera obras—*Orden Público, Mr. Witt en el Cantón, Viaje a la aldea del crimen, La noche de las cien cabezas, Siete domingos rojos, El lugar de un hombre, Réquiem por un campesino español*—con un comentario más detenido sobre *Crónica del alba* (edición de 1963). Defensa de Sender como el "mejor novelista español vivo."

Miller, John Charles L. "Cuatro testimonios literarios de la guerra de Marruecos, 1921-1926: 'Notas marruecas de un soldado' de Ernesto Giménez Caballero; 'El blocao' de José Díaz Fernández; 'Imán' de Ramón Sender y "La ruta' de Arturo Barea." Tesis doctoral inédita, Middlebury College, 1970.

Monleón, José. *El Mono Azul. Teatro de urgencia y Romancero de la guerra civil* (Madrid: Ayuso, 1979). Véase cap. II, "El compromiso de los intelectuales," especialmente 47-48. Comenta la colaboración de Sender en *El Mono Azul*, con la reproduccón de un texto que les mandó desde Guadarrama en 1936.

Morelli, Diana Lee. "The Sense of Time in the Fiction of Ramón Sender" Tesis doctoral inédita, University of Washington (M. C. Peñuelas, director), 1967, 257 págs. Abstracto en *DAI* 29 (1968-69): 234A.

Naval, Eduardo. "La nostalgia en el estilo de Ramón J. Sender" Tesina inédita, Universidad Nacional Autónoma de México (Director: Prof. Luis Ríus), mayo de 1968.

Nonoyama, Michiko. "El anarquismo en las obras de Ramón J. Sender." Tesis doctoral inédita, University of Illinois (Anthony M. Pasquariello, director), 1974, 321 págs. Abstracto en *DAI* 35 (1975): 7917A.

La discusión se basa en las obras de pre-guerra y sus artículos periodísticos de la misma época. Publicada: *El anarquismo en las obras de Ramón J. Sender* Madrid: Playor, 1979. Contenido: Cap. I: Escritos políticos; Cap. II: Escritos literarios; Cap. III: El viaje a la Unión Soviética; Cap. IV: La visión del anarquismo español en *Siete domingos rojos*; Cap. V: La visión del movimiento popular en *Mr. Witt en el cantón*; Cap. VI: El exilio; Cap. VII: Desilusión con el estalinismo en *Los cinco Libros de Ariadna*; Cap. VIII: Checa y el sentido de la acción en *Crónica del alba*. También incluye secciones sobre "Las narraciones," 167-72; Comparación de *Madrid-Moscú* y *Contraataque*, 199-203; Discusión de *Madrid-Moscú*, 81-90 y *Carta de Moscú sobre el amor*, 91-100.
Reseña
  Trippett, Anthony M. *Bulletin of Hispanic Studies* 58 (1981): 150-51.
Nora, Eugenio G. de. *La novela española contemporánea*, tomo II (Madrid: Gredos, 1962). Véase Part I, 282-85, discusión del lugar de Sender en su generación. Parte II, 35-48, da un panorama de su obra.

———. Tomo III, 2a ed. ampliada. (Madrid: Gredos, 1970). Contiene múltiples referencias breves pero no le dedica ninguna sección en esta obra.

O'Brien, Mary Margaret Eide. "Fantasy in the Fiction of Ramón J. Sender" Tesis doctoral inédita, University of Colorado (Charles L. King, director), 1970, 420 págs. Abstracto en *DAI* 31 (1970): 2931A. Clasificación de la narrativa senderiana hasta 1968 en tres categorías: "Dreams and Day-Dreams," "Magic and the Supernatural" and "Incongruity and Allegory."

———. "Themes through Fantasy in Sender's Fiction." Ponencia (inédita), Second International Conference on the Fantastic in Literature and the Arts. Florida Atlantic University, Boca Raton, Florida, March 18, 1981.

Olstad, Charles Frederick. "The Novels of Ramón Sender: Moral Concepts in Development." Tesis doctoral inédita, University of Wisconsin, 1960, 274 págs. Abstracto en *DAI* 21 (1960), 1570.

Ornstein, Jacob. "The Literary Evolution of Ramón Sender" *Modern Language Forum* 36 (1951): 33-40. Trata principalmente *Imán, Orden Público, Viaje a la aldea del crimen, Siete domingos rojos, Mr. Witt en el Cantón, Contraataque, El Lugar de un hombre, Epitalamio de prieto Trinidad, El rey y la reina, La esfera* Divide su obra en dos etapas: (1) antes de la guerra, una orientación socio-política; (2) después de la guerra, una orientación filosófica, simbólica y lírica.

Ortega, Joaquín. "The Editor's Corner." *New Mexico Quarterly* 20 (Spring 1950): 4. Breves comentarios sobre *La llave* (versión de 1936, drama en un acto) y el teatro de Sender.

Padilla Gutiérrez, Walter. "La ideología de Sender vista a través de sus ensayos." Tesis inédita (M. A.), Southern Illinois University. (Hensley C. Woodbridge, director), 1971, 110 págs. Examina el punto de vista de Sender sobre lo literario, socio-político, económico y social tal como se ha expresado en artículos periodísticos, principalmente de *Lectura* e *Ibérica*.

Palley, Julian. "Existentialist Trends in the Modern Spanish Novel." *Hispania* 44 (March 1961): 21-26.

Penn, Dorothy. "Ramón J. Sender" *Hispania* 34 (1951): 79-84. Breves comentarios sobre *Orden Público, El lugar de un hombre, Crónica del alba, El rey y la reina* y *Epitalamio del prieto Trinidad*.

Peñuelas, Marcelino C. *La obra narrativa de Ramón J. Sender* (Madrid: Gredos, 971). Para consideraciones generales, véanse los siguientes capítulos: I. Vida y personalidad de S.; II. S. y su generación; III. Clasificación de su obra; IV. S., novelista social; IX. El problema de personalidad; X. Estilo (Reproducido en J.-C. Mainer, *Ramón J. Sender: In Memoriam*. Zaragoza, 1983, 263-87); XI. Lista de obras; bibliografía.

Reseñas

Borrás, A. A. *Books Abroad* 46 (1972): 271-72.

Díaz, Janet W. *Hispanófila* 53 (1975): 81-82.

King, Charles L. *Hispania* 56 (1973): 504-05.

Mainer, José-Carlos. *Insula* 300-301 (1971): 6.

Murciano, Carlos. *Estafeta Literaria* 477 (1971): 710.

———. Ed. Selección y notas introductorias a las *Páginas escogidas de Ramón J. Sender* (Madrid: Gredos, 1972).

Picotazos." *C. N. T.*, 31 de julio de 1933, 1.

Ponce de León, José Luis Sierra. "Cuatro novelistas de la guerra civil de España (1936-1939)." Tesis doctoral inédita, Stanford University (I. M. Schevill, director), 1966, 135 págs. Abstracto en *DAI* 27 (1966): 3467A. Dedica un capítulo a Sender; otros a Francisco Ayala, Max Aub y Arturo Barea.

———. *La novela española de la guerra civil (1936-1939)*. (Madrid: Insula, 1971). Breve discusión de *El rey y la reina, Réquiem por un campesino español, Crónica del alba* y *Los cinco libros de Ariadna*.

Pragg, Jonas A. van. *Beknopte Geschiedenis der Spaanse Letterkunde*, tomo III. (Amsterdam: L. J. Veen, 1959, 199-200). Comenta brevemente cinco obras de Sender y elogia *El rey y la reina*.

Répide, Pedro de. "Letras sociales." *La Libertad* 3724 (25 de febrero de 1932): 1.

Richards, Donnie D. "The Changing Nature of Reality in Selected Novels of Ramón J. Sender" Tesis doctoral inédita, University of Kentucky (Margaret Jones, directora), 1976. Abstracto en *DAI* 38 (1977): 830A-31A.

Rivas, Josefa. "La senda de Sender." Tesis doctoral, Universidad de Valencia (Francisco Sánchez-Castañer, director), junio de 1964, 399 págs. Publicada: *El escritor y su senda. Estudio crítico y literario sobre Ramón Sender* (México, D. F.: Mexicanos Unidos, 1967, 340 págs). Primer libro dedicado enteramente a Ramón J. Sender.
  Reseñas
  King, Charles L. *Hispania* 51 (1968): 925-26.
  Marra-López, J. R. *Insula* 253 (1967): 8.
  S. G. *Comunidad Ibérica* (México) (enero-febrero de 1968): 52-53.

Tovar, Antonio. "Un escritor de nuestra guerra" en *El telar de Penélope* (Madrid-Barcelona: Alfaguara, 1970), 281-85.

———. "Luz y color en las novelas de Ramón Sender " *Cuadernos del Idioma* (Buenos Aires) 3 (1968): 89-104.

Rodríguez Monegal, Emir. "Sender." *Marcha* (Montevideo), 30 de abril de 1959.

Romero Tobar, Leonardo. "Sender en la literatura española." Ponencia, Acto de Homenaje a Sender, Facultad de Filosofía y Letras de la Universidad de Zaragoza, 12 de marzo de 1982. Recogida en J.-C. Mainer. *Ramón J. Sender: In Memoriam*, 241-50. Enfoque panorámico del lugar que ocupa Ramón J. Sender en la literatura española, basado en los siguientes temas: su formacion literaria, la influencia de las lecturas en el contenido y en las técnicas literarias (especialmente la de la literatura medieval y del siglo de oro.

Rosenbaum, Rosalia. "The Philosophical Outlook of Ramón Sender" Tesis inédita (M. A.), Washington University, 1955, 71 págs. Traza la evolución de su filosofía desde antes de la guerra hasta 1954 en el exilio.

Rovira, Rosalina R. "Dos expresiones distintas en la novelística contemporánea española: Sender y Ferres." Tesis doctoral inédita, University of Iowa, 1972. Abstracto en *DAI* 33 (1972): 1739A.

Rubio Cabeza, Manuel. "El novelista Ramón J. Sender" en *Los intelectuales españoles y el 18 de julio*. (Barcelona: Editorial Acervo, 1975), 176-79. Comentarios sobre la actitud izquierdista del Sender joven y la actitud conservadora y tolerante del anciano. Reproduce declaraciones de Sender sobre la política recogidas durante su visita a España. Alaba sus novelas *Imán, Mr. Witt, La esfera, Ariadna*, y *Mosén Millán*, que le hacen un "singularísimo maestro del género novelístico de la postguerra."

Sainz de Robles, Federico C. *La novela española en el siglo XX.* (Madrid: Pegaso, 1957), 204-05. Datos biográficos y críticos.

Sandoval Pérel Pérez, Rafael. "El pensamiento religioso de Ramón J. Se Tesis doctoral inédita, University of Southern California, 1968, 285 págs. Abstracto en *DAI* 29 (1968): 2273A.

Santos, Dámaso. "Sender en sus libros y entre sus compañeros de generación." *Pueblo* (Madrid), 22 de octubre de 1969, 32.

Sanz Villanueva, Santos. *Tendencias de la novela española actual* (Madrid: Cuadernos para el Diálogo, 1972), 103-08. Trata la obra de Sender bajo el subtítulo de "realismo mágico, " clasificándola en dos tipos principales: (1) ambientación histórica y (2) obras intelectuales. Comentarios sobre *Mr. Witt en el Cantón, La aventura equinoccial de Lope de Augirre, Epitalamio del prieto Trinidad, Bizancio* y *Zu, el ángel anfibio*.

Schneider, Marshall Jerrold. "Man, Society and Transcendence: A Study in the Thematic Structure of Selected Novels of Ramón J. Sender" Tesis doctoral inédita, University of Connecticut (Josefina Romo-Arregui, directora), 1968-69. Abstracto en *DAI* 30 (1969): 3475A-76A.

Schwartz, Kessel. "Animal Symbolism in the Fiction of Ramón Sender." *Hispania* 46 (1963): 496-505. Recogido en *The Meanings of Existence in Contemporary Hispanic Literature* (Coral Gables: University of Miami Press, 1969).

Seale, Mary L. "The Problem of the Individual in Sender: A formal and thematic approach." Tesis doctoral inédita, University of Washington (M. C. Peñuelas, director), 1972, 254 págs. Abstracto en *DAI* 33 (1972): 328A.

Serrano Poncela, Segundo. "La novela española contemporánea." *La Torre*, 1. 2 (abril-junio 1953): 115-16. Le concede poco mérito como novelista a Sender.

Smith, F. C. "Myths and Rhetoric of 'Triumphalism' in the Historical Novels of Ramón J. Sender" Tesis doctoral inédita, Cambridge University, 1974.

Sobejano, Gonzalo. *Novela española de nuestro tiempo.* Madrid: Prensa Española, 1970. Véanse págs. 25-27, discusión de la novela social y políticamente comprometida: *Imán, Siete domingos rojos, Contraataque, La noche de las cien cabezas*; págs. 443-48, discusión del realismo mágico de las novelas del exilio, *Crónica del alba, Epitalamio del prieto Trinidad* y *Réquiem por un campesino español.*

Soldevilla-Durante, Ignacio. *La novela desde 1936.* (Madrid: Alhambra, 1980.) Incluye comentarios sobre Sender como hombnre de su generación. Véanse págs. 36, 39, 62-63, 71-74, 83, 90, 94, 102, 113, 149, 184, 295, 464.

———. "Les romanciers devant la guerre civile espagnole" (I y II). *La Revue de l'Université de Laval*, 14 (1959), 326-39, y 14, (1960), 428-62. Sobre Sender, véase n. 5, pág. 436. Breves comentarios sobre *El rey y la reina, Aridiana, Proverbio*.

Stone, Barbara Leigh. "Commitment Regarding the Spanish Civil War as Seen in Selected Novels of Ramón J. Sender." Tesis inédita (M.A.), U. of Texas, Austin (R. Cardona, director), August 1974, 56 págs.

Torrente Ballester, Gonzalo. *Panorama de la literatura española*, 2ª ed. (Madrid: Guadarrama, 1961), 361-62 y 3ª ed., 1965, 428-29. Breves comentarios de obras importantes y datos bibliográficos.

Tovar, Antonio. "Dos capítulos para un retrato literario de Sender." *Cuadernos del idioma* (Buenos Aires), 1, (1966), 17-35. Reseñas de *Hernán Cortés, Epitalamio del prieto Trinidad, El rey y la reina, La quinta Julieta, Bizancio, La llave, Los tontos de la Concepción, La esfera, Unamuno, Valle-Inclán*.

Travarrow, Vivian R. "The Spanish Revolution and Civil War as Seen in Some of the Modern Novels of Spain." Tesis inédita (M. A.), University of Southern California, 1940, 127 págs. Trata *Imán, Siete domingos rojos* y *Contraataque*.

Trippett, A. M. "Philosophical and Psychological Ideas in the Post-Civil War Novels of Ramón J. Sender" Tesis doctoral inédita, Queen Mary College, London, 1976.

Turton, Peter. "La trayectoria ideológica de Ramón J. Sender entre 1928 y 1961." Tesis doctoral inédita, Université Laval, Quebec, Canadá, 1970.

Uceda, Julia. "Ramón J. Sender" *Insula* 424 (1982): 3-4. Incluye discusión del personaje autobiográfico Pepe Garcés (*Crónica*); su temprana reseña de *Imágenes migratorias*; las primeras obras conocidas en España después de la guerra civil; la actitud de Sender hacia los Estados Unidos; contenido de sus últimas cartas; su vuelta a España en 1974.

———. "Realismo y esencias en Ramón Sender." *Revista de Occidente*, serie 2, 28. 82 (1970): 39-53. Reproducido en J.-C. Mainer, *Ramón J. Sender: In memoriam*, 113-25. Trata los siguientes temas: dimensiones de la realidad, elementos poéticos, los personajes-víctimas y la soledad como circunstancia.

Valbuena Prat, Angel. *Historia de la literatura española*, tomo III, 7a ed. (Barcelona: G. Gili, 1964), 861. Menciona *Imán, El lugar del hombre, Proverbio de la muerte* y *Crónica del alba*.

Vance, Birgitta J. "The Civil War (1936-1939) as Theme in the Spanish Contemporary Novel." Tesis doctoral inédita, Wayne State University, 1968 (Director: José F. Cirre), 387 págs. Resumen en *DAI* 31 (1971): 4182A. Revisada y publicada: *A Harvest Sown by Death: The Novel of the Spanish Civil War.* (New York: Peninsula Publishing Company, 1975, 150 págs). De Sender, trata brevemente *Crónica del alba, Requiem por un campesino espanol, Siete domingos rojos*, y más extensamente, *Los cinco libros de Ariadna*, 39-41.

Vásquez, Mary S. "Ramón J. Sender: A Retrospective View." Ponencia inédita, Modern Language Association Annual Meeting (New York), December 1983.

Vilches de Frutos, María Francisca. "'El compromiso' en la Literatura: La narrativa de los escritores de la generación del Nuevo Romanticismo.' *Anales de la Literatura Española Contemporánea* 7.1 (1982): 31-58.

———. "La Generación del Nuevo Romanticismo. Estudio bibliográfico y crítico." Tesis doctoral, Universidad Complutense de Madrid, 1900. Le dedica un capítulo a Sender.

———. "Ramón J. Sender, como crítico literario (1929-1936)." *Revista de Literatura* 45.89 (1983): 73-94.

Villa Selma, J. *Tres ensayos sobre la literatura y nuestra guerra*, (Madrid: Editora Nacional, 1956, 126 págs).

Vived Mairal, Jesús. "Lo aragonés en Sender." *Andalán* (Zaragoza) 350 -15 de febrero de 1982): 18-19.

West, Paul. *The Modern Novel* (London: Hutchinson & Co., 1963), 416. Trata la obra senderiana desde *Imán* (1930) hasta *Crónica del alba* (1942).

Yndurain, Francisco. "Sender en su obra: una lectura." *Cuenta y razón* 7 (1982): 7-10. Recogido en J.-C. Mainer. *Ramón J. Sender: In Memoriam*, 73-86. Repaso general de su vida y obra hasta *La mirada inmóvil* (1979).

Parte II: Estudios sobre obras individuales

A. Novelas

Imán (1930)

Alfaya, J. Reseña. *El Europeo* 23 Oct. 1976.

———. Reseña. *Triunfo* 13 Nov. 1976.

Allen, Paul. Reseña. *New York Herald Tribune Books*. 6 Oct. 1935: 14-18.

Alonso, C. "Brevísima cala en dos personajes senderianos" (Viance y Paco el del Molino). *Andalán*. 350 (1982): 22, 31.

Azancot, L. Reseña. *Tribuna Médica* 5 Nov. 1976.

Azua, F. Reseña. *Diario de Barcelona*, 14 Nov. 1976: 5.

Bayón, Miguel. "Lo árabe en la narrativa española. 'Imán', un apocalipsis colonial." *Tigris* 16 (1981): 51-54.
Bello, Luis. "Ramón J. Sender" en *Enciclopedia Universal Ilustrada*. 1933. Véase Apéndice 9: 1230.
Bosch, Rafael. "El lugar de *Imán* en la novela contemporánea" en *Novela española del siglo XX*, II. New York: Las Américas, 1970: 251-57.
―――. "La 'Species Poética' en 'Imán' de Sender." *Hispanófila*, 14 (1962): 33-39. Recogido en *La novela espanola del siglo XX*, II: 259-66 y en J.-C. Mainer, *Ramón J. Sender: In Memoriam* 291-97.
Carrasquer, Francisco. *'Imán' y la novela histórica de Ramón J. Sender* London: Tamesis, 1970: 13-66.
Castillo-Puche, J. L. "El *Imán* de Sender que nos prende y agarra." *Edición Semanal Aérea de ABC*, 1 Mar. 1979: 19.
Codman, Florence. "Survival with Distinction." *Nation* 141 (1935): 390.
Collard, Patrick. *Ramón J. Sender en los años 1930-1936. Sus ideas sobre la relación entre literatura y sociedad*. Gante, 1980. Véase cap. VI: 154-59.
Compitello, Malcolm A. Reseña. *The American Hispanist*, 12 (1976): 19.
Douglas, Frances. Reseña. *N. Y. Times Book Review* 11 Jan. 1931: 8.
Ferguson, Otis. "Hell Could Freeze Over." *New Republic*, (1935): 275.
González, Javier. "Punto de vista y trascendencia en *Imán*, de Sender." *Explicación de textos literarios* 13.1 (1984-85): 27-34.
Kresensky, Raymond. Reseña. *Christian Century* (1935): 1421.
Kronenberger, Louis. "A Searing Picture of Desert Warfare." *New York Times Book Review* 11 Sep. 1935: 7.
López-Egea, R. G. Reseña. *La Actualidad Española* 22-28 Nov. 1976: 79-80.
Martín, Salustiano. "Meditación política sobre el hombre y su destrucción por el hombre: *Imán*." *Reseñas de Literatura, Arte y Espectáculos* 104 (1977): 10-11.
Martínez, Virginia. "*Imán*, novela-documento." Clase monográfica, Homenaje a Ramón J. Sender del Departamento de Lengua y Literatura, Facultad de Ciencias de la Información, Universidad Complutense de Madrid, (1982).
Meregalli, Franco. Reseña (edic. de 1976). *Rassegna Iberistica* (1978): 47-48.
Olstad, Charles F. "Sender's *Imán* and Remarque's *All Quiet on the Western Front*." *Revista de Estudios Hispánicos* (Alabama) (1977): 133-52.
Peñuelas, M. C. *La obra narrativa de Ramón J. Sender* Madrid: Gredos, (1971). 100-36.
―――. "Sobre el estilo de Sender en *Imán*." *Insula* 24 (1969): 1 y 12.
Plomer, William. Reseña. *The Spectator* 153 (1935): 374.
Pritchett, V. S. Reseña. *New Statesman* Sep. 1934: 296.

Valencia, Antonio. Reseña. *Blanco y Negro* 3366 (1976): 65.
Vásquez, Mary S. "A Prison of Parallels: the Natural and Human Spheres in Sender's *Imán.*" *Hispanófila* 82.1 (1984): 45-56.
―――――. "Sender's *Imán*: Narrative Focus in a Portrayal of Horror" en Gilbert Paolini, editor. *La Chispa '81: Selected Proceedings, Feb. 26-28, 1981* (New Orleans: Tulane University Press, 1981): 353-60.
Reseña. *Booklist* Dec. 1935: 111.
Reseña. *Boston Evening Transcript* 5 Oct. 1935: 5.
Reseña. *The Economist* 3 Dec. 1977: 147.
Reseña. *Hoja del Lunes* (Valladolid). 18 feb. 1980.
Reseña. *La Prensa* (Barcelona) 18 oct. 1976.
Reseña: "War in the Riff." *Saturday Review of Literature* 19 Oct. 1935: 11.
Reseña. *Springfield Republican* 20 Oct. 1935: 7.
Reseña. *Times literary Supplement* (London) 25 Oct. 1934: 734.

O. P. (1931)

Collard, Patrick. *Ramón J. Sender en los años 1930-36. Sus ideas sobre la relación entre literatura y sociedad* (Gante, 1980). Véase cap. VI, 159-61.
Somoza Silva, Lázaro. "*O. P.*, de Ramón J. Sender" *La Libertad* 3577 (1931), 9.

El verbo se hizo sexo. Teresa de Jesús (1931).

Collard, Patrick. *Ramón J. Sender en los años 1930-36. Sus ideas sobre la relación entre literatura y sociedad* (Gante, 1980). Véase cap. VI, 161-63.
Fernández-Jiménez, Juan. "Teresa de Avila: Persona y personaje senderiano." Ponencia inédita, Modern Language Association Annual Meeting (New York), 1983.
Serís, Homero. Reseña. *Books Abroad* 6 (1932): 22.

Siete domingos rojos (1932)
Change of title, 1974: *Las tres sorores*

Alamo, N. Reseña. *Diario de las palmas*. 21-IV-1975.
Benet, Marcos. Reseña. *El Liberal* (Barcelona), 1932.
Beresford, J. D. Reseña. *Manchester Guardian*, 1 May 1936: 7.
Buys, Anne. "Españolismo y universalismo: Las evoluciones ideológicas en dos novelas de Ramón J. Sender (Lectura interpretativa de *Siete domingos rojos* y de *Las Tres Sorores*)" (Hasselt, 1975).
―――――. "Ramón J. Sender y *Siete domingos rojos*: Tres etapas en la evolución ideológica de un autor exiliado." *Boletín de la Asociación Europea de Profesores de Español* 17 (1977).
―――――. "*Siete domingos rojos* (1932) de Ramón J. Sender: Un compromiso político-social y un conflicto existencial." *Ibero-Romania* 10 (1979): 112-27.

Collard, Patrick. *Ramón J. Sender en los años 1930-36. Sus ideas sobre la relación entre literatura y sociedad* (Gante, 1980). Véase cap. VI, 163-69.
Colum, Mary M. Reseña. *Forum and Century* 96 (Oct. 1936): iv.
Croyle, Lincoln. Reseña. *New Statesman* 13 (16 Jan. 1937): 85.
Díaz Fernández, José. Reseña. *Estampa* (Madrid), 1932.
Fernández-Jiménez, Juan. "Romanticismo y anarquismo en *Siete domingos rojos*. *Cuadernos Americanos* 248 (1983): 219-27.
Francés, J. M. Reseña. *La Humanitat* (Barcelona), 1932.
Gil, Ildefonso M. Reseña. *La voz de Aragón* (Zaragoza).
Gimferrer, P. Reseña. *Destino*. 14-20-VIII-1975.
Jordan, Phillip. Reseña. *New Statesman* 11 (16 May 1936), 772.
Kazin, A. Reseña. *New York Herald Tribune Books* 11 Oct. 1936, 10.
L. A. "Sender de nuevo." *Estafeta Literaria* 560 (15-III-1975), 2035.
M. M. C. Reseña. *Forum* 96 (Oct. 1936), iv.
Marsa, A. Reseña. *El Correo Catalán* (Barcelona) 20-III-1975.
Marsh, F. T. Reseña. *New York Times Book Review* 18 Oct. 1936, 7.
Mayriñá, R. Reseña. *Solidaridad Obrera*, 1932.
Mitchell, Sir Peter Chalmers. "Translator's Introductory Note: en *Seven Red Sundays*. New York: Liveright Publishing Corp. 1936, 9.
Pacheco, Isaac. Reseña. *Revista de libros de Unión Radio*, 1932.
Pérez, Darío. Reseña. *La Libertad* (Madrid), 1932.
Pina, Francisco. Reseña. *Orto* (Valencia), 1932.
Plomer, William. Reseña. *Spectator* (London) 156 (7 May 1936), 850.
Purdy, Theodore, Jr. "A Novel of the Madrid Anarchists." *Saturday Review of Literature* 14 (26 Sept. 1936), 5.
Schneider, Isidor. "Preface to Revolution." *New Republic* 88 (14 Oct. 1936), 288.
Schneider, Marshall J. "Politics, Aesthetics, and Thematic Structure in Two Novels of Ramón J. Sender." *Hispanic Journal* 4 (1983): 29-41.
Trillas, Gabriel. Reseña. *Las Noticias* (Barcelona), 1932.
Wells, H. G. *Outline of History*. New York: Macmillan Co., 1971, 964.
White, Leigh. Reseña. *Nation* 143 (24 October 1936), 499.
Reseña. *Archivos de literatura contemporánea. Indice literario*, 2 (1933): 70-71.
Reseña, *Cleveland Open Shelf* Oct. 1936, 20.
Reseña. *El Correo Catalán*. Barcelona. 8-III-1980.
Reseña. *El Correo Español* (Bilbao) 6-IV-1975.
Reseña. *Pratt Institute Quarterly*, Winter 1937, 41.
Reseña. *Saturday Review of Literature* 10 Oct. 1936, 26.
Reseña. *Time* 28 (21 Sept. 1936): 80.
Reseña: "A Novel of Modern Spain." *Times Literary Supplement* (London) 2 May 1936, 362.

Reseña. *La Vanguardia* (Barcelona) 23-IV-1980
Reseña. *La Voz de Galicia* (La Coruña) 26-III-1980.

Viaje a la aldea del crimen (1934)

Bosch, Rafael. "El 'Viaje a la aldea del crimen' de Sender" en *La novela española del siglo XX*, II (New York: Las Américas, 1970), 267-74.
Collard, Patrick. *Ramón J. Sender en los años 1930-36. Sus ideas sobre la relación entre literatura y sociedad* (Gante, 1980). Véase cap, VI, 170-73.

La noche de las cien cabezas (1934)

Béjar, Manuel. "Estructura y temática de *La noche de las cien cabezas* de Sender." *Cuadernos Hispanoamericanos* 277-78 (1973), 161-85. Recogido en J.-C. Mainer, *Ramón J. Sender: In Memoriam* (Zaragoza, 1983), 299-322.
Collard, Patrick. *Ramón J. Sender en los años 1930-36. Sus ideas sobre la relación entre literatura y sociedad* (Gante, 1980). Véase cap. VI, 173-94.
Douglas, Frances. Reseña. *New York Times Book Review* 25 Aug. 1935, 22.
———. Reseña. *New York Times Book Review*, 21 Apr. 1940, 8.
Río, Angel del. Reseña. *Revista Hispánica Moderna* 2 (1936): 219.
Van Hulse, Camil. Reseña. *Books Abroad* 10 (Winter 1936): 46.
Reseña. *Archivos de literatura contemporánea. Indice literario* 3 (1934): 190-91.

Mr. Witt en el Cantón (1935)

Carrasquer, Francisco. *'Imán' y la novela histórica de Ramón J. Sender* (London: Tamesis, 1970), 87-107.
Collard, Patrick. *Ramón J. Sender en los años 1930-36. Sus ideas sobre la relación entre literatura y sociedad* (Gante, 1980). Véase cap. VI, 195-205.
Domingo, José. "Dos novelas históricas de Ramón J. Sender" *Insula* 266 (1969): 5.
López Martínez, Luis. "Las fuentes históricas de *Mr. Witt en el Cantón*." *Murgetana* (Murcia) 38 (1972): 93-98.
Marriott, Charles. Reseña. *Manchester Guardian*, 23 April 1937, 6.
Marsh, F. T. Reseña. *New York Times Book Review*, 30 Jan. 1938, 8.
Molero, J. C. Reseña. *Madrid*, 9-XI-1968, 13.
Pérez Montaner, Jaime. "Novela e historia en *Mr. Witt en el Cantón*." *Cuadernos Hispanoamericanos* 285 (marzo de 1974): 635-45. Recogido en J.-C. Mainer, *Ramón J. Sender: In Memoriam* (Zaragoza, 1983), 323-32.
Pina, Francisco. "El cantón murciano visto por un escritor proletario." *Leviatán* 25 (junio de 1936): 62-64.
Pritchett, V. S. "A Fictional Englishman in an Earlier Spanish Civil War." *Christian Science Monitor* 12 May 1937, 10.
———. Reseña. *New Statesman*, vol. 13 10 April 1937, 596.

P[urdy], T[heodore], Jr. "Mr. Witt and the Rebels." *Saturday Review of Literature* 17 (29 Jan. 1938): 20.
Rees, Goronwy. Reseña. *Spectator* 158 (16 April 1937): 730.
Rey, E. Reseña. *El Adelanto* (Salamanca) Enero de 1969.
[Salinas, Pedro]. Reseña. *Archivos de literatura contemporánea. Indice literario* 5 (1936): 73-77.
Schneider, Marshall J. "Politics, Aesthetics, and Thematic Structure in Two Novels of Ramón J. Sender" *Hispanic Journal* 4 (Spring 1983): 29-41.
Somoza Silva, Lázaro. "Notas de lectura (Sobre *Mr. Witt en el cantón*)." *La Libertad* 5064 (24-IV-1036), 4.
Sosking, William. Reseña. *New York Herald Tribune Books* 13 Feb. 1938, 2.
Valencia, Antonio. Reseña. *Arriba*. 20-X-1968.
Wey, Valquiria. "Otra vez Sender." *Revista de la Universidad de México* 23 (enero-febrero de 1969): 17 del suplemento "Hojas de crítica."
Reseña. *La Actualidad Española* (Madrid). 18-X-1968.
Reseña. *Booklist* 34 (1 March 1938): 250.
Reseña. *Catholic World* 147 (May 1938): 252.
Reseña. *Clarín* (Buenos Aires) 20-II-1969.
Reseña. *El Comercio* (Lima) 12-I-1969.
Reseña. *La Estrella* (Valparaíso, Chile) 25-IV-1969.
Reseña. *La Estrella de Panamá* 12-XII-1968 y 20-II-1970.
Reseña. *La Gaceta Regional* (Salamanca) 13-X-1968.
Reseña. *La Nación* (Buenos Aires) 12-X-1969.
Reseña. *SP* (Madrid) 20-X-1968.
Reseña. *Springfield Republican* 12 Jun. 1938, 7e.
Reseña. *Time* 31 (7 Feb. 1938), 63.
Reseña: "From the Spanish Point of View." *Times Literary Supplement* (London), 17 April 1937, 291.

Contraataque (1938)

Adams, Mildred. "Memoirs of a Fighting Writer." *Nation* 145 (1937): 536-38.
Bates, Ralph. "Counter Attack in Spain." *Saturday Review of Literature* 17 (13 Nov. 1937), 10.
Carter, W. H. Reseña. *Manchester Guardian*, 13 Aug. 1937, 5.
Curtis, E. R. Reseña. *Boston Evening Transcript*, 11 Dec. 1937, 1.
Dorta, Antonio. Reseña. *Blanco y Negro*, mayo de 1938, 7.
García, Michel. "El mono azul" en *Los escritores y la guerra de España*. Eds. J. Corrales Egea, Manuel Tuñón de Lara, et al. (Barcelona: Libros de Monte Avila, 1977), 222.
Garnett, David. Reseña. *New Statesman* 14 (31 Jul. 1937): 187.

Gilabert, Alejandro G. "Los escritores al servicio de la verdad—Carta abierta a Ramón J. Sender" Panfleto editado por *Solidaridad Obrera*. (Barcelona 1938).

Martínez Cachero, José Ma. "Cuatro novelas 'de' y 'en' la guerra civil (1936-1939)." *Bulletin Hispanique* 85 (Jul.-Dec. 1983): 281-98.

Mitchell, Sir Peter Chalmers. "Translator's Introductory Note" en *Counter-Attack in Spain*. (Boston: Houghton Miffin Co., 1934), iv.

Nora, Eugenio G. de. "La guerra española en la novela." *Revista de la Universidad de México* 15 (mayo de 1961): 8-13.

Pérez Bowie, José A. Bibliografía y Tablas Cronológicas en *Contraataque* Salamanca: Almar, 1978.

Ressot, Jean-Pierre. "De Sender a Malraux..." en *Mélanges offerts a Charles Vincent Aubrun*, Ed. Haim Vidal Sephila (París: Editions Hispaniques, 1975), 195-203. (Sobre *Contraataque* y *L'Espoir*) Recogido en J.-C. Mainer, *Ramón J. Sender: In Memoriam*. (Zaragoza, 1983) 333-41.

Rodríguez Monegal, Emir. "Tres testigos españoles de la guerra civil (Sender, Barea, Max Aub)." *Revista Nacional de Cultura* 29 (1967): 3-22.

Sender, R. J. Respuesta del autor a la reseña de Jimenez Lozano. *El País* 27 de agosto de 1976.

Steer, G. L. Reseña. *Spectator* 13 Aug. 1937, 283.

Stowe, Leland. Reseña. *New York Herald Tribune* 21, (1937), 2.

Swain, James. Reseña. *Book Abroad* 13 (Winter 1939): 104.

Woolbert, R. G. Reseña. *Foreign Affairs*, Jan. 1938, 11.

Ybarra, T. R. Reseña. *New York Times Book Review*, 6 Feb. 1938, 19.

Reseña. *Booklist* 34 (15 Dec. 1937), 144.

Reseña. *Catholic World* Dec. 1937, 371.

Reseña. *Christian Science Monitor* 31 Dec. 1937, 20.

Reseña. "Behind the Spanish Conflict." *Times Literary Supplement* (London), 31 July 1937, 551.

El lugar del hombre (1939)

Barry, Griffin. Reseña. *New Republic* 3 Feb. 1941, 41.

Bates, Ralph. "A Man's Place." *Nation* 151 (2 Nov. 1940), 424-26.

Bosch, Rafael. " 'El lugar del hombre' y la novela filosófica" en *La novela española del siglo XX*, II (New York: Las Américas, 1970), 291-98.

Boyd, Ernest. Reseña. *Saturday Review of Literature*, 21 Dec. 1940, 11.

Elliott, George P. "Two Good Novels and an Oversized God" in *Conversions*. (New York: Dutton, 1971), 28-36.

Eoff, Sherman H. *The Modern Spanish Novel*. New York: New York University Press, 1961. Véase cap. 8, 247-54. Edición española: *El pensamiento moderno y la novela española* (Barcelona: Seix Barral, 1965).

Recogido en J.-C. Mainer, *Ramón J. Sender: In Memoriam* (Zaragoza, 1983), 95-112.
Iglesias, Ignacio. Reseña. *Cuadernos* (París) 4 (1960): 105-06.
Kazin, A. Reseña. *New York Herald Tribune Books* 3 Nov. 1940, 3.
King, Charles L. "The Role of Sabino in Sender's 'El lugar del hombre.'" *Hispania* 50 (1967): 95-98. Recogido en J.-C. Mainer, *Ramón J. Sender: In Memoriam.* Zaragoza, 1983, 351-55.
Kranz, Margaret L. "Ramón J. Sender y el lugar del hombre." Tesis inédita (M. A.) Florida State University, 1949, 49 págs.
Littell, Robert. Reseña. *Yale Review* 30 (1941): viii.
Lord, David. Reseña. *Books Abroad* 14 (1940): 278.
Marra-López, J. R. Reseña. *Insula* 158 (1960): 10.
Marsh, F. T. Reseña. *New York Times Book Review* 3 Nov. 1940, 8.
Olstad, Charles F. "The Rebel in Sender's *El lugar del hombre.*" *Hispania* 47 (1964): 95-99. Recogido en J.-C. Mainer, *Ramón J. Sender: In Memoriam.* Zaragoza, 1983, 343-49.
Rankin, R. B. Reseña *Library Journal,* 15 Oct. 1940, 874.
Río, Angel del. Reseña. *Revista Hispánica Moderna* 8 (1942): 67.
Rivas, Josefa. *El escritor y su Senda.* México, 1967, 35-49.
Reseña. *New Yorker,* 2 Nov. 1940, 86.

Proverbio de la muerte (1939)

Béjar, Manuel. "Las adiciones a 'Proverbio de la muerte' de Sender: 'La esfera.' " *Papeles de Son Armadans* 69 (abril de 1973): 19-41. Recogido en J.-C. Mainer, *Ramón J. Sender: In Memoriam.* (Zaragoza, 1983), 385-97.
Bertrand de Muñoz, Maryse. "The Spanish Civil War in the Recent Spanish Novel," Cap. 7 de *Red Flags, Black Flags: Critical Essays on the Literature of the Spanish Civil War.* Ed. John Beals Romeiser Madrid: J. Porrúa Turanzas, 1982, 233.
Iduarte, Andrés. Reseña. *Revista Hispánica Moderna* 8 (3-VII-1942): 250-26.
Swain, James O. Reseña. *Books Abroad* 14.1 (1940): 54.

Epitalamio del prieto Trinidad (1942)

Andújar, Manuel. "Narrativa del exilio español y literatura hispanoamericana: Recuerdos y textos." *Cuadernos Hispanoamericanos* 295 (1975): 63-86. Sobre *Epitalamio,* véanse 66-68.
Barber, Janet. "Mexican *Machismo* in Novels by Lawrence, Sender and Fuentes." Tesis doctoral inédita, University of Southern California, 1972. Abstracto en *DAI* (1973): 3630A.
Barea, Arturo. Prólogo, *Dark Wedding.* London: Grey Walls Press, 1948.

Bosch, Andrés. Reseña. *Mundo Nuevo* (París) 10 (1967): 48.
Gorman, Herbert. Reseña. *New York Times Book Review* 28 March 1943, 10.
Iduarte, Andrés. Reseña. *Revista Hispánica Moderna* 8 (1942): 225-26.
Jones, Margaret E. W. " 'A Positive Geometry': Structural Patterns and Symbols in Sender's *Epitalamio del prieto Trinidad.*" *Symposium*, 29 1-2 (1975): 117-30.
Kazin, Alfred. "The Beast in the Jungle." *New Republic* 108 (5 April 1943): 451-52.
Kennedy, Leo. Reseña. *Chicago Sun Book Week*, 11 Apr. 1943, 3.
King, Charles L. Reseña. *Books Abroad* 41 (1967).
Kirk, Betty. Reseña. *Books Abroad* 17 1 (1943): 45.
Mainer, José-Carlos. Reseña. *Insula* 241 (Diciembre de 1966): 8.
Mellado de Hunter, Helena. "Estudio comparativo de dos novelistas españoles actuales: Francisco Ayala y Ramón Sender" *Asomante*, 26.1 (1972): 24-33.
Palley, Julian. "El *Epitalamio* de Sender: mito y responsabilidad." *Insula*, 326 (enero de 1974), 3 y 5. Recogido en *El laberinto y la esfera*. Madrid: Insula, 1978, 95-102 (capítulo V). Reproducido en J.-C. Mainer, *Ramón J. Sender: In Memoriam*. Zaragoza, 1983, 357-62.
  Reseña
Nelson, Esther W. *Hispania* 43 (1980): 781.
Redman, Ben Ray. "Ramón Sender's World." *Saturday Review of Literature* 26 (15 May 1943): 13.
Rincón, Jose María. Reseña. *Estafeta Literaria*, 19 de noviembre de 1966, 20.
Rivas, Josefa. *El escritor y su senda*. México, 1967, 120-27.
Roder, Rudolf. Reseña. *Welt und Wert* 19 (1964): 317.
Samaniego, Fernando. "La estructura espiral en *Epitalamio* de Sender." *Selecta* 3 (1982): 134-40.
Schorer, Mark. Reseña. *Yale Review* 32 (Summer 1943): vi.
Sobejano, Gonzalo. *Nietzche en España*. Madrid: Gredos, 1967, 645-46.
Sosking, William. Reseña. *New York Herald Tribune Weekly Book Review*, 28 March 1943, 4.
Stephenson, Robert C. Reseña. *Kenyon Review* (Winter 1943): 458-61.
Trilling, Lionel. Reseña. *Nation* 156 (24 Apr. 1943): 603.
Reseña. *New Yorker*, 27 March 1943, 71.

Crónica del alba, 4 novelas (1942)
Crónica del alba, 9 novelas en 3 tomos (1965-66)

Adams, Mildred. Reseña. *New York Times Book Review*, 19 Jan. 1958, 5.

Alonso, María de las Nieves. "La destrucción del paraíso infantil en 'Crónica del Alba.'" *Anales de la Literatura Española Contemporanea* 6 (1981): 167-75.

Bates, Ralph. "Pairing off the Impurities." *Saturday Review of Literature*, 27 (15 Apr. 1944): 26-27.

Beales, A. Reseña. *Tablet* (London) 213 (16 May 1959): 471.

Berault, Paule. Reseña. *Commonweal* 40 (26 May 1944): 140.

Blackburn, Paul. "The Roles of Childhood." *Nation* 186 (19 April 1958): 346.

Boring, Phyllis Zatlin. "The World of Childhood in the Contemporary Spanish Novel." *Kentucky Romance Quarterly* 23 (1976): 467-81.

Breiner-Sanders, Karen E. "The Child and the Adolescent as Protagonist in the Post-Civil War Spanish Narrative." Tesis doctoral inédita, George Washington University, 1980, 480 págs. Resumen en *DAI*, 41 (1981): 4053A.

Comín Gargallo, Gil. "El mancebo aquel..." *El Noticiero* (Zaragoza), 6 de septiembre de 1964, 22.

Comini, Megan L. "Idyll of Spanish Childhood in Days before the Civil War." *Dallas Times Herald*, 2 April 1944.

Conte, Rafael. "En torno a *Crónica del alba*. Ramón Sender o la realidad perdida." *Cuadernos Hispanoamericanos* 73 (1968): 119-24.

DeBeck, V. F. "Evocaciones del pasado en la novelística contemporánea." *Cuadernos Hispanoamericanos* 120 (diciembre de 1959): 159-65. Sobre *Crónica*, 164-65.

DeYoung, W. K. Reseña. *San Francisco Chronicle*, 16 Feb. 1958, 26.

Elliott, David. Reseña, "Valentina" (versión cinemática de *Crónica*). *USA Today*, Thursday, 4 Aug. 1983.

Farber, Marjorie. "Childhood of a Spanish Martyr." *New York Times Book Review*, 20 Feb. 1944, 4.

Fernández-Braso, M. Reseña. *Pueblo* 22 de septiembre de 1971, 28.

Godoy Gallardo, Eduardo. *La infancia en la narrativa española de posguerra 1939-1978*. Madrid: Playor, 1980, 27-55 (1ª parte)
  Reseñas
  Hickey, Leo. *Bulletin of Hispanic Studies* 58.1 (1981): 90-99.
  Insula 398 (1980): 17.

Gordon, Robert A. "Sender's Spain in *Crónica del alba*." Tesis inédita (M.A.), University of Colorado, 1967, 90 págs.

Hall, Florence. Introducción, *Crónica del alba*. New York: Appleton-Century-Crofts, 1946, xi-xxi.

Honig, E. Reseña. *Saturday Review of Literature* 41 (12 April 1958): 25.

Inge, W. E. Reseña. *Modern Language Forum* 31 (1946): 43-44.

Jones, Margaret E. W. "Saints, Heroes, and Poets: Social and Archetypal Considerations in *Crónica del alba*." *Hispanic Review* 45 (1977): 385-96. Traducido y recogido en J.-C. Mainer, *Ramón J. Sender: In Memoriam*. Zaragoza, 1983, 363-73.

King, Charles L. Reseña (tomo III). *Hispania* 52 (1969): 161.

Kirk, Betty. Reseña. *Books Abroad*, 17 2 (1943): 142.

Klibbe, Lawrence H. Reseña ("La quinta Julieta"). *Books Abroad*: 34 2 (1960): 167.

Marra-López, J. R. "Ramón J. Sender, novelista español." *Insula* 209 (abril de 1964): 5 y 9.

Olstad, Charles F. Reseña. *Hispania* 48 (1965): 179-180.

Orona, Alma. Reseña (tomo I). *Explicación de textos literarios* 4.1 (1975-76): 112-13.

Otero Seco, Antonio. Reseña. *Asomante* 24 2 (1968): 65-66.

Peña, J. L. Reseña. *El Diario Vasco*, 5 de septiembre de 1971.

Phelan, Kappe. Reseña. *Ibérica*, 6. 2 (15 Feb. 1958): 9-10.

Ponce de Leon, J. L. S. Reseña. *Estafeta Literaria* 349 (1966): 15.

Ramón, María. "*Crónica del Alba* ou l'autobiographie d'un exile': Ramón Sender." *Marche Romane* 23-24 (1973-74): 177-90.

Rey, E. Reseña. *El Adelanto* (Salamanca), 26 de febrero de 1972.

Reyna, Julián. "Dimensiones líricas en *Crónica del alba* y obras poéticas de Sender." Tesis doctoral inédita, University of Southern California (Dorothy McMahon, directora), 1975. Abstracto en *DAI* 36 (1975): 1563A.

Rivas, Josefa. *El escritor y su senda*. México, 1967, 50-74.

Rosenfeld, Isaac. "A Man of Substance." *New Republic* 109 (1944): 572-74.

Seale, Mary L. "The Definition of the Individual in Sender's *Hipogrifo violento*." *Hispanófila*, 73 (Sept. 1981): 43-67.

Shapiro, Leo. Reseña. *Chicago Sun Book Week*, 12 March 1944, 7.

Stuart, Frank C. Reseña. *New Mexico Quarterly Review* 28 (Summer-Autumn 1958): 201-03.

Tovar, Antonio. Reseña. *Gaceta Ilustrada*, 15 de agosto de 1971, 14. Recogida en *La novela española e hispanoamericana*. Madrid-Barcelona: Alfaguara, 1972, 21-23.

Trilling, Diana. Reseña. *Nation* 18 Mar. 1944, 342.

Walsh, D. D. Reseña. *Hispania* 30 (1947): 156-57.

West, Anthony. Reseña. *New Yorker*, 34. 9 (9 April 1958): 147-48.

Wolfe, B. D. "Romantic and Heroic Childhood in Spain." *New York Herald Tribune Book Review*, 12 Mar. 1944, 3.

Reseña. *Booklist* 1 May 1944, 305.

Reseña. *Catholic World* May 1944, 187.
Reseña. *El Comercio* (Lima) 17 de octubre de 1971.
Reseña. *La Estrella de Panamá* 3 de septiembre de 1972.
Reseña. *Kirkus Bookshop Service Bulletin* 1 Jan. 1944, 3.
Reseña: "Don Quixote Again." *Newsweek* 28 Feb. 1944, 92.
Reseña. *New Yorker* 20 Feb. 1944, 86.
Reseña. *SP* (Madrid) 1 de octubre de 1971.
Reseña: "Between Reality and Dream." *Times Literary Supplement* (London) 3 April 1959, 185-86.

La esfera (1947)

Asís, Dolores de. "Mundo significativo y expresion en *La esfera*." Clase monográfica, Homenaje a Ramón J. Sender del Departamento de Lengua y Literatura, Facultad de Ciencias de la Información, Universidad Complutense de Madrid, 9 de marzo de 1982.

Béjar, Manuel. "Las adiciones a 'Proverbio de la muerte' de Sender: 'La esfera." *Papeles de Son Armadans* 69. 205 (1973): 19-41. Recogido en J.-C. Mainer, *Ramón J. Sender: In Memoriam*. Zaragoza, 1983, 385-97.

Bertrand de Muñoz, Maryse. "The Spanish Civil War in the Recent Spanish Novel," Ch. 7 de *Red Flags, Black Flags: Critical Essays on the Literature of the Spanish Civil War*. Ed. John Beals Romeiser. Madrid: Porrúa Turanzas, 1982, 199-252.

Brown, C. M. Reseña. *Saturday Review of Literature* 4 June 1949, 28.

Carrasquer, Francisco. "La parábola de *La esfera* y la vocación intelectual de Sender." *Norte*, año XIV, nos 2-4 (Marzo-agosto de 1973): 67-93. Recogido en *La verdad de Sender*. Holanda: Cinca, 1982, 85-119, y en J.-C. Mainer, *Ramón J. Sender: In Memoriam*. Zaragoza, 1983, 399-424.

Eoff, Sherman H. *The Modern Spanish Novel*. New York: New York University Press, 1961. Véase cap. 8, 238-47. Edición española: *El pensamiento moderno y la novela espanola*. Barcelona: Seix Barral, 1965. Reproducido en J.-C. Mainer, *Ramón J. Sender: In Memoriam*. Zaragoza, 1983, 98-106.

Giacoman, Helmy F. "En torno a *La esfera* de Ramón Sender." *Symposium*, 22 (1968): 172-75.

King, Charles L. *Ramón J. Sender*. New York: Twayne, 1974. Véase cap. V, 81-106.

———. "Sender's Spherical Philosophy." *PMLA* 69 (1954): 993-99.

———. "Surrealism in Two Novels by Sender." *Hispania* 51 (1968): 244-51. Traducido y recogido en J.-C. Mainer, *Ramón J. Sender: In Memoriam*. Zaragoza, 1983, 251-61.

Krieger, Murray. Reseña. *Christian Science Monitor* 24 May 1949, 14.

Osterhout, Hilda. "An Experiment in Symbolism." *New York Times Book Review*, 1 May 1949, 6.

Palley, Julian. *El laberinto y la esfera*. Madrid: Insula, 1978. Véase cap. IV, 79-93.

Reseña

Nelson, Esther W. *Hispania* 43 (1980): 781.

Palley, Julian. "The Sphere revisited." *Symposium* 25 (1971): 171-79.

———. "Vuelta a *La esfera* de Sender." *Norte* 14 (marzo-agosto de 1973): 56-66.

Peñuelas, M. C. *La obra narrativa de Ramón J. Sender*. Madrid: Gredos, 1971. Véase cap. 8, 195-214.

Stephenson, Robert C. "Ganglionic Man." *Kenyon Review* 11 (1949): 703-06.

Reseña. *New Yorker*, 29 May 1948, 70.

Reseña. *San Francisco Chronicle*, 19 June 1949, 13.

El rey y la reina (1948)

Barr, Donald. Reseña. *New York Times Book Review*, 27 June 1948, 4.

Bertrand de Muñoz, Maryse. "Los símbolos en *El rey y la reina* de Ramón J. Sender" *Papeles de Son Armadans* 74.220 (1974): 37-55. Recogido en J.-C. Mainer, *Ramón J. Sender: In Memoriam*. Zaragoza, 1983, 375-84.

Bondy, François. "Ein spanisches Dichtermärchen." *Merkur* 17 (1963): 1214-17.

Domingo, José. "Narrativa española: Sender." *Insula* 26 (febrero de 1971): 5.

Heilman, Robert B. "Versions of Documentary." *Sewanee Review* 56 (Autumn 1948): 676-78.

Honig, Edwin. Reseña. *New Mexico Quarterly Review* 18 (Autumn 1948): 352-54.

Jones, Margaret E. W. "*El rey y la reina*: Spatial and Visual Indicators in the Quest for Self-Discovery." Ponencia inédita, Twentieth-Century Literature Conference, University of Louisville (Kentucky), 1981.

King, Charles L. *Ramón J. Sender*. New York: Twayne, 1974. Véase cap. VI, 107-22.

———. "Surrealism in Two Novels by Sender." *Hispania* 51 (1968): 244-51.

López Alvarez, Luis. Reseña. *Cuadernos* (París) 17 (marzo-abril de 1956): 122-23.

Mainer, José-Carlos. "Antropología del mito: *El rey y la reina*, de Ramón J. Sender" en *Homenaje a José Manuel Blecua*. Madrid: Gredos, 1983, 389-404.

Mayberry, George. "Europa: The Beautiful and the Damned." *New Republic* 118 (31 May 1948): 28.
Murciano, Carlos. Reseña. *Estafeta Literaria* 458 (15 de diciembre de 1970), 410.
Nerja, Andrés. Reseña. *Las Españas* (México) 5.13 (29 de octubre de 1949).
Peden, Margaret. Reseña. *Hispania* 55 (1972): 386.
Pérez Minik, Domingo. *Novelistas españoles de los siglos XIX y XX*. Madrid: Guadarrama, 1957, 302-06.
Reitz, Hellmuth. Reseña. *Welt und Wert* 18 (1963): 119.
Rodríguez Méndez, José M. Reseña. *Cuadernos Hispanoamericanos* 31 90 (1957): 388-89.
Rosenthal, Raymond. Introducción a la traducción inglesa. New York: Grosset & Dunlap, 1968, 5 págs.
Sobejano, Gonzalo. *Novela española de nuestro tiempo*. Madrid: Prensa Española, 1970, 62-63.
Wolfe, B. D. "From Another Castle in Spain." *New York Herald Tribune Book Review* 24 (16 May 1948): 5.
Reseña. *Kirkus Bookshop Service Bulletin* 16 (March 15, 1948): 147.
Reseña. *New Yorker* 24 (29 May 1948): 77.
Reseña. *San Francisco Chronicle* 4 July 1948, 17.

El verdugo afable (1952)

Bosch, Rafael. "El planteamiento de 'El verdugo afable' " en *La novela española del siglo XX*, 2, New York: Las Américas, 1970, 299-307.
Cohen, Peter. Reseña. *Spectator* (London), 6 Sept. 1963, 298.
———. Reseña. *Mexican Life* 39 (Oct. 1963): 34.
Corke, Hilary. Reseña. *New Republic* 149 (30 Nov. 1963): 16.
Curley, Thomas. "Nothing Plus Nothing Equals Nothing." *New York Times Book Review* 8 Sept. 1963, 5.
Davenport, Guy. Reseña. *National Review* (New York) 15 40 (8 Oct. 1963): 310
Englekirk, John E. Reseña. *New Mexico Quarterly* 24 (Autumn 1954): 241-42.
Gray, James. Reseña. *Saturday Review of LIterature* 46 (7 Sept. 1963): 22.
Hall, Florence. Reseña. *Books Abroad* 27 (Spring 1953): 153-54.
Kalter, Alan L. "La novela picaresca en Espña en el siglo XX: *El verdugo afable* de Ramón J. Sender" en *La picaresca: Orígenes, textos y estructura*. Ed. Manuel Criado de Val. *Actas del I Congreso Internacional sobre la Picaresca*. Madrid: Fundación Universitaria Española, 1979, 953-62.
Martí Gómez, José. "Ramón J. Sender, su 'Verdugo afable' y la 'Vida de Pedro Saputo.'" *El Correo Catalán* (Barcelona) 27 de febrero de 1973.

Miller, Warren. "The Feel of Hemp in Spain's Lace." *Book Weed* 1 (29 Sept 1963): 6.
———. Reseña. *New York Herald Tribune* 29 Sept. 1963: 6.
Peñalosa, Fernando. Reseña. *Library Journal* 88 (1 Nov. 1963): 4238.
Peñuelas, M. C. *La obra narrativa de Ramón J. Sender* Madrid: Gredos, 1971. Véase cap. 7, 157-94.
Richards, Donnie D. "Sender's *El verdugo afable*: A Blend of Realities." *Crítica Hispánica* 3 (1981): 75-87.
Rivas, Josefa. *El escritor y su senda*. México, 1967, 75-93.
Reseña. *British Book News* Aug. 1954, 466.

Mosén Millán (1953)
Cambio de título, 1960: *Réquiem por un campesino español*

Acevedo, A. de. Reseña. *Levante* (Valencia). 16 de junio de 1976.
Alonso, C. "Brevísima cala en dos personajes senderianos (Viance y Paco el del Molino)." *Andalán* (Zaragoza) 350 (1-15 de febrero de 1982): 22 y 31.
Amorós, Andrés. Reseña. *Ya*. 29 de mayo de 1979.
Bernardete, Mair J. "Ramón Sender: Chronicler and Dreamer of a New Spain." Introducción a la edición bilingüe de *Réquiem*. New York: Las Américas, 1960, vii-xix.
Bleznick, Donald W. Reseña. *Hispania* 44 (Dec. 1961): 744.
Bly, Peter A. "A Confused Reality and Its Presentation: Ramón Sender's *Réquiem por un campesino español*." *International Fiction Review* 5 (1978): 96-102.
Bonet, Laureano. "Ramón J. Sender, la neblina y el paisaje sangriento: Una lectura de *Mosén Millán*." *Insula* 424 (marzo de 1982), 1, 10 y 11. Recogido en J.-C. Mainer. *Ramón J. Sender: In Memoriam*. Zaragoza, 1983, 437-44.
Breiner-Sanders, Karen E. "The Child and the Adolescent as Protagonist in the Post-Civil War Spanish Narrative." Tesis doctoral inédita, George Washington University, 1980. Resumen en *DAI* 41 (March 1981): 4053A.
Busette, Cedric. "Religious Symbolism in Sender's *Mosén Millán*." *Romance Notes* 11 (1970): 482-86.
Cappelletti, Angel. Reseña. *Universidad* (Santa Fé, Argentina) 51 (enero-marzo de 1962): 332-34.
Carenas, Francisco. "La violencia en *Mosén Millán*, de Ramón Sender" *Norte* 11 5 (1970): 177-81. Recogido en *La sociedad española en la novela de la post-guerra*. New York: Eliseo Torres, 1971, 43-53.
——— y José Ortega. "La violencia en *Mosén Millán*" en *La figura del sacerdote en la moderna narrativa española*. Caracas y Madrid: Casuz, 1975.

Castellano, Juan R. Reseña. *Modern Language Journal* 48, (Dec. 1964): 538.

Criado Miguel, Isabel. "Mito y desmitificación de la guerra en dos novela de posguerra" en *Estudios sobre literatura y arte dedicados al profesor Emilio Orozco Díaz*, I. Eds. A. Gallego Morell, Andrés Soria y Nicolás Marín. Granada: Universidad de Granada, 1979, 333-56.

Díaz, Ramón. "Mosén Millán de Sender y el padre Rentería de Rulfo: Semejanza y contraste" en *Studies in Language and Literature, Proceedings of the 23rd Mountain Interstate Foreign Language Conference.* Ed. Charles Nelson. Richmond, Ky.: Department of Foreign Languages, Eastern Kentucky University, 1976, 143-46.

Duncan, Bernice G. Reseña. *Books Abroad* 36 (Winter 1962): 112.

Giménez-Frontín, J. L. Reseña. *Fotogramas* (Barcelona) 20 de octubre de 1978.

Gimferrer, P. Reseña. *Destino*. 14-20 de agosto de 1975.

Godoy Gallardo, Eduardo. "Problemática y sentido de 'Réquiem por un campesino español' de Ramón Sender" *Letras de Deusto* 1 (1971): 63-74. Reproducido en *Estudios sobre literatura espanola* (Chile: Nascimento, 1977), 229-47.

Havard, Robert G. "The 'Romance' in Sender's *Requiem por un campesino español.*" *Modern Language Review* 79 (1984): 88-96.

Henn, David. "The Priest in Sender's *Réquiem por un campesino español.*" *International Fiction Review* 1 (1974): 106-111.

Iglesias Ovejero, Angel. "Estructuras mítico-narrativas de *Réquiem por un campesino español.*" *Anales de la literatura española contemporánea* 7 (1982): 215-36.

L. A. "Sender de nuevo." *Estafeta Literaria* 560 (15 de marzo de 1975): 2035.

Losada, Paloma. "Análisis de *Réquiem por un campesino español.*" Clase monográfica, Homenaje a Ramón J. Sender del Departamento de Lengua y Literatura, Facultad de Ciencias de la Información, Universidad Complutense de Madrid, 9 de marzo de 1982.

Marra-López, J. R. Reseña. *Cuadernos* (París) 47 (marzo-abril de 1961): 121-22.

Mendiola, J. M. Reseña. *El Diario Vasco* 20 de julio de 1975.

Mulvihill, E. R. Reseña. *Hispanic American Historical Review* 41 (May 1961): 307.

Ortega, V. Reseña. *Tiempo de Historia* (Madrid) 8 (8 de julio de 1975): 117-18.

Peñuelas, M. C. *La obra narrativa de Ramón J. Sender* Madrid: Gredos, 1971. Véase cap. 6, 137-56.

Percival, A. "Sociedad, individuo y verdad en *Réquiem por un campesino español.*" *Ottawa Hispánica* 4 (1982).

Rivas, Josefa. *El escritor y su senda.* México, 1967, 105-14.
Sánchez Arnosi, Milagros. "Una crónica de la España negra." *Arbor* 366 (1976): 131-33.
Uceda, Julia. Prólogo, *Réquiem.* México: Mexicanos Unidos, 1968.
Vilas, Santiago. Reseña. *Hispania* 47 (3 Sept. 1964): 678-79.
Villanueva, Darío. "Perspectiva y transcendencia en *Mosén Millán*" en *Estructura y tiempo reducido en la novela.* Valencia: Bello, 1977, 264-69.
Reseña. *La Vanguardia* 27 de febrero de 1975.
Reseña. *La Voz de Castilla* (Burgos) 16 de mayo de 1975.
Reseña. *Ya* 24 de mayo de 1979.

Bizancio (1956)

Carrasquer, Francisco. *'Imán' y la novela histórica de Ramón J. Sender* London: Tamesis, 1970, 108-31.
Casado, M. J. Reseña. *El Alcázar* 21 de marzo de 1979.
Gastón Sanz, Enrique. "Apport a l'étude de *Bizancio* de Ramón Sender" Collection des Mémoires no. 12. Universidad de Nancy: Centre Européen Universitaire, 1965, 101 págs.
Reseña
Palomar Dalmau, R. *Quaderni Iberoamericani* 5 34 (1966-67): 99-100.
Iglesias Laguna, A. "Modelo de novela histórica." *Estafeta Literaria* 417 (abril de 1969): 129-30.

Ariadna (1955)
Los cinco libros de Ariadna (1957)

Ayala, Juan A. Reseña. *Artes y letras* (julio-septiembre de 1958): 97-98.
Béjar, Manuel. "Existencia infinal o las latitudes del absurdo; Comentario a *Los cinco libros de Ariadna* de Sender." *Reflexión 2* 2 (1973): 75-81.
Ferrándiz Alborz, F. Reseña. *Ibérica* 15 de febrero de 1958, 6-8.
Garosci, Aldo. *Gli intellettuali e la guerra di Spagna.* Torino: Giulio Einaudi, editore, 1959, 160-78.
Guillén, Claudio. Reseña. *Books Abroad* 32 (Spring 1958): 137-38.
Iglesias, Ignacio. Reseña. *Cuadernos* (París) 28 (1958): 102-03.
Llanos, Teodoro. "Análisis de *Los cinco libros de Ariadna.*" Clase monográfica, Homenaje a Ramón J. Sender del Departamento de lengua y Literatura, Facultad de Ciencias de la Información, Universidad Complutense de Madrid, 10 de marzo de 1982.
Mead, Robert. Reseña. *Hispania* 41 (May 1958): 234-35.
Milla, Benito. "Ramón J. Sender, un novelista español en el destierro." *Deslinde* (Montevideo) 12 de septiembre de 1959, 8-9.
Rivas, Josefa. *El escritor y su senda.* México: Mexicanos Unidos, 1967, 94-104.

Rodríguez Monegal, Emir. "Tres testigos españoles de la guerra civil (Sender, Barea, Max Aub)." *Revista Nacional de Cultura* (Caracas) 29 182 (1967): 3-22.
Torres, A. M. Reseña. *El País* 21 de diciembre de 1977.
Turton, Peter. *"Los cinco libros de Ariadna*: Laa punttilla al minotau comunista" en "La trayectoria ideológica de Ramón J. Sender entre 1928 y 1961." Tesis doctoral inédita, Université de Laval, 1970. Recogido en J.-C. Mainer, *Ramón J. Sender: In Memoriam*. Zaragoza, 1983, 445-64.
Villarrazo, B. Reseña. *El País* 7 de septiembre de 1977.
Reseña. *Córdoba* 11 de septiembre de 1977.
Reseña. *Cuadernos para el diálogo* 12-18 de noviembre de 1977, 12.
Reseña. *El Norte de Castilla* (Valladolid) 17 de julio de 1977.
Reseña. *Región* (Oviedo) 24 de julio de 1977.
Reseña. *Ya* 19 de octubre de 1977.

Emen Hetan (1958)

Ayala, Juan A. Reseña. *Artes y letras* julio-septiembre 1958), :97-98.
Klibbe, Lawrence. Reseña. *Books Abroad* 34 (1960): 243.
Rivas, Josefa. *El escritor y su senda*. México, 1967, 160-76.
Reseña. *Hispanoamericano* (México) 33.839 (2 de junio de 1958): 72.
Reseña. *Mirador* (México) 4 9 (1958): 42.

Los laureles de Anselmo (1958)

Richards, Donnie D. "Sender's *Los laureles de Anselmo*: A Dialectic Confrontation." *South Atlantic Bulletin* 44 (Jan. 1979): 41-51.
Schade, George D. Reseña. *Books Abroad* 34 (1960): 135.

La luna de los perros (1962)

Bosch, Rafael. Reseña. *Books Abroad* 37 1963): 189.
———. Reseña. *La Voz* (New York) 7 (mayo de 1963): 21-22.
Olstad, Charles F. Reseña. *Hispania* 46 (1963): 439-40.
Parrilla, Arturo. Reseña. *La Torre* 10.39 (1962): 179-80.
Rivas, Josefa. *El escritor y su senda*. México, 1967, 197-208.

La tesis de Nancy (1962)

Kirsner, Robert. " 'La tesis de Nancy' de Ramón Sender: una lección para los exilados." *Papeles de Son Armadans* 71 211 (1973): 13-20.
Murciano, Carlos. "Sender y su Nancy." *Nueva Estafeta* 27 (1981): 82-87.
Olstad, Charles F. Reseña. *Hispania* 46 (1963): 852.
Salinero, Fernando G. "Sender, la picaresca y *La tesis de Nancy*." *Letras de Deusto* 4 7 (1974): 193-98.
Sender, R. J. "Nancy." *Blanco y Negro* 3.429 (18-24 de enero de 1978): 68.

———. "Nancy." *Blanco y Negro* 3.436 (8-14 de marzo de 1978): 68.
Viñes, Hortensia. "La novela de humor de Ramón J. Sender (el mundo español de Nancy)." Clase monográfica, Homenaje a Ramón J. Sender del Departamento de Lengua y Literatura, Facultad de Ciencias de la Información, Universidad Complutense de Madrid, 8-10 de marzo de 1982.
Reseña. *Booklist* 73 (1 May 1977): 1342.

Los tontos de la Concepción (1936)

Bosch, Rafael. Reseña. *Books Abroad* 39 (1965): 70.
———. Reseña. *Hispania* 48 (1965): 614.
———. Reseña. *Revista Hispánica Moderna* 30 (1964): 141.
Carrasquer, Francisco. *'Imán' y la novela histórica de Ramón J. Sender* London: Tamesis, 1970, 132-60.
Rivas, Josefa. *El escritor y su senda.* México, 1967, 128-34.

Carolus Rex (1963)

Carrasquer, Francisco. *'Imán' y la novela histórica de Ramón J. Sender* London: Tamesis, 1970, 161-81.
Collard, Patrick. "Hacia una interpretación de *Carolus Rex* de Ramón J. Sender" *Romanica Gandensia* (Bélgica), (1973): 121-40.
Iglesias Laguna, A. Reseña. *ABC*, 19 de agosto de 1971. Recogida en *Literatura de España día a día (1970-1971).* Madrid: Nacional, 1972, 145-51.
Martín, Cristina. "Los días y los libros de Ramón J. Sender" *Diario de las Américas* 14 de febrero de 1982.
Marra-López, J. R. Reseña. *Insula* 209 (abril de 1964): 9.
Murciano, Carlos. Reseña. *Estafeta Literaria* 478 (15 de octubre de 1971): 726.
Ressot, Jean-Pierre. "Le Personnage historique (Carlos II el Hechizado) chez Ramón J. Sender: Figurativisation et Illusion Référentielle." *Travaux de l"Université de Toulouse-Le Mirail* A29 (1984): 195-203.
Rivas, Josefa. "*Carolus Rex*, una novela histórica de Sender." *Norte* 7 (1966): 113-19.
———. *El escritor y su senda.* México, 1967, 184-96.

La aventura equinoccial de Lope de Aguirre (1964)

A. D. T. Reseña. *Archivo Hispalense* (Sevilla) 45 (1966): 291-92.
Allen, Richard F. Reseña. *Américas* 18 (1966): 38.
———. Reseña. *Boletín cultural bibliográfico* 9 (1966): 130-32.
———. Reseña. *Books Abroad* 40 (1966): 199.
Cano, Lamberto. Reseña. *Revista Hispánica Moderna* 33 (1967): 140.

Carrasquer, Francisco. *'Imán' y la novela histórica de Ramón J. Sender* London: Tamesis, 1970, 182-204.

Coloquio sobre *La aventura equinoccial de Lope de Aguirre,* con la intervención de Mario Hernández Sánchez-Barba, Luis Gutiérrez Espada y Paloma Torrente. Homenaje a Ramón J. Sender del Departamento de Lengua y Literatura, Facultad de Ciencias de la Información, Universidad Complutense de Madrid, 18 de marzo de 1982.

Duvivier, Roger. "La Pérégrination du *tirano* Lope de Aguirre d'Emiliano Jos à Ramón J. Sender: Chronique ultime et défense épique d'un anti-héros de la première histoire américaine" en *Études de philologie romane et d'histoire littéraire offerts à* Jules Horrent à l'occasion de son soixantième anniversaire. Eds. Jean-Marie D'Heur y Nicoletta Cherubini. Tournai, Liège: Gedit, 1980, 643-59.

González Aruzo, A. Reseña. *Revista Iberoamericana* 33 (enero-junio de 1967): 156-60.

Marcus, Raymond. "El mito literario de Lope de Aguirre en España y en Hispanoamérica." *Actas del Tercer Congreso Internacional de Hispanistas,* 1970, 581-92. Sobre la obra de Sender, véanse 586-89.

Marra-López, J. R. Reseña. *Insula* 220 (marzo de 1965): 10.

Molero, Juan Carlos. "La novela histórica de Ramón J. Sender" *Madrid* 9 de noviembre de 1968: 13.

Peñuelas, M. C. Reseña. *Revista de Estudios Hispánios* (Alabama) 2 (1968): 143-46.

Placer, Eloy L. "Lope de Aguirre, protagonista literario." *Boletín del Instituto Americano de Estudios Vascos* (Buenos Aires) 19. 75 (1968).

Sainz de Robles, F. C. Reseña. *Estafeta Literaria* 18 de noviembre de 1967, 27.

Reseña. *Choice* 4 (Mar. 1967): 45.

El bandido adolescente (1965)

Alperi, V. Reseña. *Región* (Oviedo) 10 de diciembre de 1978.

Delgado, F. Reseña. *Reseña* 3 (1966): 114-15.

Domingo, José. "Narrativa española: Sender." *Insula* 291 (febrero de 1971): 5.

Fernández Almagro, Melchor. Reseña. *ABC* 16 de diciembre de 1965, 49.

King, Charles L. Reseña. *Hispania* 50 (May 1967): 389.

L-Ch., E. Reseña. *Las Provincias* (Valencia) 18 de marzo de 1979.

Ponce de León, J. L. S. "Ramón Sender: español de fronteras." *Estafeta Literaria* 344 (21 de mayo de 1966): 15-16.

Roig, J. A. Reseña. *Razón y Fe* 824-25 (septiembre-octubre de 1966): 276-77.

Reseña. *Baleares* (Palma de Mallorca) 10 de diciembre de 1978.
Reseña. *El Norte de Castilla* (Valladolid) 10 de diciembre de 1978.

Tres novelas teresianas (1967)

Alvarez, Carlos L. Reseña. *Blanco y Negro* 20 de mayo de 1967, 118.
Amorós, Andrés. Reseña. *El libro español* 10 (1967): 721.
Carrasquer, Francisco. *'Imán' y la novela histórica de Ramón J. Sender* London: Tamesis, 1970, 205-32.
Clements, R. J. Reseña. *Saturday Review of Literature* 50 1 (July 1967): 19.
Fernández-Jiménez, Juan. "Teresa de Avila: Persona y personaje senderiano." Ponencia inédita, Modern Language Association Annual Meeting (New York), December 1983.
Ferreres, Rafael. "*Tres novelas teresianas* de Ramón Sender" *Levante* (Valencia) 27 de agosto de 1967.
King, Charles L. Reseña. *Books Abroad* 42 (1968): 85-86.
M. B. Reseña. *Razón y Fe* 177 842 (marzo de 1968): 329.
Micó Buchón. Reseña. *Reseña* (1967): 269-70.
Reitz, Hellmuth. Reseña. *Welt und Wert* 26 5 (mai 1971): 260.
Rivas, Josefa. Reseña. *Hispanófila* 12 35 (enero de 1969): 65-67.
———. Reseña. *Insula* 260-61 (1968): 16.
Sánchez, Alberto. Reseña. *Anales Cervantinos* 10 (1971): 337-38.
Tovar, Antonio. "Retablo con fondo." *Gaceta Ilustrada*, 2 de julio de 1967. Recogido en *El telar de Penélope*. Madrid-Barcelona: Alfaguara, 1971, 147-50.
Reseña. *Booklist* 65 (April 1, 1969): 873.
Reseña. "Saints and Sinners." *Times Literary Supplement* (London) 3 August 1967, 712.

Las criaturas saturnianas (1967)

Carrasquer, Francisco. *'Imán' y la novela histórica de Ramón J. Sender* London: Tamesis, 1970, 233-51.
Domingo, José. "Dos novelas históricas de Ramón J. Sender" *Insula* 266 (enero de 1969): 5.
King, Charles L. Reseña. *Hispania* 52 (1969): 330-31.
Lord, David. Reseña. *Books Abroad* 43 (1969): 234.
Ressot, J.-P. "Par-delà le bien et le mal: *Las criaturas saturnianas* de Ramón J. Sender" *Les Langues Néo-Latines* 188-89 (1969): 43-51. Traducido y recogido en J.-C. Mainer, *Ramón J. Sender: In Memoriam*. Zaragoza, 1983, 465-72.
Tovar, Antonio. Reseña. *Gaceta Ilustrada*, septiembre de 1968. Recogida en *Novela española e hispanoamericana*. Madrid-Barcelona: Alfaguara, 1972, 11-14.

Reseña: "Gate of Hell." *Times Literary Supplement* (London), 7 Nov. 1968, 1257.

Nocturno de los 14 (1969)

Domingo, José. "Dos novelas de Ramón J. Sender" *Insula* 304 (1972): 5.
Mainer, José-Carlos. Reseña. *Insula* 283 (1970): 8.
Murciano, Carlos. Reseña. *Estafeta Literaria* 481 (10 de diciembre de 1971): 774.
Olstad, Charles F. Reseña. *Books Abroad* 46 (Winter 1972): 85.
Tovar, Antonio. Reseña. *Gaceta Ilustrada* julio de 1971. Recogida en *Novela española e hispanoamericana*. Madrid-Barcelona: Alfaguara, 1972, 23-27.

En la vida de Ignacio Morel (1969)

Campoy, C. Reseña. *El ciervo* Marzo de 1970, 5.
Díaz-Plaja, Guillermo. Reseña. *Cien libros españoles. Poesía y novela, 1968-1970*. Salamanca: Anaya, 1971, 351-55.
Dicente de Vera, F. REseña. *Las Provincias*. 8 de marzo de 1970.
Iglesias Laguna, A. "La comedieta y la vida." *Estafeta Literaria*, 1o de marzo de 1970, 273. Recogido en *Literatura de España día a día (1970-1971)*. Madrid: Editora Nacional, 1972, 73-79.
King, Charles L. Reseña. *Books Abroad* 44 (1970): 446-47.
Marsa, A. Reseña. *El Correo Catalán* 11 de febrero de 1970, 25.
Martín Abril, J. L. Reseña. *Diario Regional* (Valladolid) 19 de abril de 1970.
Mendiola, J. M. Reseña. *El Diario Vasco* (San Sebastían) 15 de febrero de 1970.
Míguez, A. Reseña. *Madrid* 7 de enero de 1970.
Ortiz Alfau, A. M. Reseña. *Hierro* (Bilbao). 27 de diciembre de 1969.
Peñuelas, M. C. "En torno a 'La vida de Ignacio Morel' de Sender." *Papeles de Son Armadans* 59 (1970): 250-60. Recogido en J.-C. Mainer, *Ramón J. Sender: In Memoriam*. Zaragoza, 1983, 473-78.
Salcedo, E. Reseña. *El Norte de Castilla*. (Valladolid) 11 de enero de 1970.
Sanz Villanueva, Santos. Reseña. *La Gaceta Regional* (Salamanca) 15 de marzo de 1970.
Tovar, Antonio. Reseña. *Gaceta Ilustrada*, octubre de 1970. Recogida en *Novela española e hispanoamericana*. Madrid-Barcelona: Alfaguara, 1972, 15-19.
Valencia, Antonio. Reseña. *Arriba* 10 de marzo de 1970.
Vázquez Zamora, R. Reseña. *Destino* 28 de febrero de 1970.
Veyrat, M. Reseña. *Nuevo Diario* 16 de noviembre de 1969.
Zamarriego, Tomás. Reseña. *Reseña* (Madrid) 34 (1970): 210-11.

Reseña. *Hoja del Lunes* (Barcelona) 13 de abril de 1970.
Reseña. *Pueblo* 24 de diciembre de 1969.
Reseña. *SP* (Madrid) 22 de febrero de 1970, 53.
Reseña. *La Voz de Galicia*. (La Coruña). 12 de abril de 1970.

Tánit (1970)

Domingo, José. "Narrativa española: Sender." *Insula* 291 (febrero de 1971): 5.
Horno Liria, L. Reseña. *Heraldo de Aragón*. (Zaragoza) 16 de julio de 1970.
Martín Abril, J. L. Reseña. *Diario Regional* (Valladolid) 9 de diciembre de 1970.
Mendiola, J. M. Reseña. *El Diario Vasco* (San Sebastián) 26 de julio de 1970.
Peñuelas, M. C. "Una novela nueva: *Tánit*, de Sender." *Cuadernos Americanos* 180 (1972): 219-24.

La antesala (1971)

Carrasquer, Francisco. "Sender a la hora de la verdad." *Camp de l'Arpa* 3 (septiembre de 1972): 21-22.
Domingo, Jose. "Dos novelas de Ramón J. Sender" *Insula* 304 (marzo de 1972): 5.
Murciano, Carlos. Reseña. *Estafeta Literaria* 500 (15 de septiembre de 1972): 1074.
Peden, Margaret. Reseña. *Hispania* 57 (1974): 602-03.

Zu, el ángel anfibio (1971)

Iglesias Laguna, A. "Un ángel de muchas toneladas." *Estafeta Literaria* 464 (15 de marzo de 1971), 497-98. Recogido en *Literatura de España día a día (1970-1971)*. Madrid: Editora Nacional, 1972, 169-75.
King, Charles L. Reseña. *Books Abroad* 46 (Winter 1972): 85.
Reseña. *Booklist* 68 (1 Feb. 1972): 453.

El fugitivo (1972)

Carrasquer, Francisco. "Sender a la hora de la verdad.' *Camp de l'Arpa*, 3 (Septiembre de 1972), 21-22. Recogido en *La verdad de Sender*. (Leiden: Ediciones Cinca, 1982), 43-48.
King, Charles L. Reseña. *Anales de la novela de posguerra* 2 (1977): 120-21.
Martínez Ruiz, Florencio. "*El fugitivo*: El espejo heraclitano de Ramón J. Sender" *Estafeta Literaria* 592-93 (15 julio-1 agosto de 1976): 2536-37.
Medina, D. Reseña. *Diario de Barcelona* 23 de mayo de 1976.
Mendicutti, E. Reseña. *La Gaceta Ilustrada* 23 de mayo de 1976.
N. A. Reseña. *Diario de Las Palmas* 6 de agosto de 1976.
O'Brien, Mary Eide. "Fantasy in *El fugitivo*." *Journal of Spanish Studies: Twentieth Century* 2 (Fall 1974): 95-108.

Olstad, Charles F. Reseña. *Books Abroad* 47 (1973): 732-33.
Rivas, Josefa. Reseña. *Insula* 318 (1973): 8.
Roig, R. Reseña. *Ya* 13 de mayo de 1976.
Reseña. *Booklist* 69 (1 Feb. 1973): 513.
Reseña. *Mediterráneo* (Castellón) 17 de diciembre de 1976.
Reseña. *El Norte de Castilla* (Valladolid) 9 de junio de 1976.
Reseña. *La Prensa* (Barcelona) 17 de mayo de 1976.
Reseña. *Triunfo* 6 de mayo de 1972.
Reseña. *La Vanguardia* 6 de mayo de 1976, 56.

Túpac Amaru (1973)

Espadas, Elizabeth. Reseña. *Journal of Spanish Studies: Twentieth Century* 2 (Winter 1974): 204-05.
Gladden, E. M. Reseña. *Booklist* 15 Feb. 1976, 846.
King, Charles L. Reseña. *Books Abroad* 48 (1974): 340-41.
L. E. Reseña. *Blanco y Negro* 3218 (5 de enero de 1974): 74.
Mendicutti, Eduardo. Reseña. *Estafeta Literaria* 538 (15 de abril de 1974): 1682-83.
Peñuelas, M. C. Reseña. *Explicacion de textos literarios* 3 (1974-75): 200-01.
Sordo, Enrique. "Sender o el hombre ético." *Estafeta Literaria* 527 (10 de septiembre de 1973): 1508.

Una virgen llama a tu puerta (1973)

Johnson, Roberta. Reseña. *Books Abroad* 48 (1974): 746.
King, Charles L. Reseña. *Modern Language Journal* 59 (Mar. 1975): 144.
O'Brien, Mary Eide. Reseña. *Explicación de textos literarios* 4 (1975-76): 112-13.
Sánchez-Ocaña, E. Reseña. *Región* (Oviedo) 26 de marzo de 1974.
Tovar, Antonio. Reseña. *La Gaceta Ilustrada* 7 de marzo de 1975, 55.

Nancy, doctora en gitanería (1974)

King, Charles L. Reseña. *Books Abroad* 49 (1975): 742.
Mendicutti, Eduardo. Reseña. *Estafeta Literaria* 543 (10 de julio de 1974): 1765-66.
Murciano, Carlos. "Sender y su Nancy." *Nueva Estafeta* 27 (1981): 82-87.
Sender, R. J. "Nancy." *Blanco y Negro* 3.429 (18-24 de enero de 1978): 68.
―――. "Nancy." *Blanco y Negro* 3.436 (8-14 de marzo de 1978): 68.
Viñes, Hortensia. "La novela de humor de Ramón J. Sender (el mundo español de Nancy)." Clase monográfica, Homenaje a Ramón J. Sender del Departamento de Lengua y Literatura, Facultad de Ciencias de la Información, Universidad Complutense de Madrid, 8-10 de marzo de 1982.

Nancy y el Bato Loco (1974)

Murciano, Carlos. "Sender y su Nancy." *Nueva Estafeta* 27 (1981): 82-87.
Sender, R. J. "Nancy." *Blanco y Negro* 3.429 (18-24 de enero de 1978): 68.
———. "Nancy." *Blanco y Negro* 3.436 (8-14 de marzo de 1978), 68.
Viñes, Hortensia. "La novela de humor de Ramón J. Sender (el mundo español de Nancy)." Clase monográfica, Homenaje a Ramón J. Sender del Departamento de Lengua y Literatura, Facultad de Ciencias de la Información, Universidad Complutense de Madrid, 8-10 de marzo de 1982.

La mesa de las tres moiras (1974)

Galán, D. Reseña. *Triunfo* 640 (4 de enero de 1975): 48.
King, Charles L. Reseña. *Modern Language Journal* 60 (1976): 401-02.

Arlene y la gaya ciencia (1976)

Alperi, V. Reseña. *Región* (Oviedo) 12 de diciembre de 1976.
Bly, Peter A. Reseña. *Anales de la novela de posguerra* 2 (1977): 121-23.
King, Charles L. "Arlene of *la gaya ciencia.*" *The American Hispanist* 3 23 (January 1978): 16.
Sánchez, E. Reseña. *El Correo Español* (Bilbao) 26 de diciembre de 1976.
Valencia, Antonio. Reseña. *El País* 16 de enero de 1977.
Vila San-Juan, P. Reseña. *La Vanguardia* 30 de diciembre de 1976.

La Efemérides (1976)

Reseña. *El Diario Vasco* 27 de junio de 1981.
Reseña. *La Hoja del Lunes* (Barcelona) 20 de julio de 1981.

El pez de oro (1976)

Alperi, V. Reseña. *Región* (Oviedo) 28 de noviembre de 1976.
Linage, A. Reseña. *El Adelanto* (Salamanca) 5 de febrero de 1977.
N. A. Reseña. *Diario de Las Palmas* 14 de enero de 1977.
Ombuena, J. Reseña. *Las Provincias* (Valencia) 16 de enero de 1977.
Santos, D. Reseña. *Información* (Alicante) 12 de diciembre de 1976.
Schneider, Marshall J. Reseña. *Anales de la novela de posguerra* 2 (1977): 123-25.
Seisdedos, J. L. Reseña. *El Diario Vasco* 2 de enero de 1977.
Reseña. *El Correo Español* 5 de diciembre de 1976.
Reseña. *La Vanguardia* 2 de diciembre de 1976.

El alarido de Yaurí (1977)

Alperi, V. Reseña. *Región* (Oviedo) 13 de noviembre de 1977.
C. G. L. Reseña. *Alerta* (Santander) 2 de diciembre de 1977.
Giménez-Frontín, J. L. Reseña. *Tele/Exprés* 9 de noviembre de 1977.

———. Reseña. *Fotogramas*, 18 de noviembre de 1977, 37.
Jaime, L. B. Reseña. *Las Provincias* 8 de enero de 1978.
King, Charles L. Reseña. *Journal of Spanish Studies: Twentieth Century* 6 (1978): 66.
McKay, Douglas R. Reseña. *World Literature Today* 52 (1978): 439.
Murciano, Carlos. "Ecos vivos de un pasado muerto." *Estafeta Literaria* 632 (15 de marzo de 1978): 3123.
———. Reseña. *Estafeta Literaria* 632 (15 de marzo de 1978): 3123.
Tavera, J. M. Reseña. *La Prensa* (Barcelona) 14 de noviembre de 1977.
Tovar, Antonio. Reseña. *La Gaceta Ilustrada* 26 de febrero de 1978, 67.

Gloria y vejamen de Nancy (1977)

Cerezales, Manuel. Reseña. *ABC* 1.466 (2 de febrero 1979): 25.
Pérez Botero, Luis. Reseña. *Estafeta Literaria* 637 (1 de junio de 1978): 13218-19.
Sender, R. J. "Nancy." *Blanco y Negro* 3.436 (8-14 de marzo de 1978): 68.
Viñes, Hortensia. "La novela de humor de Ramón J. Sender (el mundo español de Nancy)." Clase monográfica, Homenaje a Ramón J. Sender del Departamento de Lengua y Literatura, Facultad de Ciencias de la Información, Universidad Complutense de Madrid, 8-10 de marzo de 1982.

El Mechudo y la Llorona (1977)

Espadas, Elizabeth. Reseña. *Modern Language Journal* 62 (Sept.-Oct. 1978): 316-17.
Jaime, L. B. Reseña. *Las Provincias* 24 de julio de 1977, 27.
Medina, D. Reseña. *Diario de Barcelona* 27 de agosto de 1977.
Murciano, Carlos. Reseña. *Estafeta Literaria* 624 (15 de noviembre de 1977): 2995.
N. A. Reseña. *Diario de Las Palmas* 10 de diciembre de 1977.
Reseña. *Heraldo de Aragón* octubre de 1977.
Reseña. *La Vanguardia* 7 de julio de 1977.

Adela y yo (1978)

A. S. Reseña. *Letras de Deusto* 9 17 (1979): 207-08.
Alperi, V. Reseña. *Región* 11 de noviembre de 1978.
Jaime, L. B. Reseña. *Las Provincias* 26 de noviembre de 1978.
Larios, Luis. Reseña. *World Literature Today* 54 (1980): 78.
Murciano, Carlos. Reseña. *Nueva Estafeta* 6 (mayo 1979): 91.
Pastor, M. A. Reseña. *El Norte de Castilla* 26 de noviembre de 1978.
Sánchez, P. Reseña. *Modern Language Journal* 64 (Summer 1980): 270-71.
Tabernero Iñíquez, J. Reseña. *Las Provincias* 7 de enero de 1979, 7.
Tavera, J. M. Reseña. *La Prensa* (Barcelona) 18 de noviembre de 1978.

Reseña. *Alerta* 8 de noviembre de 1978.
Reseña. *El Correo Español* 14 de noviembre de 1978.
Reseña. *El Páis* 28 de enerode 1979.
Reseña. *La Prensa* 11 de noviembre de 1978.
Reseña. *Sur/Oeste* (Sevilla) 11 de noviembre de 1978.

El superviviente (1978)

A. S. Reseña. *Letras de Deusto*. 9 17 (1979): 207-08.
Horno Liria, L. Reseña. *El Heraldo de Aragón* (Zaragoza) 23 de noviembre de 1978.
Larios, Luis. Reseña. *World Literature Today* 54 (1980): 78.
Marco, Joaquim. Reseña. *Destino* 2154 (18-24 enero de 1979): 34.
Murciano, Carlos. "Sender: Suma y sigue." *Nueva Estafeta* 6 (1979): 91.
Pastor, M. A. Reseña. *El Norte de Castilla* 16 de diciembre de 1978.
Tabernero Iñíquez, J. Reseña. *Las provincias* 7 de enero de 1979, vii.
Tovar, Antonio. Reseña. *La Gaceta Ilustrada* 17 de diciembre de 1978, 90.
Reseña. *ABC* 1 de febrero de 1979.
Reseña. *Baleares* 19 de noviembre de 1978.
Reseña. *El Correo Español* 4 de noviembre de 1978.
Reseña. *Línea* (Murcia) 8 de noviembre de 1978.
Reseña. *Sur/Oeste* (Sevilla) 11 de noviembre de 1978.
Reseña. *La Voz de España* (San Sebastián) 27 de octubre de 1978.
Reseña. *La Voz de Galicia* 3 de noviembre de 1978.

La mirada inmóvil (1979)

Arrizabalaga, B. de. Reseña. *Triunfo* 21 de julio de 1979, 52.
Cerezales, Manuel. Reseña. *ABC* 28 de junio de 1979. Recogida en la *Edición Semanal Aérea de ABC* 5 de julio de 1979, 21.
Giménez-Frontín, J. L. Reseña. *Destino* 4-10 de julio de 1979, 31.
Horno Liria, L. Reseña. *Heraldo de Aragón* 21 de junio de 1979.
Martínez Ruiz, Florencio. "La 'Batallita' de Ramón J. Sender" *Edición Semanal Aérea de ABC* 9 de agosto de 1979, 21.
Molina, César Antonio. Reseña. *Camp de l'Arpa* 69 (1980): 43-45.
Rodríguez, M. I. Reseña. *Córdoba* 17 de febrero de 1980.
Salcedo, E. Reseña. *El Norte de Castilla* 28 de junio de 1979.
Sánchez, E. Reseña. *El Correo Español* 10 de agosto de 1979, 24.
Tovar, Antonio. Reseña. *La Gaceta Ilustrada* 5 de agosto de 1979, 43.
Valencia, Antonio. Reseña. *Blanco y Negro* 3.525 (21-27 de noviembre de 1979): 52.
———. Reseña. *Ya* 20 de septiembre de 1979.
Villanueva, Darío. Reseña. *Nueva Estafeta* 18 (mayo de 1980): 87-89.
Reseña. *El Adelanto* (Salamanca) 21 de junio de 1979.

Reseña. *Aragón Exprés* (Zaragoza) 22 de junio de 1979.
Reseña. *Diario de Barcelona* 17 de junio de 1979.
Reseña. *Diario de Cuenca* 4 de julio de 1979.
Reseña. *El Diario de León* 1 de julio de 1979.
Reseña. *El Diario Vasco* (San Sebastián) 8 de julio de 1979.
Reseña. *El Europeo* (Madrid-Barcelona) 21 de junio de 1979.
Reseña. *El Progreso* (Lugo) 22 de junio de 1979.
Reseña. *Vida Nueva* (Madrid-Barcelona) 21 de julio de 1979, 43.
Reseña. *La Voz de Albacete* 29 de junio de 1979.

Ramú y los animales propicios (1980)
Reseña. *Blanco y Negro* 577 (19-25 de noviembre de 1980): 50-51.

Saga de los suburbios (1980)
Larios, Luis. Reseña. *World Literature Today* 56 (1982): 82-83.
Reseña. *Vida Nueva* (Madrid-Barcelona) 31 de enero de 1981.

Cronus y la señora con rabo (1980)
Larios, Luis. Reseña. *World Literature Today* 56 (1982): 82-83.

Luz zodiacal en el parque (1980)
Larios, Luis. Reseña. *World Literature Today* 56 (1982): 82-83.
Reseña. *Baleares* (Palma de mallorca) 19 de octubre de 1980.
Reseña. *El Correo Catalán* 11 de octubre de 1980.
Reseña. *Ya* 7 de octubre de 1980.

La muñeca en la vitrina (1980)
Reseña. *El País* 7 de diciembre de 1980.
Reseña. *La Voz de Galicia* 12 de diciembre de 1980.

El jinete y la yegua nocturna (1982)
S[picker], J[oseph] B. Reseña. *Hispanic Journal* 4 (1983): 202.
Larios Vendrell, Luis. Reseña. *World Literature Today* 57 (1983): 260-61.

Epílogo a Nancy (1983)
Murciano, Carlos. Reseña. *Nueva Estafeta* 51 (1983): 88.

B. Cuentos

"Las brujas del compromiso" (1919)
Ressot, J.-P. "Ramón Sender: escritor primerizo." *Revista de la Universidad Complutense de Madrid* 26 108 (abril-junio 1977): 249-61.

Mexicayotl (1940)
Iduarte, Andrés. Reseña. *Revista Hispánica Moderna* 8 (3 de julio de 1942): 225-26.

Koepke, Walter. "Indios in exile legend." *Latin America and the literature of exile.* Ed. Hans-Bernhard Moeller. (Heidelberg: Winter, 1983).
Lord, David. Reseña. *Books Abroad* 16 (1942): 200.

La llave (1960)

Aguado, Emiliano. "Ramón J. Sender." *Estafeta Literaria* 390 (2 de febrero de 1968): 30-31.
Barce, R. Reseña. *Indice de artes y letras* 148 (mayo de 1961): 24.
Benedetti, Mario. "Una imagen y tres relatos de Ramón Sender" en *Sobre artes y oficios.* (Montevideo: Alfa, 1968), 161-68.
L[amana], M. Reseña. *Cuadernos* (París) 68 (enero-febrero 1961): 116.
Rivas, Josefa. *El escritor y su senda.* México, 1967, 177-83.
Schraibman, J. Reseña. *Revista Hispánica Moderna* 32 (enero-abril de 1966): 107-08.
Schwartz, K. Reseña. *Hispania* 48 (1965): 180-81.
Reseña. *Meridiano* (Madrid) 302 (1968): 127.

Novelas ejemplares de Cíbola (1961)

Adam, Carole A. Reseña. *Hispania* 46 (1963): 164-65.
Alperi, V. Reseña. *Región* (Oviedo) 12 de junio de 1975.
Bernstein, Barbara E. "The *Novella* as a Component Part in Postwar Spanish Fiction." Tesis doctoral inédita, University of Pennsylvania, 1979, 142, 144, 174-96 y 198.
Duncan, B. Reseña. *Books Abroad* 39 (1965): 227.
Espadas, E. "Una novela ejemplar del mundo moderno: 'La terraza' de Ramón J. Sender" *Cuadernos Americanos* 25.6 (noviembre-diciembre de 1976): 206-21.
Gimferrer, P. Reseña. *Destino* 14-20 de agosto de 1975.
Lacayo, H. Reseña. *Hispanic American Historical Review* 43 (August 1963): 460.
Miras, F. Reseña. *Córdoba* 17 de abril de 1975.
Morelli, Diana. "A Sense of Time through Imagery." (Sobre "El buitre") *Romance Notes* 12 (1970): 36-40.
Myers, Oliver T. "To Die in New Mexico." *Nation* 202 (17 Jan. 1966): 75-76.
Olstad, Charles F. Reseña. *Hispania* 48 (1965): 940.
Rivas, Josefa. *El escritor y su senda,* México, 1967, 135-58.
Thorne, M. Reseña. *Library Journal* 89 (15 Dec. 1964): 4933.
Torar, Antonio. Reseña. *Gaceta Ilustrada* 366 (12 de octubre de 1963): 43.
V[ilar], S[ergio]. Reseña. *Papeles de Son Armadans* 31 (1963): 330-32.
Reseña. *Booklist* 61 (1 May 1965): 862.
Reseña. *Choice* 2 (Mar. 1965): 26.

Reseña. *La Mañana* (Lérida) 24 de abril de 1975.
Reseña. *La Vanguardia* 1 de mayo de 1975.

Cabrerizas Altas (1966)

Clements, R. J. Reseña. *Saturday Review of Literature* 50 (4 Feb. 1967): 38.
King, Charles L. Reseña. *Hispania* 51 (1968): 367-68.
Mainer, José-Carlos. Reseña. *Insula* 240 (noviembre de 1966), 8.

Las gallinas de Cervantes y otras narraciones parabólicas (1967)

King, Charles L. Reseña. *Books Abroad* 42 (1968): 245.
Rivas, Josefa. "El ingenioso novelista Ramón J. Sender" *Comunidad Ibérica* (México) 7 38 (enero-febrero de 1969): 23-32.
Sánchez, Alberto. Reseña. *Anales Cervantinos* (1971): 337.

El extraño señor Photynos (1968)

Sordo, Enrique. "Sender o el hombre ético." *Estafeta Literaria* 527 (10 de noviembre de 1973): 1508.

Novelas del otro jueves (1969)

Aragonés, Juan Emilio. "Sender: Del terruño a la universalidad" ("El regreso de Edelmiro"). *Nueva Estafeta* 11 (Octubre de 1979): 73-75.
Espadas, E. "The Treatment of the 'Return of the Exile' Theme by Spanish Writers in Exile (Ayala, Sender, Aub)." *Proceedings*, Third Annual Conference on Hispanic Language &Literature, Indiana University of Pennsylvania, 1978, 205-15. (Sobre "El regreso de Edelmiro")
Rivas, Josefa. "El ingenioso novelista Ramón J. Sender." *Comunidad Ibérica* (México) 7 38 (enero-febrero de 1969): 23-32.

Relatos fronterizos (1972)

Murciano, Carlos. Reseña. *Estafeta Literaria* 532 (1974): 1587-88.

C. Teatro

Jones, Margaret E. W. "Sender, Dramatist" en *Homenaje Sánchez Barbudo: Ensayos de literatura española Moderna*. Eds. Benoit Brancaforte, E. R. Mulvihill and Roberto G. Sánchez. Madison: University of Wisconsin Press 1981, 309-21
Vilches de Frutos, M. Francisca. "Las ideas teatrales de Ramón J. Sender en sus colaboraciones periodísticas (Primera etapa, 1919-1936) *Segismundo* 16 (1982): 211-23.

El secreto (1935)

Collard, Patrick. *Ramón J. Sender en los años 1930-36. Sus ideas sobre la relación entre literatura y sociedad*. (Gante, 1980). Véase cap. VI, 194.

Hernán Cortés (1940)
Swain, James. Reseña. *Books Abroad* 15.1 (1941): 74.

El Diantre (1958)
Bleznick, D. W. Reseña. *Hispania* 43 (1960): 267.
González, Emilio. Reseña. *Revista Hispánica Moderna* 26 (julio-octubre de 1960): 157.
Lord, David. Reseña. *Books Abroad* 45 (1971): 491.
Reseña. *Blanco y Negro* 3029 (23 de mayo de 1970): 102.
Reseña. *Hispanoamericano* (México) 34.863 (1958): 46.

Jubileo en el Zócalo (1964)
Alamo, N. Reseña. *Diario de Las Palmas* 21 de abril de 1975.
Alperi, V. Reseña. *Región* (Oviedo) 9 de marzo de 1975.
Bradford, Carole Adam. Reseña. *Hispania* 48 (1965): 203-04.
L. A. "Sender de nuevo." *Estafeta Literaria* 560 (15 de marzo de 1965): 2035.
Martínez Gomis, M. Reseña. *Información* (Alicante) 15 de mayo de 1975: 36 y 38.
Molera, Juan Carlos. "La novela histórica de Ramón J. Sender" *Madrid* 9 de noviembre de 1968: 13.
Orive, I. Reseña. *El correo español* (Bilbao) 12 de mayo de 1978.
Saladrigas, R. Reseña. *La Vanguardia* 4 de mayo de 1978.
Santos, D. Reseña. *Información* (Alicante) 13 de marzo de 1975.
Tatum, Terrell, Reseña. *Books Abroad* 39 (1965): 73.
Reseña. *Hierro* (Bilbao) 7 de marzo de 1975.

Don Juan en la mancebía (1968)
Dominicis, Maria Canteli. "Don Juan en el teatro español del siglo XX." Tesis doctoral inédita, New York University, 1974, 258 págs. Abstracto en *DAI* 35 (1975): 4512A.
Neggers, Gladys Crescioni. "Don Juan: Innovación y tradición en el teatro y el ensayo del siglo XX en España." Tesis doctoral inédita, University of Alabama, 1976, 172 págs. Abstracto en *DAI* 37 (1976): 1009A-10A.
Williamsen, Vern. Reseña. *Books Abroad* 47 (1973): 334.

Comedia del diantre y otras dos (1969)
Espadas, Elizabeth. " 'El curioso impertinente' from Cervantes to Sender" (sobre *Donde crece la marihuana*). Ponencia inédita, Modern Language Association Annual Meeting, New York, December 1983.

D. Ensayos

Madrid-Moscú (1934)41
Oppenheim, Sydney. Reseña. *Books Abroad* 8 (July 1934): 333.

Carta de Moscú sobre el amor (1934)
Putnam, Samuel. Reseña. *Books Abroad* 9 (1935): 452.
Reseña. *Archivos de literatura contemporánea. Indice literario*, 3.4 (1934): 90-91.

Unamuno, Valle-Inclán, Baroja y Santayana (1955)
Chase, Kathleen. Reseña. *Books Abroad* 31 (1957): 151.
Earle, Peter G. Reseña. *Nueva Revista de Filología Hispánica* 10.2 (1956): 445-47.
Fasel, Oscar A. "Reminiscence and Interpretation; An Evaluation of Ramón J. Sender's Essay: 'Unamuno, Sombra Fingida'." *Hispania* 42 (1959): 161-69.
Peñuelas, M. C. Reseña. *Hispania* 39 (1956): 240-42.
Placer, Eloy L. Reseña. *Symposium* 11 1 (1957): 163-67.

Examen de ingenios. Los noventayochos (1961)
Marra-López, J. R. Reseña. *Insula* 185 (abril de 1962): 8.
Valenzuela, Víctor M. Reseña. *Books Abroad* 36.1 (1962): 65.
———. Reseña. *La Voz* (New York) 5.5 (1961): 5.

Valle-Inclán y la dificultad de la tragedia (1965)
Allen, R. F. Reseña. *Books Abroad* 40 (1966): 447.
Amor y Vázquez, J. Reseña. *Modern Language Notes* 82 (1967): 652-55.
Amorós, Andrés. Reseña. *Cuadernos Hispaoamericanos* 68.199-200 (1966): 550-52.
Bosch, R. Reseña. *Hispanófila* 29 (1967): 64-65.
Brooks, J. L. Reseña. *Bulletin of Hispanic Studies* 46 (1969): 68-72.
King, Charles L. Reseña. *New Mexico Quarterly Review* 36 (1966): 294.
———. Reseña. *Revista Hispánica Moderna* 32 3-4 (1966): 263-64.
Lima, Robert. Reseña. *Hispania* 50 (1967): 388-89.
Losada, Basilio. Reseña. *Grial* (Vigo) 13 (1966): 386-88.
Mainer, José-Carlos. Reseña. *Insula* 236-37 (1966): 16.
Peñuelas, M. C. Reseña. *Asomante* 23 (1967): 70-73.
Ponce, Fernando. Reseña. *Estafeta Literaria* 339 (1966): 18.
Rodriguez Cepeda, Enrique. Reseña. *Revista de Literatura* 28 (1965): 300-02.
———. Reseña. *Segismundo* 2 (1966): 232-34.

Tres ejemplos de amor y una teoría (1969)
King, Charles L. Reseña. *Books Abroad* 44 (1970): 449-50.

Lizón, Adolfo. "Lectura de *Tres ejemplos de amor y una teoría: Goethe, Balzac, Tolstoi.*" Clase monográfica, Homenaje a Ramón J. Sender del Departamento de Lengua y Literatura, Facultad de Ciencias de la Informacion, Universidad Complutense de Madird, 8 de marzo de 1982.

Ensayos del otro mundo (1970)

Carrillo, Germán D. Reseña. *Hispania* 55 (1972): 593.
M[urciano], C[arlos]. Reseña. *Estafeta Literaria* 469 (1971): 583.
Tovar, Antonio. Reseña. *Gaceta Ilustrada*, febrero de 1971. Recogida en *Novela española e hispanoamericana*. Madrid-Barcelona: Alfaguara, 1972, 19-21.
Reseña. *ABC* 18 de febrero de 1971.
Reseña. *La Vanguardia Española* (Barcelona) 26 de noviembre de 1970.

Ensayos sobre el infringimiento cristiano (1975)

Jiménez-Lozano, J. Reseña. *El País* 28 de julio de 1976.
Lorenzo-Rivero, Luis. Reseña. *Revista de Estudios Hispánicos* (Alabama) 15 1 (1981): 159-60.
Vázquez, Francisco. Reseña. *Estafeta Literaria* 596 (15 de septiembre de 1976): 2571.

Solanar y Lucernario Aragonés (1979)

Aragonés, Juan Emilio. "Sender: Del terruño a la universalidad." *Nueva Estafeta* 11 (Octubre de 1979): 73-75.
Cabezas, Juan Antonio. Reseña. *Blanco y Negro* 3505 (4-10 de julio de 1979): 55.
Castillo-Puche, J. L. "El último Sender: *Solanar y Lucernario Aragonés.*" *ABC* 1528 (12 de abril de 1979): 22. Recogido en la *Edición Semanal Aérea de ABC* 12 de abril de 1979: 22.
"Castillo-Puche presentó las memorias aragonesas de Ramón J. Sender" *Edición Semanal Aérea de ABC* 5 de abril de 1979: 20.

Por qué se suicidan las ballenas (1979)

Castroviejo, Concha. Reseña. *Hoja del Lunes* (Madrid) 19 de mayo de 1980, 29.
Reseña. *Baleares* (Palma de mallorca) 18 de noviembre de 1979.
Reseña. *El correo español* 16 de diciembre de 1979.
Reseña. *El Diario Vasco* 20 de enero de 1980.
Reseña. *La Gaceta Regional* 25 de noviembre de 1979.
Reseña. *Hoja del Lunes* (Valladolid) 18 de febrero de 1980.
Reseña. *La Vanguardia* 29 de noviembre de 1979.

Album de radiografías secretas (1982)
Larios Vendrell, Luis. Reseña. *World Literature Today* 57 (1983): 260-61.
Schneider, Marshall J. Reseña. *Anales de la Literatura Española Contemporánea* 7 2 (1982): 273-74.
Reseña. *Camp del'Arpa* 103-04 (1982): 53.

Chandrío en la plaza de las Cortes: Fantasía evidentísima (1981)
Reseña. *Hispanic Journal* 4 (1982): 173.

E. Poesía

Blecua, José Manuel. "La poesía de Ramón J. Sender" Conferencia, Ayuntamiento de Zaragoza, 8 de marzo de 1982. Recogida en J.-C. Mainer, *Ramón J. Sender: In Memoriam. Antología Crítica.* Zaragoza, 1983, 479-89.

Las imágenes migratorias (1960)
Bosch, Rafael. "The Migratory Images of Ramón Sender" *Books Abroad* 37 (1963): 132-37.
———. Reseña. *Cuadernos* (París) 64 (septiembre de 1962): 93-94.
Uceda, Julia. Reseña. *Insula* 183 (febrero de 1962): 9.

Sonetos y epigramas (1964)
Pinillos, Manuel. "Primer volumen poético de nuestro principal novelista en exilio." Colección "Poemas." Zaragoza, agosto de 1964.
Reseña. *Hispanic Journal* 4 (1982): 173-74.
Reseña. *El Noticiero* (Zaragoza) 6 de septiembre de 1964, 23.

Libro armilar de poesía y memorias bisiestas (1974)
Aguirre, J. Reseña. *El Urogallo* 35-36 (1975): 163.
King, Charles L. Reseña. *Books Abroad* 49 (1975): 298.
Reyna, Julián. "Dimensiones líricas en *Crónica del alba* y obras poéticas de Sender." Tesis doctoral inédita, University of Southern California (Dorothy McMahon, directora), 1975. Abstracto en *DAI* 36 (1975): 1563A.

F. Colecciones de artículos; miscelánea

Teatro de masas (1932)
Fuentes, Víctor. "Sender—*Teatro de masas*" en *La marcha al pueblo en las letras españolas, 1917-1036*, 3a parte. Madrid: Ediciones de la Torre, 1980.

Casas Viejas (Episodio de la lucha de clases) (1933)
Fuentes, Víctor. "Literatura documental: Casas Viejas y octubre del 34" en *La marcha al pueblo en las letras españolas, 1917-1936*. Madrid: Ediciones de la Torre, 1980. Véase la 2ª parte.

Proclamación de la sonrisa (1934)
Reseña. *Archivos de literatura contemporánea. Indice literario* 3 5 (1934): 107-08.
Somoza Silva, Lázaro. "Impresiones de lectura (Sobre *Proclamación de la sonrisa*)." *La Libertad* 4448 (24 de junio de 1934), 2.

Obra Completa (1976-1981)
Meregalli, Franco. Reseña. *Rassegna Iberistica* 13 (1982): 56-59.

Toque de queda (Póstumo)
Reseña. *ABC Internacional* 27 de enero-2 de febrero de 1982, 2.